U0855284

财务会计及其创新研究
——基于管理视角

郭昌荣　著

中国商业出版社

图书在版编目（CIP）数据

财务会计及其创新研究：基于管理视角 / 郭昌荣著
. -- 北京：中国商业出版社，2021.12
ISBN 978-7-5208-1945-9

Ⅰ. ①财… Ⅱ. ①郭… Ⅲ. ①企业管理 – 财务会计 – 研究 Ⅳ. ① F275.2

中国版本图书馆 CIP 数据核字 (2021) 第 241977 号

责任编辑：李 华

中国商业出版社出版发行
010–63180647 www.c–cbook.com
（100053 北京广安门内报国寺 1 号）
新华书店经销
定州启航印刷有限公司印刷
*
710 毫米 ×1000 毫米 16 开 13.25 印张 240 千字
2021 年 12 月第 1 版 2021 年 12 月第 1 次印刷
定价：69.00 元
* * * *

前言
PREFACE

经过改革开放40多年的努力，特别是随着中国经济发展进入新时代，我国经济市场格局正在发生重大而深刻的变革，高质量发展趋势得到进一步确立。经济越发展，财务会计工作越重要，特别是在经济“新常态”的传统产业结构转型升级化、创新驱动主流常规化以及市场竞争品牌化的新特征下，现代财务会计管理面临着许多新的挑战。为确保财务会计自身职能的全面发挥以及财务会计目标的有效实现，本书基于管理视角探讨了如何进一步提升财务会计整体工作效率和工作质量。

本书共8章，其基本内容结构体系如下。

第一章为管理学概述。对管理、管理者、管理学相关概念进行了说明，对管理的基本原理及构成进行了详细介绍，列出了管理学所涉及的重点应用领域，并对管理学研究现状及发展趋势进行了详细说明。

第二章为全面认识财务会计。以财务会计的基础知识为切入点，进一步介绍财务会计的职能和特点，并且基于财务会计自身价值理论对其未来发展趋势和发展策略进行畅想。

第三章为管理会计与财务会计的融合机理。分析了管理会计与财务会计之间的关系，从理论基础、贯穿流程以及融合的实现等角度展开了一系列研究。

第四章为管理视角下财务会计目标及其创新。主要研究了财务会计目标的基本理论问题，从国内和国外两个角度对财务会计目标进行了综合比较，并结合我国现阶段财务会计实际情况对财务会计目标进行了重新定位和构建，还分析了在管理视角下财务会计目标的创新路径。

第五章为管理视角下财务会计内容及其创新。主要根据财务会计理论知识对资产管理，负债管理，所有者权益管理，收入、费用及利润管理等进行分析。

第六章为管理视角下财务会计信息化及其创新。首先，分析了会计信息化的相关概念及内容，介绍了会计信息化的内涵、特征、发展状况以及具体组织形式；其次，分析了人工智能对当前会计信息化建设乃至整个会计行业领域的影响；再次，揭示了会计信息化现阶段面临的各种问题；最后，基于管理视角提出了创新和发展财务会计信息化水平的有效方法和策略。

第七章为管理视角下财务会计内部控制及其创新。主要从内部控制的基本概念、理论依据、制度建设以及管理创新四个方面进行了讨论和分析。

第八章为管理视角下财务会计管理模式及其创新。首先，分析了新时代背景下市场经济对财务会计管理的要求；其次，罗列了当前财务会计管理体制的现状，并针对不同情况对改革重点进行灵活调整；最后，分析了财务会计管理模式的创新路径，并提出了会计委任制、财务总监制以及稽查特派员制。

本书结构合理、系统完整，注重时效性和实用性。在写作过程中，笔者查阅了大量国内外的最新研究成果、文献资料。由于时间仓促，加上笔者精力有限，书中难免有不足之处，望广大读者谅解并提出宝贵意见。

作者

2020 年 7 月

目录

CONTENTS

第一章　管理学概述

第一节　管理、管理者及管理学

一、管理

（一）管理的概念

管理，古已有之。管理是人类社会活动和生产活动中普遍存在的社会现象。凡是有人的地方，就有管理问题，就会产生管理实践。在原始社会氏族内部，男女之间明确分工，由谁狩猎，由谁分配，人们推选出酋长或首领来处理氏族内部的事务，在这些具体的生活问题中就已经体现出了管理的雏形。从古代埃及的金字塔、中国的万里长城到微软视窗软件、神舟系列飞船、火星探测行动，都是管理实践的产物。由于人类社会是不断发展的，反映社会发展不同阶段管理水平的管理概念也必然随之变化，因此，管理是一个动态的、发展的概念。随着社会的发展，管理日益受到重视，逐渐形成了系统的科学知识体系。管理对象不同、内外部环境不同、分析问题角度不同，会导致人们的管理实践具有明显的差异性，这些管理实践的差异性会进一步导致人们对管理产生不同的理解和认识，因此人们从不同的角度解释管理，即使在理论界也是如此。

哈罗德·孔茨（Harold Koontz）及其追随者不断地修改管理的定义，他们认为管理就是设计并保持一种良好环境，使人在群体里高效率地完成既定目标的过程。亨利·法约尔（Henri Fayol）认为，管理就是实行计划、组织、指挥、协调和控制。赫伯特·A. 西蒙（Herbert A.Simon）认为，管理就是决策。泰勒认为，管理就是确切地知道你要别人去干什么，并使他用最好的方法去干。在泰勒看来，管理就是指挥他人用最好的方法去工作：①员工如何寻找和掌握最好的工作方法以提高效率；②管理者如何激励员工努力地工作以获得最大的工作业绩。小詹姆斯·唐纳利（James H. Donnelly）等人认为，管理是由一个或更多的人来协调他人活动，以便收到个人单独活动所不能收到的效果而进行的各种活动。彼得·F. 德鲁克（Peter F.Drucker）认为，管理是一种工作，它有自己的技巧、工具和方法；管理是一种器官，是赋予组织以生命的、能动的、动态的器官；管理是一门学科，一种系统化并到处适用的知识；管理也是一种文化。

今天，许多学者主张以系统的观点来理解“管理”。系统理论认为，从管理的组织环境中输入并利用资源是任何组织的共性，这些资源（有形资源和无形资源）包括人力、财力、物力和信息资源，而管理就是通过组织和协调这些资源以达成组织目标的过程。虽然不同的学者对“管理”的解释不尽相同，但是对管理的众多解释之间并不矛盾，都有其合理和可取之处。他们从不同角度丰富和发展了管理思想，对管理实践产生了积极的指导作用。通过不同的解释，可以发现管理工作的诸多基本点，如管理的目的性、管理职能的重要性、管理工作与一般作业活动的区别等。

基于这样的基本点，本书强调管理的职能，对管理做出了以下定义：管理是在特定的环境下，对组织所拥有的资源进行有效的计划、组织、领导、控制和创新活动，以实现组织目标的过程，如图 1-1 所示。

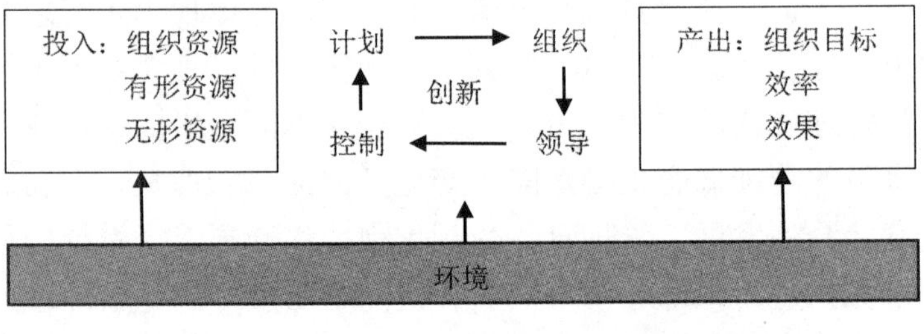

图 1-1　管理活动

组织的目标是要既取得效率，又达到效果。效率就是指以尽可能少的投入获得尽可能多的产出，即“正确地做事”。效果是指所从事的工作和活动有助于组织达到其目标，即“做正确的事”。因此，管理者既要关注达到和实现组织目标，即关注效果，又要尽可能有效率地完成工作。在成功的组织中，高效率和高效果是相辅相成的。

以上管理的定义强调了如下几点。

1. 管理的目的是实现目标

管理的目的是实现既定的目标，该目标仅凭个人的力量是无法完成的，管理将人力和物质资源引导进入动态组织以达到其目标。一个组织要实现的目标并不单一，即使在同一时期也是多种多样的。企业的目标包括提高组织资源的利用效率和利用效果，主动承担社会责任以便获得更好的发展空间，不断开拓市场，最大限度地获取经济效益，提高消费者的满意程度，创造条件促进职工发展，提高组织成员的士气和成就感，等等。但不管什么样的组织，都要重视效率和效果问题，效率和效果是衡量管理工作的重要标志。效率反映输入与输出的关系，管理要使资源成本最小化。效率涉及的是活动的方式，效果涉及的是活动的结果。

2. 管理的主体是管理者

虽然管理者在行使管理职能时要受到各式各样因素的影响，但是管理者的素质与管理工作的绩效有密切的关系。好的管理者可以点石成金，差的管理者可以“点金成石”。德鲁克认为，管理者有三个层次的责任：第一个层次的责任是管理一个组织；第二个层次的责任是管理管理者；第三个层次的责任是管理工作及工人。

3. 管理的对象是组织资源

组织资源是组织中一切可以调用的资源，包括人员、资本、土地、信息、顾客等，在这些资源中，人处在一种特殊的地位。任何组织中都存在人与人、人与物的关系，人与人的关系的协调是以人为中心的，人与物的关系的协调，最终都要通过人来实现，最终表现为人与人的关系，因此，管理对象的实质是以人与人的关系为中心的。

4. 管理的载体是组织

管理是人类的基本行为，它存在于社会的各项事业活动中，每个人都要管理自己的时间和金钱，都要努力实现自己设定的目标，从广义上讲，这些都属于管理活动。但是，管理并不仅仅是为了完成个人目标，更主要的是实现组织的整体目标，通过管理活动产生一种“1+1>2”的倍增效应。

5. 管理的约束条件是组织环境

任何组织都存在于一定的外部环境之中，并受到环境的约束。从一定意义上来说，企业就是一个转换器，通过生产过程将输入的资源转换为产品或服务，并通过市场分销活动将产品或服务提供给客户。有效的管理能够提高资源的配置效率，提高生产效率，提高企业在市场上的竞争力。

6. 管理的职能是概括管理工作实质

所谓职能，是指人、事物或机构应有的作用。“职能”一词在这里指的是“活动”“行为”。管理工作是由一系列相互关联、连续进行的活动构成的。管理的职能就是管理者执行其职责时应该做什么。管理职能是管理者开展管理工作的手段和方法，也是管理工作区别于一般作业活动的重要标志，是每个管理者都必须做的事情，是管理理论研究和管理实践的重点。管理的实质性内容是一致的，管理的本质是一个有意识的活动或过程，更具体地说，管理是为组织目标进行的活动或过程，管理的基本职能是由计划、决策、组织、控制、创新等一系列相关活动构成的。

（二）管理的性质

1. 管理的自然属性与社会属性

管理具有二重性，这一观点是由马克思最先提出的。如果说资本主义的管理就其内容来说是二重性，因为它所管理的生产过程本身具有二重性（一方面是制造产品的社会劳动过程，另一方面是资本的价值增值过程），那么资本主义的管理就其形式来说是专制的。可见，管理的自然属性是由一定的生产力状况决定的，管理与生产力、社会化大生产相联系，具有组织技术属性（自然属性）；管理的社会属性是由一定的生产关系决定的，管理与生产关系、企业制度相联系，具有社会经济属性（社会属性）。

管理二重性是相互联系、相互制约的。一方面，管理的自然属性不可能孤立存在，它总是在一定的社会形式、社会生产关系下发挥作用。同时，管理的社会属性不可能脱离管理的自然属性而存在，否则，管理的社会属性就成了没有内容的形式。另一方面，两者又是相互制约的。管理的自然属性要求具有一定社会属性的组织形式和生产关系与其相适应，同时，管理的社会属性必然对管理的方法和技术产生影响。马克思所阐述的管理二重性的理论意义：①二重性原理是正确理解资本主义管理和社会主义管理的共性与个性，大胆学习外国先进管理经验的理论依据；②由于管理具有社会属性，因此学习外国经验不能照搬照抄，必须结合国情、企业情况，兼收并蓄，为我所用，自成一家；③管理二重性理论是认识和掌握管理的特点和规律，创造具有中国特色的管理理论的指导思想。

2. 管理的科学性与艺术性

科学是通过观察、实验和论证而获得的系统化知识。艺术是以个人的经验和熟练程度为基础的技艺和技巧，管理则具有科学性与艺术性。

管理是一门科学，自从有管理活动出现以来，它一直是以被证实的知识体系为基础的，而且科学方法正在越来越多地应用于企业管理。管理是一种人类的理性活动，具有科学性，这是管理的特性之一。人们经过无数次的失败和成功，通过从实际中收集、归纳、提出假说，验证假说，抽象与总结出系统反映管理过程的客观规律和方法，这些规律和方法都是管理科学性的体现。管理学发展到今天，已经形成了比较系统的理论体系，揭示了一系列具有普遍应用价值的管理规律，总结出了许多管理理论与原则。这些理论和原则是在许多学者和实业家长期总结管理工作的客观规律基础上形成的，是理论与实践高度结合的产物，是管理学作为一门科学的具体体现。

管理具有艺术性是管理的另外一个特性。管理是一种人类的非理性活动。管理的一部分依赖科学，另一部分则永远不可能完全依赖科学，还必须依赖管理艺术。管理艺术是指管理者能够熟练地运用管理知识并且通过巧妙的技能来达到某种效果。管理艺术强调管理实践的创造性，没有创造性的管理实践，也就没有管理艺术。真正掌握管理知识的人应该能够熟练、灵活地把这些知识应用于实践，并能根据自己的体会不断地创新。

管理的科学性与艺术性并不互相排斥，而是相互补充的。不注重管理的科学性而只强调管理工作的艺术性，这种艺术性将会更多地表现为随意性；不重视管理工作的艺术性，管理科学将是僵硬的教条。管理的科学性来自管理实践，管理的艺术性要结合具体的情况并在管理实践中体现出来，两者是统一的。因此可以说，管理既是一门科学，又是一门艺术，有效的管理者必须把科学与艺术结合起来。

（三）管理的应用范围

管理普遍适用于任何类型的组织。任何组织都有特定的组织目标，都有其一定的资源调配和利用问题，任何组织在生存和发展的过程中都有管理问题。营利性组织需要管理，这类组织十分重视投入与产出的比较，十分强调对资源的利用效率。从非营利性组织来看，不但政府、军队、公安等组织需要管理，学校需要管理，医院、诊所和医疗保险单位需要管理，研究所、报社、博物馆以及大众广播、邮电和交通服务单位需要管理，而且各种基金会、联合会、俱乐部以及政治党派、学术团体和宗教组织等都需要管理。人们往往认为只有大企业才需要管理，因为大企业拥有更多的资源，职工人数更多，更需要有周密的计划和高效率的沟通与协调。事实上，小企业同样需要管理。每年都会有大量的小企业破产倒闭，究其原因，并不仅是因为小企业拥有的资源少，更重要的原因是管理方面存在问题。

二、管理者

（一）管理者的含义

关于管理者的概念，不同的学者有不同的理解。

传统的观点认为，管理者是运用职位、权力对人进行指挥和驾驭的人。这种概念强调的是组织中的正式职位和职权，强调必须拥有下属。

现代的观点认为，管理者是指在组织中直接监督和指导他人工作的人，管理者通过其职位和知识对组织负有贡献的责任，因而能够实质性地影响该组织经营及达成的成果。例如，美国学者彼得·德鲁克曾给管理者下了一个定义：在一个现代的组织里，如果每一个知识工作者能够由于他们的职位和知识而对组织负有贡献的责任，那么他们就是能够实质性地影响该组织经营及达成成果的能力者，即为管理者。现代观点强调管理者必须对组织负责，而不只是拥有权力。

综合分析，本书认为管理者就是履行管理职能，对实现组织目标负有贡献责任和影响力的人。管理者是管理的主体，对管理活动的顺利进行、组织活动及其目标的实现起着十分重要的作用。

（二）管理者的类型

我们一直在用管理者或管理人员来指代所有负责履行基本管理职能的人。理解管理错综复杂性的方法之一就是需要理解管理者是在组织的不同层次上从事管理工作，不同层次的管理者所从事的是不同范围的组织活动。

1. 管理层次

组织中的管理人员一般分为三个层次，即高层管理者、中层管理者和基层管理者，如图 1–2 所示。根据所处的不同层次，他们将各有侧重地执行其职能。高层管理者的职责包括制定组织的总目标、总战略，掌握组织的大政方针并评价整个组织的绩效。他们在与外界的交往中往往代表组织以“官方”的身份出现；中层管理者通常是指处于高层管理人员和基层管理人员之间的一个或若干个中间层次的管理者，他们的主要职责是贯彻执行高层管理者所制定的重大决策，监督和协调基层管理者的工作。与高层管理者相比，中层管理者更注意日常的管理事务；基层管理者亦称一线管理者，也就是组织中处于最低层次的管理者，他们所管辖的只是作业人员，不涉及其他管理者。他们的主要职责是给下属作业人员分派具体工作任务，直接指挥和监督现场作业活动，保证各项任务的有效完成。

图 1–2　一个组织中管理人员的三个层次

2. 职能管理者和综合管理者

管理者分类的另一种主要依据是他们所从事的管理活动的范围。职能管理者仅负责一种组织行为的管理，如财务会计管理或人力资源管理；综合管理者则负责管理一个组织，如一家公司或分公司的所有职能活动，包括生产、销售、财务等。

职能管理者和综合管理者进行着相似的基于时间基础上的计划、组织、领导、控制和创新各种关系的工作，他们之间的不同之处在于他们所统管的活动范围不同。

（三）管理者的角色

管理者的角色是指管理者应该具备的行动或行为所组成的各种特定类型。管理学大师亨利·明茨伯格在《管理工作的本质》中这样解释说："角色这一概念是行为科学从舞台术语中借用过来的。角色就是属于一定职责或者地位的一套有条理的行为。"根据他自己和别人的研究成果，明茨伯格认为管理者扮演着 10 种角色。这 10 种角色分为 3 类，即人际关系方面的角色、信息传递方面的角色和决策方面的角色，如表 1–1 所示。

表1-1 管理者的角色

类别	角色	描述
人际关系方面的角色	代表人角色	作为代表，必须行使一些具有礼仪性质的角色
	领导者角色	管理者和员工一起工作并通过员工的努力来确保组织目标的实现
	联络者角色	与组织内个人、小组一起工作，与外部利益相关者建立良好关系所扮演的角色
信息传递方面的角色	监督者角色	持续关注内外环境的变化以获取对组织有用的信息，接触下属或建立个人关系网以获取信息，依据信息识别工作小组和组织潜在的机会与威胁
	传播者角色	分配作为监督者获取的信息，保证员工具有必要信息，以便切实有效地完成工作
	发言人角色	把信息传递给单位或组织以外的个人，让相关者（股东、消费者、政府等）了解并感到满意
决策方面的角色	企业家角色	对作为监督者发现的机会进行投资以利用这种机会
	资源分配者角色	决定组织资源（财力、设备、时间、信息等）用于哪些项目
	冲突管理者角色	处理组织运行过程中遇到的冲突或问题
	谈判者角色	花费了大量时间，与员工、供应商、客户和其他工作小组等进行必要的谈判，以确保小组朝着组织目标迈进

1. 人际关系方面的角色

人际关系方面的角色直接产生于管理者的权力基础，管理者在处理与组织成员和其他利益相关者的关系时，他们就在扮演人际角色。人际关系方面的角色包括代表人角色、领导者角色和联络者角色。

2. 信息传递方面的角色

在信息传递方面的角色中，管理者负责确保和其一起工作的人员具有足够的信息，从而能够顺利地完成工作。由管理责任的性质决定，管理者既是所在单位的信息传递中心，又是组织内其他工作小组的信息传递渠道。整个组织的人依赖管理结构和管理者以获取或传递必要的信息，以便完成工作。管理者必须扮演的信息传递方面的角色具体包括监督者角色、传播者角色和发言人角色。

3. 决策方面的角色

在决策方面的角色中，管理者处理信息并得出结论。如果信息不用于组织的决策，这种信息就会失去其应有的价值。决策方面的角色具体包括企业家角色、资源分配者角色、冲突管理者角色和谈判者角色。

（四）管理者的技能

美国著名管理学学者罗伯特·卡茨推广了 20 世纪初法国科学管理专家法约尔提出的关于人的技能的一个概念。法约尔把人的技能分为 3 种基本类型：技术的、人际的和概念的。每个管理者都需要具备技术技能、人际技能、概念技能这 3 类基本技能。不同管理层达到有效绩效所需要的相对技能如表 1–2 所示。

表1–2 不同管理层达到有效绩效所需要的相对技能

<table>
<tr><td>高层管理者</td><td colspan="2">概念技能</td><td colspan="3"></td><td></td></tr>
<tr><td>中层管理者</td><td colspan="2"></td><td colspan="2">人际技能</td><td colspan="2"></td></tr>
<tr><td>基层管理者</td><td></td><td colspan="2"></td><td colspan="3">技术技能</td></tr>
</table>

1. 技术技能

技术技能也就是实际操作技能，是指能够理解和有效监督具体任务执行所必需的实践和技术能力。基层管理者应拥有足够的技术技能以保证工作有效运转，其他管理者则应拥有充分的技术技能以保证组织的竞争能力。相对于高层管理者，技术技能对基层管理者更为重要，毕竟基层管理者更接近实际工作，他们必须经常说明乃至演示，以让下属明白该如何完成工作，同时，他们要能判断什么时间做更为合适。基层管理者需要大约 1/3 的时间用于有关技术技能的活动，如有关计算机操作和信息管理技术等的活动。

例如，一名饭店领班或主管所需要的实际操作技能就是完成下属员工的工作所需的技能。他也许没有员工熟练，也许不会做蛋奶酥，也许不会操作饭店里的电话系统，但是应该了解这些工作的内容并大体知道如何完成这些工作。这些知识对挑选和培训员工、计划和安排本部门的工作及紧急情况下的应对都是必需的。尤为重要的是，领班或主管的实际操作技能可以提高他在员工心目中的可信度——当他们知道领班或主管也能胜任他们所担负的工作时，他们更容易接受、尊敬这个主管。

如果基层管理者做过普通员工，就可能已经掌握了所需的实际操作技能。许多基层管理者就是在管理员工的过程中学会这些技能的。在一些大型企业中，一部分基层管理者必须和员工接受同样的技能培训。

2. 人际技能

人际技能是指理解他人和有效合作的能力。这些技能对领导职能的实现是很重要的，包括与员工交流、激励、领导、训练、授权、帮助员工以及与其他人打交道的技能。人际技能对所有层次的管理者都很重要，尤其是对于中层管理者，因为他们有一半的时间都在使用人际技能。

3. 概念技能

概念技能是指以逻辑来获取、分析和预测信息的能力。管理者需要了解所处的环境和环境对组织的影响，换句话说，管理者应该“看到森林”而非“看到一棵树”。高层管理者尤其需要很强的概念技能，因为变化对他们比对其他层次的管理者而言更重要。他们大约有 1/3 的时间在使用概念技能。

三、管理学

（一）管理学的概念

管理学是一门系统地研究管理活动的基本规律和一般方法的科学。

管理学作为一门独立的学科，拥有自己独立的研究对象，构建和发展了以管理的性质、方法、职能和过程为基本框架的理论体系，对管理实践产生了巨大的、积极的指导作用。尤其是近年来，随着社会的不断进步、科学技术的迅猛发展以及管理活动内容和方法的日益丰富，管理在人们的社会生活和生产实践中的作用越来越受到广泛关注和重视。这既为全面、系统、深入地研究管理活动过程的客观规律提供了条件，又体现了管理理论对管理实践的指导意义。①

不仅如此，管理学发展到今天，已经成为一个较庞大的体系，几乎每一个专门领域都已经形成了自己的专业管理学，如企业管理学、行政管理学、军队管理学、公共管理学、文化管理学等。管理学阐释适用于各领域的管理的一般原理和原则，各专门领域的管理学则以此为基础，着重研究该领域管理活动

① 蒋德海．领导和老板概念的管理学解读 [J]. 领导科学，2021(11)：12-14.

的特殊规律。[①] 前者不仅成为后者的基础，还从专门的管理学中吸取带有共性的新理论和新观点，推动管理学不断地发展。

（二）管理学的特点

与其他学科相比，管理学具有以下特点。

1. 一般性

管理学具有一般性，它区别于其他各种专门管理学，如工商企业管理、公共事务管理、旅游管理、医院管理……它是研究所有管理活动中共性原理的基础理论学科，其他各类专门管理都需要管理学的原理作为基础来加以学习和研究。管理学是各门具体的或专门的管理学科的共同基础。

2. 综合性与边缘性

管理学的综合性表现如下：在内容上，它需要从社会生活的各个领域、各个方面以及各种不同类型组织的管理活动中概括和抽象出对各门具体管理学科都具有普遍指导意义的管理思想、原理和方法；在方法上，它需要综合运用现代社会科学、自然科学和技术科学的成果来研究管理活动过程中普遍存在的基本规律和一般方法。管理活动是很复杂的活动，影响这一活动的因素是多种多样的，除生产力、生产关系等基本因素外，还有一些自然因素，以及政治、法律、社会、心理等社会性因素。因此，从管理学与许多学科的相互关系来看，可以说管理学是一门交叉学科或边缘学科，但从它需要综合利用上述多种学科的成果才能发挥自己的作用来看，它又是一门综合性学科。

3. 实践性

管理学的理论来源于实践又直接指导进一步的管理实践活动。首先，管理学本身形成和产生于众多的管理实践活动及其规律的分析、总结和提炼；其次，管理理论的全部意义在于应用于管理实践，指导今后的管理实践活动，并从中提取经验，进一步丰富和发展自己。

4. 历史性

任何一种理论都是实践和历史的产物，管理学尤其如此。管理学是对前人的管理实践与经验、管理思想与理论的总结、扬弃和发展。因此，割断历史不去了解管理活动和管理理论的发展史，就不能理解管理学形成和产生的渊源与依据；不分析历史的变革和时代的进步，就难以推动管理学的发展。

---

① 支音．管理学方法与经济学方法的借鉴融合 [J]. 营销界，2021(31)：161-162.

5. 社会性

首先，管理的主体和主要对象是人，人都是生活在不同的社会组织和文化背景之中的，因而对管理活动规律的研究离不开当时当地的社会人文环境；其次，管理的社会属性决定了没有超阶级的管理学，管理必然要体现不同的生产关系和上层建筑的意志，这也决定了管理具有社会性。

（三）管理学的研究方法

如何获得各种管理理论知识呢？从某种意义上讲，管理知识来自管理学领域产生的各种管理学派，实际上也可以说是因为采用了不同的研究方法的结果，任何一门学科都有其自身的方法论。管理学科的发展实际上是研究方法的不断发展和进步。

所谓研究，是指通过有组织、有系统、有资料基础、批判的、客观的以及科学的方式调查与探讨某个特定问题，以找出可以解决问题的答案的过程。

所谓科学方法，是指科学家在研究事物和现象或解决问题时，所采用的客观的、系统的、精密的整套方法。在实际使用时，科学方法包括以下步骤：①根据问题性质建立假设；②根据研究目的收集资料；③运用精密方法分析资料；④根据事实发现验证假设，进而推演出结论。这 4 个步骤周而复始，便可使所建立的理论越来越正确，最终成为精辟的科学论断。

管理学的研究方法有以下几种。

1. 归纳法

其是将特殊陈述上升为一般陈述的方法。归纳法（induction）是我们先观察某些现象并据此得到结论的过程。换句话说，是指根据所观察现象，逻辑性地建立一般性命题。具体是指对非常复杂、详细、大量的实际资料经过分类及归纳出重要的概念，再简化成几个抽象程度较高的重要因素，并描述、定义出它们之间的因果关系而形成一个理论模式的过程。

2. 演绎法

其是应用一般陈述导出特殊陈述或从一种陈述导出另一种陈述的方法。演绎法（deduction）指通过逻辑性地概括已知的事实而得到一个经过推理后获得结论的过程。具体是指利用已有理论模式内的因果关系推断、预测一个事件的因果关系。

3. 案例方法

每个组织都存在管理，而且都可能存在值得借鉴的经验。要对每一个组织的管理活动都进行研究显然是不可能的。在众多的组织中挑选有代表性的个案，从整体或局部对它在管理实践中取得的成功或失败进行深入的个案剖析，进而发现可借鉴的规律和原则，便成为管理研究的重要方法。值得注意的是，案例分析并非简单的经验总结。案例分析强调分析成功或失败的原因，鼓励人们思考并依据案例提供的资料自己做出决策。学习和研究管理应多注重案例分析，如果有机会对有代表性的企业长期跟踪研究，将有很多意想不到的收获。在管理教育方面，案例分析作为一种教学方法已十分普遍。哈佛商学院因其成功的案例教学已培养出大批的优秀企业家，该学院的教学方式也成为管理教育的楷模。

4. 实验方法

在管理活动中，实验方法已成为摸索经验、进行决策的强有力的工具。首先，实验方法是帮助管理者发现管理问题的原因并采取有效措施予以解决的有力工具。任何事物的发展变化过程往往是由多种因素共同起作用的结果，但这些因素的作用程度不同，通过实验可以使管理者找到影响事物发展变化的主要因素，发现问题产生的主要原因，进而有针对性地采取相应的管理措施。其次，实验方法是保证管理决策科学有效的重要途径。最后，实验方法是创立先进管理理论的重要手段。泰勒的科学管理理论和一系列提高生产效率的措施、人际关系、行为科学理论都是人们通过实验摸索总结出来的，并通过实验予以验证和推广。

第二节　管理的基本原理及构成

原理是指某种客观事物的实质及运动的基本规律。管理原理是对管理工作的实质内容进行科学的分析和总结而形成的真理，它是现实管理现象的抽象，是对各项管理制度和管理方法的高度综合与概括，因而对一切管理活动具有普遍的指导意义。常见的管理原理主要包括以下几种。

一、系统原理

任何社会组织都是由人、物、信息组成的系统，任何管理都是对系统的管理，没有系统，也就没有管理。系统原理不但为认识管理的本质和方法提供了新的视角，而且它所提供的观点和方法广泛渗透到人本原理、责任原理、效益原理和伦理原理之中，从某种角度说，系统原理在管理原理的有机体系中起着统率作用。

（一）系统的概念

系统是指由若干相互联系、相互作用的部分组成，在一定环境中具有特定功能的有机整体。就其本质来说，系统是“过程的复合体”。

系统从组成要素的性质看，可划分为自然系统和人造系统：自然系统是由自然物组成的系统，如生态系统、气象系统；人造系统是人们为达到某种目的而建立的系统，如生产系统、管理系统等。

（二）系统的特征

1. 集合性

集合性是系统最基本的特征。一个系统至少由两个或两个以上的子系统构成。构成系统的子系统称为要素。也就是说，系统是由各个要素结合而成的，这就是系统的集合性。

2. 层次性

系统的结构是有层次的，构成一个系统的子系统和子子系统分别处于不同的地位。从总体上看，系统有宏观和微观之分。其中，在微观上，还有各种层次。由于系统层次的普遍性，系统概念本身也就具有层次性，包括系统、子系统、子子系统等。

3. 相关性

系统内各要素之间相互依存、相互制约的关系就是系统的相关性。一方面，系统的相关性表现为子系统同系统之间的关系，系统的存在和发展是子系统存在和发展的前提，因而各子系统本身的发展要受到系统的制约。另一方面，系统的相关性表现为系统内部子系统或要素之间的关系，某要素的变化会影响另一些要素的变化，而各个要素之间关系的状态对子系统和整个系统的发展都可能产生重要的影响。

（三）系统原理的要点

1. 整体性原理

整体性原理是指系统要素之间的相互关系及要素与系统之间的关系以整体为主进行协调，局部服从整体，使整体效果达到最优。实际上，就是从整体着眼，从部分着手，统筹考虑，各方协调，达到整体的最优化。

2. 动态性原理

系统作为一个运动着的有机体，其稳定状态是相对的，运动状态则是绝对的。系统不仅作为一个功能实体而存在，还作为一种运动而存在。系统内部的联系就是一种运动，系统与环境的相互作用也是一种运动。系统的功能是时间的函数，因为无论是系统要素的状态和功能还是环境的状态或联系的状态，都是在变化的，运动是系统的生命。

掌握系统动态性原理，研究系统的动态规律，可以使我们预见系统的发展趋势，树立超前观念，减少偏差，掌握主动，使系统向期望的目标运动。

3. 开放性原理

封闭系统因受热力学第二定律作用，其将逐渐增大，活力逐步减少。严格地说，完全封闭的系统是不存在的。任何有机系统都与外界不断交流物质、能量和信息，才能维持其生命，并且只有当系统从外部获得的能量大于系统内部消耗散失的能量时，系统才能不断发展壮大。因此，对外开放是系统的生命。在管理工作中，任何试图把本系统封闭起来与外界隔绝的做法都只会导致失败。明智的管理者应当从开放性原理出发，充分估计到外部对本系统的种种影响，努力从开放中扩大本系统从外部吸入的物质、能量和信息。

4. 环境适应性原理

系统不是孤立存在的，它要与周围的事物发生各种联系。这些与系统发生联系的周围事物的全体就是系统的环境。环境也是一个更高级的大系统。如果系统与环境进行物质、能量和信息的交流，能够保持最佳适应状态，则说明这是一个有活力的理想系统；一个不能适应环境的系统是无生命力的。

系统对环境的适应并不都是被动的，也有能动的，那就是改善环境。环境可以对系统施加作用和影响，系统也可以对环境施加作用和影响。

5. 综合性原理

所谓综合性，就是把系统的各部分、各方面与各种因素联系起来，考察其中的共同性和规律性。任何一个系统都可以看作由许多要素为特定的目的而组成的综合体。

系统的综合性原理所包括的含义如下：一是系统目标的多样性与综合性。系统最优化目标的确定是从各种复杂的甚至对立的因素中综合得到的结果。二是系统实施方案选择的多样性与综合性。也就是说，同一个问题可以有不同的处理方案，为了达到同样一个目标，有各种各样的途径与方法，必须进行综合研究，选出满意方案。三是由综合而创造。现在的重大尖端科学技术无不具有高度的综合性，世界上没有什么新的东西不是通过综合而得到的，量的综合导致质的飞跃，产生了新的事物。正因为任何复杂的系统都是由许多子系统和单元综合而成的，所以任何复杂的系统又都是可以分解的。系统整体看上去可能十分复杂、不可战胜，但如果将其分解到每个子系统和单元，就可能变得简单而容易解决。因此，管理者既要学会把许多普普通通的东西综合为新的构思、新的产品，创造出新的系统，又要善于把复杂的系统分解为最简单的单元去认识和解决。

二、人本原理

人本原理就是以人为中心的管理思想。这是管理理论发展到 20 世纪末的主要特点。人本原理主要包括下述主要观点：员工是企业的主体；员工参与是有效管理的关键；使人性得到最完美的发展是现代管理的核心；服务于人是管理的根本目的。

（一）员工是企业的主体

劳动者是企业经营的基本要素之一。人们对劳动者在企业生产经营中的作用是逐步认识的，这个认识过程大体上经历了以下三个阶段。

1. 要素研究阶段

把劳动者视为生产过程中不可或缺的一种要素。例如，科学管理的奠基人泰勒的全部管理理论和研究工作的目的，都是致力于挖掘作为机器附属物的劳动者的潜能。

2. 行为研究阶段

人的行为是由动机决定的，而动机又取决于需要。劳动者的需要是多方面的，经济需要只是其基本内容之一。因此，他们强调管理者要从多方面去激励劳动者的劳动热情，引导他们的行为，使其符合企业的要求。这一阶段的认识有其科学合理的一面，但其基本出发点仍然是把劳动者作为管理的客体。①

3. 主体研究阶段

职工是企业的主体，而非客体。企业管理既是对人的管理，又是为人的管理。企业经营的目的绝不是单纯的商品生产，而是为包括企业职工在内的人的社会发展而服务的。

（二）员工参与是有效管理的关键

实现有效管理有两条完全不同的途径。

一是高度集权，从严治理，依靠严格的管理和铁的纪律，重奖重罚，使企业目标统一、行动一致，从而取得较高的工作效率。

---

① 王利晓．管理学基础 [M]. 西安：西北大学出版社，2019：53-78.

二是适度分权，民主治理，依靠科学管理和职工参与，使个人利益与企业利益紧密结合，使企业全体职工为了共同的目标而自觉努力地奋斗，从而取得较高的工作效率。

两条途径的根本不同之处在于，前者把企业职工视作管理上的客体，职工处于被动、被管的地位；后者把企业职工视作管理的主体，职工处于主动参与管理的地位。

影响企业发展的因素固然很多，但归纳起来无非天时、地利、人和。其中，“人和”最为宝贵。有了“人和”，才能去争取和利用“天时”（客观环境和机遇）；有了“人和”，才有可能去逐步完善和充分发挥“地利”（本企业的资源优势）。

（三）使人性得到最完美的发展是现代管理的核心

“人之初”是“性本善”还是“性本恶”？这个问题已经争论了多个世纪。这两种相互对立的观点都可在社会生活中找到支持或反对的论据与事例。事实证明，世界上并不存在绝对善或恶的人性。人性是受后天环境影响而形成的，因而也是可以塑造和改变的。

在不同的时代，人性都不可避免地被打上时代的烙印。在封建社会，一切管理都是建立在一方完全无条件服从另一方的基础上的。资本主义社会摧毁了这种封建的人身依附关系，建立了以人的利己本性为基础的商品经济关系。

今天的中国尚处于社会主义初级阶段，人们的物质生活尚不富裕，传统的思想意识尚有较大影响，因此，管理所面临的人性状况极为复杂：有专门利他的奉献精神，也有专门利己的个人主义；有自由平等的民主要求，也有官贵民贱的等级观念。这就是中国管理界所面临的挑战。成功的管理者要在应对这个挑战的过程中引导和促进人性的发展。

事实上，任何管理者都会在管理过程中影响下属的人性发展。同时，管理者行为本身又是管理者人性的反映。只有管理者的人性达到比较完善的境地，才能使企业职工的人性得到完善的发展，而职工队伍的状况又是企业成功的关键。

（四）服务于人是管理的根本目的

管理是以人为中心的，是为人服务的，是为了实现人的发展，这里的“人”不仅包括企业内部参与企业生产经营活动的人，还包括存在于企业外部的、企业通过提供产品为之服务的用户。

为社会生产提供某种物质产品（或服务）是企业存在的主要理由。在市场经济条件下，用户是企业存在的社会土壤，是企业利润的来源。因此，为用户服务、满足用户的需要，实质上是企业实现其社会存在的基本条件。为此，企业要做到以下几点。

（1）企业要研究市场需求的特点及发展趋势，据此确定企业的经营和产品发展方向。

（2）企业要从用户的角度出发，努力提高设备和材料的使用效率，加速资金周转，减少资金占用和材料消耗，降低生产成本，从而降低产品的销售价格，以使消费者能够充分利用有限的货币购买力获取更多的物质产品，满足更多的需要。

（3）企业要在这种思想的指导下，研究消费者使用本企业产品要求得到满足的现实条件。

综上所述，尊重人、依靠人、发展人、为了人是人本原理的基本内容和特点。

三、责任原理

管理是追求效率和效益的过程。在这个过程中，要想挖掘人的潜能，就必须在合理分工的基础上明确规定部门、个人必须完成的工作任务和必须承担的相应责任。

（一）明确每个人的职责

挖掘人的潜能的最好办法是明确每个人的职责。职责不是抽象的概念，而是在数量、质量、时间、效益等方面有严格规定的行为规范。这表明职责的形式主要有各种规程、条例、范围、目标、计划等。一般来说，分工明确，职责也会明确。实际上，两者的对应关系并不是这么简单。这是因为分工一般只是对工作范围做了形式上的划分，至于工作的数量、质量、完成时间、效益等要求，分工本身还不能完全体现出来。因此，必须在分工的基础上，通过适当方式对每个人的职责做出明确规定。

（1）职责界限要清楚。在实际工作中，工作职位离实体成果越近，职责越容易明确；工作职位离实体成果越远，职责越容易模糊。应按照与实体成果联系的密切程度，划分出直接责任与间接责任、实时责任与事后责任。

（2）职责中要包括横向联系的内容。

（3）职责一定要落实到每个人，只有这样，才能做到事事有人负责。

（二）职位设计和权限委授要合理

有人说过，管理的基本原则是一定的人对所管的一定的工作完全负责。那么，怎样才能做到完全负责？一定的人对所管的一定的工作能否做到完全负责基本取决于以下 3 个因素。

1. 权限

明确了职责，就要授予相应的权力。实行任何管理都要借助一定的权力。管理总是离不开人、财、物的使用。如果没有一定的人权、物权、财权，那么任何人都不可能对任何工作实行真正的管理。

2. 利益

权限的合理委授只是完全负责所需的必要条件之一。完全负责就意味着责任者要承担全部风险。任何管理者在承担风险时，都自觉或不自觉地要对风险与收益进行权衡，然后才能决定是否值得去承担这种风险。

3. 能力

这是完全负责的关键因素。管理是一门科学，也是一门艺术。管理者既要有生产、技术、经济、社会、管理、心理等方面的科学知识，又要有处理人际关系的组织才能，还要有一定的实践经验。科学知识、组织才能和实践经验构成了管理能力。

职责、权限、利益和能力之间的关系遵守等边三角形定理，如图 1–3 所示。职责、权限、利益是三角形的三个边，它们是相等的；能力是等边三角形的高，根据具体情况，它可以略小于职责，这样，就使工作富有挑战性，从而能促使管理者自觉地学习新知识，注意发挥智囊作用，使用权限也会慎重些，获得利益时还会产生更大的动力，努力把自己的工作做得更好。但是，能力也不可过小，以免带来“挑不起职责”的后果。

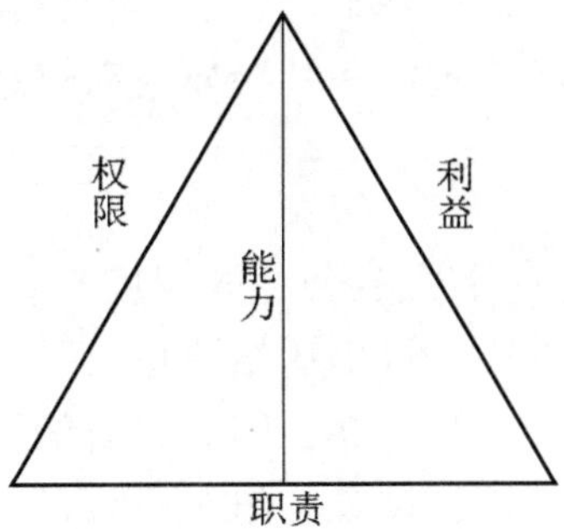

图 1–3　职责、权限、利益和能力的关系

（三）奖惩应分明、公正、及时

人无完人，但人总是向上的。对每个人的工作表现及绩效给予公正而及时的奖惩有助于提高人的积极性，挖掘人的潜力，从而不断提高管理成效，及时引导行为朝符合组织需要的方向发展。

对每个人进行公正的奖惩，要求以准确的考核为前提。如果考核不细致或不准确，奖惩就难以做到恰如其分。因此，要先明确工作绩效的考核标准。及时而公正的惩罚也是必不可少的。惩罚是利用“令人不喜欢的东西”或“取消某些人所喜欢的东西”以达到改变人的工作行为的目的。

为了做到严格奖惩，需要建立健全奖惩制度，使奖惩工作尽可能地规范化、制度化是实现奖惩公正而及时的可靠保证。

四、效益原理

效益是管理的永恒主题。任何组织的管理都是为了获得某种效益。效益的高低直接影响着组织的生存与发展。

（一）效益的概念

效益与效果、效率既相互联系又相互区别。

效果是指由投入经过转换而产出的成果，其中有的是有效益的，有的是无效益的。效率是指单位时间内所取得的效果的数量，反映了劳动时间的利用状况，与效益有一定的联系。但是，在实践中，效益与效率并不一定是一致的。

效益是有效产出与投入之间的一种比例关系，可从社会和经济两个角度去考察，即可分为社会效益和经济效益。社会效益和经济效益既有联系又有区别。经济效益是追求社会效益的基础，追求社会效益又是促进经济效益提高的重要条件。管理应把追求经济效益和社会效益有机结合起来。

（二）效益的评价

效益的评价可由不同主体从多个不同角度来评价，因此没有一个绝对的标准。不同的评价标准和方法，得出的结论也会不同，甚至相反。有效的管理要求对效益的评价尽可能公正和客观，因为评价的结果直接影响到组织对效益的追求和获得，结果越是公正和客观，组织对效益追求的积极性越高，动力也越大，客观上产生的效益也就越多。

（三）效益的追求

效益是管理的根本目的，管理就是对效益的不断追求，这种追求是有规律可循的。

（1）在实际工作中，管理效益的直接形态是通过经济效益而得到表现的。这是因为管理系统是一个人造系统，它基本是通过管理主体的劳动所形成的按一定顺序排列的多方面、多层次的有机系统。综合评价管理效益必须先从管理主体的劳动效益及所创造的价值来考虑。

（2）影响管理效益的因素很多，其中，主体管理思想正确与否占有相当重要的地位。实际上，管理只解决如何“正确地做事”，战略才告诉我们怎样“做正确的事”。

（3）追求局部效益必须与追求全局效益协调一致。全局效益是一个比局部效益更为重要的问题。如果全局效益很差，局部效益提高就难以持久。当然，局部效益也是全局效益的基础，没有局部效益的提高，全局效益的提高也是难以实现的。

（4）管理应追求长期稳定的高效益。企业每时每刻都处于激烈的竞争中，如果企业只满足于眼前的经济效益水平，而不以新品种、高质量、低成本迎接新的挑战，就会随时有落伍甚至被淘汰的危险。

（5）确立管理活动的效益观。管理活动要以提高效益为核心，追求效益的不断提高应该成为管理活动的中心和一切管理工作的出发点。

第三节　管理学的重点应用领域

一、管理学的类别

（一）管理科学

管理科学是自然科学、社会科学与经济学相互渗透并在它们的边缘上发展起来的新学科，因此它既有自然科学的属性，又有社会科学的属性。管理科学学派借助数学模型和计算机技术研究管理问题，重点研究的是操作方法和作业方面的管理问题。现代管理科学也有向组织更高层次发展的趋势，但现在完全采用管理科学的定量方法来解决复杂环境下的组织问题还面临着许多实际困难。管理科学学派一般只研究生产的物质过程，注意管理中应用的先进工具和科学方法，不够注意管理中人的作用，这是它的不足之处。管理科学已经扩展到各个领域，形成了内容广泛、门类齐全的独立学科体系，管理科学已经成为同社会科学、自然科学并列的第三类科学。管理现代化是应用现代科学的理论、要求和方法，提高计划、组织和控制的能力，以适应生产力的发展的需要，使管理水平达到当代国际上先进水平的过程，也是由经验型的传统管理转变为科学型的现代管理的过程。

管理科学依靠建立一套决策程序和数学模型以增加决策的科学性。他们将众多方案中的各种变数或因素加以数量化，利用数学工具建立数量模型研究各变数和因素之间的相互关系，寻求一个用数量表示的最优化答案。决策的过程就是建立和运用数学模型的过程。现代企业管理中影响某一事务的因素错综复杂，建立模型后，计算任务极为繁重，依靠传统的计算方法获得结果往往需要若干年，致使计算结果无法用于企业管理。电子计算机的出现大大提高了运算的速度，使数学模型应用于企业和组织成为可能。

（二）工商管理

工商管理是研究工商企业经济管理基本理论和一般方法的学科，主要包括企业的经营战略制定和内部行为管理两个方面。工商管理专业的应用性很强，它的目标是依据管理学、经济学、会计学等基本理论，通过运用现代管理的方法、手段进行有效的企业管理和经营决策，保证企业的生存和发展。工商管理指的是为了构建稳定的市场经济环境，国家会制定一系列市场监督管理机制，并由有关部门采用法律手段实施管理措施，从而达到监督管理市场活动以及经营者行为的目的。由此可见，工商管理必将对企业转型造成直接影响，对企业的各项改革、运行行为进行监督。因此，企业必须对工商管理的重要性产生深刻的认知，并在此基础上落实转型措施，这样才能够为企业的顺利转型、提升企业综合竞争力奠定良好的基础。

在企业管理过程中，管理者应当分析研究素养技能和方法，同时也需要一个格局意识强的人来引导团队。所谓的企业管理，是指企业日常业务的经营活动以及未来战略发展和人力资源的管理，同时涵盖了企业文化的建设和履行社会责任的行为。因此，企业管理不是单纯的日常数据分析，必须要具备汇总业务和策划未来发展方向的能力。管理企业简单说就是要增加企业收入，增强企业的盈利能力，同时改革并完善企业管理机制。企业的工商管理必须时刻把握增强管理人员业务水平和知识储备的要点，具体用在企业中就是把企业看作一个独立、统一的经济体，通过工商管理和经济管理，使其能更好地适应市场变化。

（三）公共管理

企业在市场经济中发挥了重要作用，要想适应周围的经济环境，它需要跟与它有利益关系、相互依存的其他群体处理好关系。为了维护这种相互依存的关系的稳定存在，企业需要踊跃自主地对社会责任进行承担。在建设和谐社会的进程中，一个企业所具有的社会责任在维护社会稳定中起着重要作用。企业无休止地追求利润容易使社会本身的调控能力紊乱，从而诱发一系列不利于社会和谐的重大问题。因此，要最大限度地对提高企业的社会责任这一观念进行强化，使企业将社会责任当成义务来看待，推动企业对相应社会责任的承担，使企业树立较强的商业道德方面的意识，强化企业对安全生产的管理，推动社会的和谐、稳定、公平发展，使企业以可持续发展为基础进行生产和经营。

传统公共行政模式下的人事管理体制十分僵硬，而新公共管理体制则很好地解决了这一问题，它更为重视人力资源管理的重要性，注重企业在人员录用、任期、工资及其他人事管理环节上的灵活性的提高。传统的企业机构组织化，比较封闭，上下级之间等级过于明显，管理相互制约，部门安排不灵活，降低了企业效率。新公共管理模式则能在一定程度上弥补传统管理模式的不足之处。这样，既给企业人事制度的管理注入了新的理念，又在实践上减轻了由于机构庞大而带来的弊端，优化了企业的人才和经济资源的配置，实现了企业的双重发展。

二、管理学的具体应用

（一）企业领域

管理学在企业的发展中所起的作用是显而易见的。企业运用管理学体系来管理企业也是大势所趋。优秀的企业管理离不开科学的管理方法和一些艺术的管理手段，使企业的管理既科学化又人性化。运用科学的方法，协调人与事的关系，处理人与人的矛盾，充分发挥人的潜能的过程，就称为人力资源管理。充分发挥人的能力和积极性是人力资源管理追求的最终目标。人力资源作为一种给予企业鲜活生命力的管理性资源，在企业的可持续发展进程中发挥着至关重要的作用。因此，从企业的长期发展角度看，人力资源管理是企业管理的焦点；从企业生产的外部环境看，企业之间的竞争已由成本竞争、市场竞争逐渐演变为以人才为核心的竞争。拥有高素质人才的企业，在竞争中处于优势地位。

企业的制度、企业的经营方针体现在员工的价值观方面就可以概括地称为企业文化，企业文化也会作用于企业制度及企业经营方针。为了使企业的发展满足环境的需求，企业会依据自身实际情况形成体现企业共同价值观的企业文化，并在企业的发展中不断创新。在企业文化建设中突破与企业经营管理实际脱节的文化理念是企业文化创新的实质所在。因此，企业文化的创新直接影响着员工价值理念的创新，员工价值理念的升华势必会推动企业制度和经营战略的再次创新。由此可见，企业文化创新所带给企业的益处是难以估量的。企业创新活动的主旨是技术创新，是企业实施有效管理的前提和保障。一个企业要有鲜活的生命力，脱离不了产品的不断创新。企业的创新活动使企业保持旺盛的创新活力，在国际市场竞争中成为赢家。然而，企业想要更新产品的生产方法和提高产品的生产工艺，必须把技术创新作为企业创新的基础。此外，技术创新作为企业的一项无形资产，是关乎企业能否实现持续发展的无价之宝，因而企业要格外珍视对创新人才和研发团队的奖励。

（二）教育领域

教育是一种社会现象，它存在于一定的社会环境之中，社会环境中各个因素对教育的存在与发展有着激励或制约的双重作用。教育管理学就是研究在各种社会条件下，采用什么方法能够激发教育中的激励因素，改变制约因素。此外，在评价教育管理的质量时也是以其社会效益的大小为准绳的。管理是人类社会特有的一种现象，它存在于社会生活的各个领域。管理科学就是研究管理者如何应用一定的理论和方法，在特定环境下，引导被管理者行动，使有限的资源得到合理配置，以实现预定目标的活动。这种活动适合于社会生活的一切领域，其中，也包括教育领域。教育管理有自己的特点，它不同于其他行业和部门的管理。教育管理学就是把教育和管理结合起来，研究如何按照教育的客观规律来管理教育，对影响教育质量和效益的各个要素进行规划、组织、指导、协调和控制。

教育管理学的学科发展史和社会对教育管理学的现实需要决定了应将教育管理学归属于社会科学。所谓学科发展史，是说作为一门社会科学的教育管理学这种主张并非某个人的一时之见，在教育管理学发展史上曾有很多人主张这种观点。时至今日，它仍是人们孜孜以求的学科建设目标。所谓现实需要，是说教育管理学离不开社会科学的指导，而教育管理学在不断地提升自身的理论品质和为现实服务的能力的过程中也有强烈地迈向社会科学的愿望和动力。我国是一个人口大国，地区差异、城乡差异和居民收入差异悬殊，经济和教育发展中的不公平和失衡等诸多问题在构建和谐社会背景下越来越引起人们的关注和重视。解决这些纷繁复杂的教育难题迫切需要具有成熟的视野、丰富的教育领导与管理理论的指导。

（三）工程领域

工程管理是指工程活动不仅受到工程理念、决策设计、构建、组织运行等过程的支配，还关联到资源、材料、资金、人力、土地、环境和信息等要素的合理配置。同时，一个工程往往有多种技术、多个方案、多种路径可被选择。要想有效地利用各类资源，用最小的投入获得最大的回报，实现在一定边界条件下的综合集成和多目标优化，必须在正确的理念的指导下，对工程活动进行决策计划、组织、指挥协调和控制，也就是进行工程管理。随着时代的发展，社会对建筑工程管理提出了新的要求，尤其是要充分利用现有的网络技术条件，将工程项目风险控制到可接受的范围内。影响工程管理的因素权重将直接影响到工程的质量，进而影响到参与工程建设的所有人的人身、财产安全，关系到将来的用户需求满意度。

现有影响工程管理的主要因素在不断完善变化，它们的权重也在不断变化，在不同程度上影响着工程管理的效果。虽然工程管理工作已经有很大的进展，且部分工程在进行全寿命周期的工程管理，但是仍然还有许多亟待解决的问题。这就要求我们深入调研影响工程管理的主要因素，结合实际情况开展工程管理。

第四节 管理学的研究现状及发展趋势

一、管理学的研究现状

管理学发展到今天，尽管管理理论的各个学派在建构各自的理论体系时所采用的研究方法与技巧各有千秋，但它们之间并不存在明显的冲突，甚至互有借鉴。它们的终极目标都是为了组织的发展，并且是在系统思想的指导下，通过人力资源的深层挖掘去提高效率、增加效益。

管理学研究的目的是促进组织的发展，使组织适应环境的变化。组织要在变化的环境和激烈的竞争中求生存、谋发展，就必须努力提高效率和增加效益。正是基于这一点，各管理学派都在努力寻找更有利于组织发展的途径，从不同的角度出发，采用了在它们看来完全合乎理性的各种假设，展开论述：古典管理理论第一次把管理作为一个科学领域进行研究，它对理论的主要过程、管理的职能和技能的论述在今天仍是大家的共识，并指导着管理的实践；组织行为科学理论学派对激励诱导、群体及组织内人际关系进行详细论述，确定了工人是有价值的资源；管理科学学派运用数学模式和程序求得决策和解决问题的最佳方案，特别是运用最新的信息情报系统，大大促进了管理效率的提高；决策学派注重效果，它从“效果”出发，充分考虑实现“效率”的最大化，并认为效率是实现效果的必要条件；经验管理学派则试图通过成功与失败的实例分析，寻找在同类条件下如何有效管理的方式，认为一个有效的组织必须以管理者的有效性为基础，而且管理者的有效性本身是对组织发展的最重要的贡献；系统管理理论强调系统分析和系统管理，认为系统管理有助于提高企业的效率和效果；权变管理理论则提出根据不同情况随机应变，从而使管理更为有效。

在管理方法方面，体现出显著的量化特征。就决策工具而言，它必须能够实际提出建议或做出决策，将真实世界中现有的那些种类的经验数据作为它们的输入，用量化的方法做出评估。在这种严格条件下的模型设计选择了两个方向：第一个方向是保留最优化；第二个方向是设计满足模型，以合理地计算成本，提供足够好的决策。这两个方向共存于管理理论的世界中，无论是组织行为理论、决策理论，还是后起的系统分析学派、权变理论，都不同程度地在这两个方向徘徊。

关于人在组织中作用的认识，是管理理论在构建理论体系的过程中所无法回避的问题。传统管理理论将重点放在对“事”和“物”的管理上，漠视个人的需要和个人目标，从而看不到人的主动性和创造性。当然，这并不是说科学管理学派完全走向了人作为“经济人”的极端，事实上，不仅科学管理学派中的甘特、吉尔布雷斯等人有较多关于重视人的价值的论述，就是泰罗本人关于“精神革命”和培训工人的见解以及雇主应以平等态度对待工人并了解其真实思想与感情的主张都表明，他还是注意到了人这一因素。行为科学理论正是为了弥补传统管理理论的不足，把人的因素放在首位，并吸收了心理学、社会学中的许多理论成果，提出了“社会人”、“自我实现人”和“复杂人”等假设，强调管理中人的非理性因素，重视人际关系的影响和人的欲望、感情、动机的作用，因而在发挥人的创造性方面收到了较好的效果。但行为科学也有缺陷，它过分强调人的感情方面和社会方面因素的作用，忽略了正式组织的积极作用以及理性和经济方面因素的作用。需要指出的是，对组织中人的行为的评价，在管理理论体系中还很难找到一个折中的、让各学派都能接受的方案，但是在行为人的一个最本质的方面，即个人同组织、个人目标同组织目标的关系上的分析，各管理学派的认识基本是一致的。从某种意义上说，这种一致性促成了各学派之间的相互渗透与补充，使学派主张分立的状况归于统一成为现实。

严格来说，科学的经济管理是大工业生产的产物。如果说古代管理思想还有微观管理和宏观管理两条基本线索，那么到了近代乃至现代资本主义时期，科学管理理论所要研究和解决的问题已不像过去那样包罗万象，它的着眼点主要集中于微观管理，即企业管理领域。尽管亚当·斯密也谈到过社会分工和一国致富的宏观问题，但作为自由资本主义时代的思想家，他反对政府干预，认为整个社会受一只“看不见的手”的调节。因此，在涉及经济管理时，也只是工厂手工业的管理，在宏观方面并没有什么重要任务。到了垄断资本主义时代，虽然垄断已经成为资本主义的主要特征，但社会本体依然是私有企业制度，管理的主要问题依然在企业内部。正因为如此，从泰罗开始，管理理论主要在微观的框架里不断完善。尽管管理理论也涉及系统、过程、人际关系等问题，但只是企业内部的系统、过程和人际关系。当然，在国家干预经济已经成为主要倾向的时代，不可能没有宏观管理。凯恩斯主义的需求管理、供应学派的供给管理、现代货币主义的货币管理都是宏观管理，但从一般思想体系和其表现出来的主要特征而言，这些都属于理论经济学的范畴，只是从一般经济理论中引申出来的粗略原则，并不像企业管理那样不断细化，成为系统的宏观管理理论。然而，在现代社会的复杂结构中，组织并非只有微观和宏观两个层次，而是多元层次的，如果仅依靠微观和宏观两个层次处理复杂的管理问题，是不可能取得预期效果的，这往往需要采用系统而综合的方法才能奏效。

尽管中国有着源远流长的管理实践和管理思想，但作为一门学科，管理学在中国的发展是从20世纪70年代末才开始的。党的十一届三中全会以来，党和国家的工作重心转移到以经济建设为中心的轨道，确定了改革开放的战略方针，确认了管理的重要性。开放打开了国门，使兴盛于国外的管理科学得以顺利进入中国，并开始吸引越来越多的研究者。在全国各地成立了企业管理协会以及其他各种学会，在高等学校内普遍设立了管理学院或管理系科，经济管理研究机构、培训中心也纷纷成立。1992年，中国技术监督局颁布了国家标准《学科分类与代码》(GB/T 13745—92)。该标准将管理学列为工程与技术科学的一个一级学科。“管理学”之下，列有管理思想史、管理心理学、未来学等11个二级学科和48个三级学科。这一标准首次确认了管理科学在整个科学知识体系中的地位，正式提出了管理科学的学科层次结构。管理科学在自然科学界也受到了高度的重视。国家自然科学基金委员会1986年成立时，专门设立了管理学科组，担负着运用国家自然科学基金支持和发展管理科学的职责。1988年，管理学科组资助了“管理科学学科发展战略研究”项目，随后组织召开了管理科学发展战略研讨会。1992年，由20多位专家组成的课题组开始进行“学科发展战略调研报告——管理科学”的研究工作。1995年12月，科学出版社出版了上述课题组的调研报告《管理科学》。该书列出了基础理论性学科35个、技术方法性学科18个、实际应用性学科35个。该调研报告初步提出了管理科学学科体系的基本框架，也反映了我国管理学研究的现状。

二、管理学的发展趋势

从管理科学产生和发展的历史不难看出，社会生产力特别是社会经济活动的发展是推动管理学发展的第一大因素。现代社会经济的发展十分迅速。人们普遍认为，21世纪是以知识经济为特征的时代。在这样的经济形态中，管理思想、管理手段等都会与之前有很大的不同。因此，管理学的发展必然加快，新的管理活动作为管理学的研究对象的出现将极大地推动管理学的发展。

影响管理学发展的第二大因素主要是与管理学相近的其他学科的发展。系统科学、信息科学、决策科学和计算机、计算机网络等技术科学的发展，都将对管理学的发展产生积极的作用。

影响管理学发展的第三个因素是随着经济全球化广泛而深入地推进而发生的各种管理思想、管理理论、管理实践之间的融合、借鉴，跨文化的管理理论将越来越受到重视。现代科学技术的快速发展导致管理科学发生了深刻的变革，使管理在功能、组织、方法和理念上产生了根本性变化，从而使管理实践呈现出如下发展趋势。

(一)信息化、知识化渗透于管理各层面

以微电子技术为基础的新技术革命正在广度和深度上不断推动着科技进步和社会经济生活的变化，尤其是信息技术日新月异的发展使信息网络的覆盖面日益扩大，目前已经形成了全球范围的网络。人们在同一时间内可以同时获

取这一网络内的广泛信息。这一变化大大促进了全球经济一体化的进程。信息技术给管理带来的是一场全面、深刻的革命，信息化正逐步深入生产、经营战略和组织人事等企业管理的各个层面。随着信息技术的推广应用与信息资源的开发利用，管理信息化正在往广度和深度发展，并进入了管理活动与业务活动综合信息化的新阶段。管理信息化的新发展进一步促进了信息管理的普及和提高，导致了信息管理在整个管理中地位的提升。信息管理渗透和体现在各种管理的所有方面和全部过程之中。值得注意的是，已经出现了信息管理向知识管理演进的发展趋势。[①] 知识管理是信息管理的延伸和发展。如果说信息管理使数据转化为信息，并使信息为组织设定的目标服务，那么知识管理使信息转化成为知识，并用知识来提高特定组织的应变能力和创新能力。知识管理是信息管理发展的新阶段，它要求把信息与信息、信息与活动、信息与人联结起来，在人际交流的互动过程中通过信息与知识（除显性知识外，还包括隐性知识）的共享，运用群体的智慧进行创新，以赢得竞争优势。知识管理的作用在于培育集体创造力。知识作为无形资产日益变得重要起来，声望、商誉、商标、专利、联系网络以及员工的经验与技能等知识资产或智力资产都需要评估和管理。知识密集型的产品、企业、产业和经济不仅在增加，还不断显露出它们的相对优势。知识的增加来源于不断地学习，基于实践的学习尤其重要。传统的依赖权力进行管理的组织将被学习型组织所取代。知识管理是学习型组织的特征，它的作用在于培育和提高组织内部个人和集体的创造力以及推动创新。

（二）创新成为管理的主旋律

企业要生存、发展，必须先适应信息时代多变的客观环境。21 世纪，企业的生存能力将取决于它的应变能力，取决于它是不是能跟得上世界大环境的变化规模与变化速度。信息时代的多变性、复杂性和快节奏确定了管理创新的主导地位。管理创新是由经济发展、技术进步、环境改变和需求转换导致的企业生存矛盾引发的，它是管理的灵魂，融合于管理的各大模块之中，显示出其主旋律的应用功能。在管理思想上，企业经营理念已逐步升华，与社会需求日趋吻合。企业文化呈现出中西合璧之势，个体、组织、社会乃至整个自然界相互之间的融合性思潮逐渐成为主流。在组织机构上，柔性模式代替了刚性模式，学习型组织成为人们追求的理想模式。在管理方式上发生了从以物为中心到以人为中心的革命，这恰恰适应了人的主观能动性与创新精神得以充分发挥

① 李爱华．新会计制度下加强企业财务管理的策略 [J]. 中国集体经济，2021(25)：149-150.

的需要。管理制度创新已深入产权制度及人事、工资、财务、生产管理各个方面。可以说，管理的真谛在于创新，21 世纪的管理是管理的创新和创新的管理，保持组织的管理创新能力是每一个管理者都应认真思考的问题。

（三）管理的国际化

全球化是当今世界的一场革命，其规模和影响之深远超过了 19 世纪的那场工业革命。资金、技术、设备等都在全球范围内以前所未有的速度流动和转让，市场的国际化造成了竞争的国际化。随着国际交往的推进，不断参与国际经济大循环的深层次发展，使国际企业尤其是大型跨国公司纷纷建立，并越来越得到发展，从而发挥了前所未有的政治、经济、技术作用。跨国公司的管理是典型的国际化管理。它跨越国别、社会制度，也横跨了民族、历史和文化。历史证明，世界各国之间政治、经济、科学、文化以及其他方面的相互影响和制约已经成为人类文明进步的重要条件。如何在继承本民族传统管理经验的基础上，借鉴世界先进的管理思想，吸收人类文明成果，实现管理理论、管理方法与国际接轨，创造一种更加开放的管理模式，也是当代管理学研究的重要课题。

（四）风险管理是未来管理的重要组成部分

高科技及其产业的崛起，市场、金融、经济的全球化扩张导致不确定性因素增长，信息不完备与非对称分布又使风险加大。人们在管理活动中不能不考虑风险因素，要增强风险意识，加强风险管理，在捕捉机遇的同时努力防范风险。国家要防范金融风险，企业要防范市场风险、经营风险、技术风险等。在风险管理中，应加强监测和预防，以预防为主，把风险减到最低限度，缩小风险可能造成的损失和带来的影响。分析风险的成因，预测风险到来的时机，积极采取防范风险的对策，以回避风险、转移风险、分散风险、减轻风险和做好承受风险的准备。为了搞好风险管理，就需要重视信用管理，信用管理是风险管理的前提。发展市场经济，应讲究信用和信誉。政府不能失信于民，企业不能失信于用户。信誉是有无信用和信用度高低的保证。因此，它是一种无形资产。在企业管理中要了解和掌握供应商、客户、合作伙伴的信用，甚至对他们的信用和自己的信用进行评估、分级。

（五）由“硬”管理为主向“软”管理为主转化

管理归根结底都是人的管理。首先，管理的主体是人；其次，管理的客体虽然兼有人和物，但是对物的管理取决于对人的管理，所以管理客体主要也是人的问题。我国古代的管理思想，无论是儒家思想还是兵家思想，都很重视发挥人在管理中的关键作用。近代外国管理思想则与工业文明密切相关。20世纪初有基于“经济人”假设的泰罗的科学管理，30年代后有基于“社会人”假设的梅奥等人的行为管理，至50年代又有基于“自我实现的人”假设的马斯洛等人的人本管理，80年代以来出现了现代的文化管理，强调超越自我企业文化和企业形象。管理发展史表明，明显存在着由理性的科学管理（物本主义的“硬”管理）向以人为本的“软”管理的转变。“软”管理的发展是以“硬”管理的存在为基础的，而“硬”管理又靠“软”管理来提升，需以“软”管理的指导为前提。“硬”管理主要是高扬理性、崇尚科学的西方管理思想，“软”管理中含有“天人合一”、人际关系融洽的我国古代管理思想。

（六）“非管理化”是未来管理的最高境界

在管理思想的研究上，西方管理理论呈现出向东方探源回归的趋势。自20世纪80年代初美国学者威廉·大内的《Z理论》开始，“《论语》加算盘”“道德经济合一论”作为东方企业管理思想之精华为西方所重视。实质上，见物不见人的基于利益驱动与诱惑思想下的西方管理技术，随着人本主义管理的到来，受到了严峻的挑战。一方面是将人视为可资利用工具的一整套严谨的管理制度和方法，另一方面是依靠人的能动性、调动人的积极性的现代管理变革大潮，两者之间的冲突日益加剧。在探索人与组织的协调性以及组织利益与社会利益的统一性过程中，人们开始认识到，在新经济时代，人性得到充分尊重、个人自主性得到充分发挥、企业得到可持续发展，唯一正确的管理模式将是没有管理的管理——非管理化，即人人都是管理者的模式。政府的“非管理化”趋势随着社会中介组织的兴起和社会自治能力的提升而日益凸显。早在20世纪60年代，日本企业家松下幸之助就敏感地体悟到这种趋势，他认为自己经营的唯一妙诀是顺应自然法则去做事，人类也应该运用智慧去做事，但必须遵循超越人类智慧的伟大自然法则，这才是获得成功与长久发展的切实保证。现代信息技术的发展为人的个性、潜能的充分发挥创造了必要的技术条件，为“非管理化”模式的实施奠定了技术基础和物质基础。

从理论研究的角度看，在与管理实践的相互影响下，管理学本身也将呈现全新的发展趋势。

1. 管理学在科学体系中的地位将进一步提高

人们越来越深刻地认识到，管理不仅是决定一国的生产力发展水平不可缺少的要素，还是现代生产力的首要构成要素。管理学的教育将更加普遍，管理学的重要作用将体现得更加充分。

2. 管理学发展的理论化、哲学化趋势

纵观管理的发展史，由管理活动而管理学，由管理学而管理学原理，由管理学原理而管理哲学，这表明了人类对管理认识深化的历程，也正是管理理论发展的总趋势。管理学的理论化趋势表现在对各类管理之共同规律性的认识和总结，并对这些规律进行了一般性的概括与抽象。管理学的哲学化趋势表现在从哲学的高度对管理进行了最高层次的考察与解释，把管理与哲学打通了，终于使一般管理学得以完整地建立。

3. 新的管理学分支的发展将更加迅速

面临巨大的结构变革，进入 21 世纪的世界经济将发生质的变化。管理工作将要解决许多全新的课题，如知识经济时代对知识资本的管理，信息共享的体系的建设与管理，人力资本管理的创新，在更为复杂的社会经济环境中对组织适应性的管理等，都将形成一些新兴的管理学分支，繁荣年轻的管理学。管理学发展到今天已经呈现出这种趋势。

4. 管理学将更多地与经济学、心理学、社会学、数学等紧密地结合

管理学本身就是一门综合性的学科。其发展除了管理实践的创新的不断推动之外，另一个重要的推动力就是其他相近学科的发展，其中经济学、心理学、社会学、数学等学科发展的最新成果都在管理学研究中得到了运用。今天，这些与管理学密切相关的学科发展十分迅速。由此可以预测，未来的管理学在管理方法上将更多地借鉴这些学科发展的成果，表现出与这些学科发展更紧密结合的特征。

5. 管理学研究将更加突出以人为本的特色

在知识经济时代，决定企业、国家前途和命运的将越来越取决于人才的数量和质量。因此，研究如何充分地开发人的智力和体力，将成为管理学更为重要的任务，特别是将人作为一种知识的载体的研究将更为突出。

6. 理论与实践的结合更加紧密

管理学发展最强大的推动力是管理的实践。随着社会生产力的发展，社会组织结构的变化和管理活动的创新将会为管理学的发展提供更多的研究对象和案例，也将会在此基础上形成新的管理学理论。另外，人们为了提高管理工作的效率，避免管理中的失误，将更多地把管理置于科学理论的指导之下。管理理论越来越多地被人们所重视，不仅是科学的研究会吸引更多的理论工作者的兴趣，管理工作者也将更加重视管理理论的作用，更加自觉地在管理理论的指导下开展管理工作。由此不难推知，管理学与管理实践的结合将更加紧密。

（七）明确管理学与财务会计的关联与区别

财务会计主要是对外服务，为外来投资者提供企业的财务信息、财务状况、经营情况等，而管理学主要是对内服务，为企业在运行过程中给企业管理者制定决策时提供依据。另外，两者工作时的标准与原则不同，财务会计工作必须符合国家的法律法规，报送的企业财务报告也要严格遵守国家制定的相关要求，管理则是以服务内部人员为主，没有强制性的规范。但无论是财务会计还是管理学都是以保证企业的利益为目标，能够为管理者发布的决策提供依据，它们依据的信息来源相同、工作对象相似，核算的内容也相互进行交叉。随着经济社会的飞速发展，财务会计与管理之间应该学会相互融合，共同为所在单位提供有力、准确的财务信息，为单位争取最大的利益，促进单位的长久发展。

第二章　全面认识财务会计

第一节　财务会计的基础知识

一、财务会计的定义

财务会计是现代会计的一个分支，它同管理会计相配合并共同服务于市场经济条件下的现代企业。财务会计主要面向不参与企业经营管理而对企业有资源投入或有其他利害关系的外部集团，因此，财务会计又称为“对外报告会计”；管理会计则主要面向负责企业经营管理的经营者（包括企业内部经营管理阶层），因此，管理会计也称为“对内报告会计”。在传统会计的基础上，财务会计具有特定的目标，并由“公认会计原则”（Generally Accepted Accounting Principles，GAAP）加以规范。财务会计最先出现在美国，其逐步成熟为一门系统的知识，则在 1939 年至 1965 年间[①]。

1939 年，美国会计程序委员会（CAP）开始发布“公认会计原则”第一层次正式文献——《会计研究公报》（ARB）第 1 号。1964 年，美国注册会计师协会（AICPA）的理事会发表了一份关于公认会计原则的特别公告。公告指出：

（1）公认会计原则是指那些具有相当权威支持的原则。

（2）《会计原则委员会的意见书》（APB Opinions）具有相当权威性支持。

（3）在具有相当权威性支持方面，《会计研究公报》和《会计原则委员会意见书》并无区别。

① 陈文强．财务会计概念框架逻辑起点研究综述 [J]．财会学习，2019(3)：97-98.

公告明确要求所有注册会计师协会会员从 1965 年 12 月 31 日起，对任何偏离上述两类权威性文件所阐述的会计原则的事项且影响重大的，需要在财务报表的附注和审计报告中加以披露。

当时仅由《会计研究公报》和《会计原则委员会意见书》两种文件来代表公认会计原则，后来增加了财务会计准则委员会（FASB）发布的《财务会计准则公告》（SFAS）和《财务会计准则委员会解释》（FASB Interpreta-tions）等另两类文件，美国的公认会计原则进入了权威性和强制性的阶段。而以“公认会计原则”或会计准则为规范所进行的会计处理和提供的财务报表构成了当前各国财务会计最重要的特征。

虽然财务会计诞生于美国，迄今已有数十年的历史，但是究竟如何理解“财务会计”，目前尚无一个公认的定义。

在美国，涉及财务会计的定义，或对财务会计的特点进行概括描述，可以列举出 9 种有代表性的提法。

（1）1966 年，美国会计学会（AAA）在其发表的《基本会计理论说明书》第一章中曾把会计定义为“使信息使用者能够做出有根据的判断和决策而辨认、计量和传递经济信息的程序”。但把信息使用者分为外部和内部两类，该书第三章“为外部使用者提供的会计信息”就是指财务会计。

（2）1970 年，美国注册会计师协会所属会计原则委员会（APB）发表的第 4 号报告（APB Statement No.4）中指出：企业财务会计是会计的一个分支，它着眼于有关财务状况与经营成果的通用报告，即财务报表（第 9 段）；财务报表是一种媒介，财务会计通过它将积累和处理的信息按期传递给使用者。借助财务会计程序和企业经济活动错综复杂的作用，可积累、分析、定量、分类，以及记录、汇总并报告两种基本类型的信息：与某一时点有关的财务信息；与一定期间有关的财务状况的变动（第 10 段）。

（3）1973 年，特鲁伯罗德委员会（Trueblood Committee）提出的一份“财务报表目标报告（Objectives of Financial Statements）”认为，财务会计的基本职能是“为财务报表的使用者提供有助于做出决策的信息”（第 13 页）。

（4）1978 年，财务会计准则委员会在其概念公告第 1 号（SFAC No.1）中指出：财务会计“关注的是企业的资产、负债、收入、费用、盈利等方面的会计”。

（5）1980 年，斐莱和穆纳氏《会计原理导论》第 8 版中提出：会计作为一个经济系统为组织的内部人员（经理或内部使用者）和组织的外部人员（外部使用者）提供有助于他们进行财务决策的经济信息；凡有助于提供投资人、债权人、政府机构或其他外部组织经济信息的对外报告，都称为财务会计。

（6）1987年，在一本《会计词典》中，财务会计被扼要地定义为"按照公认会计原则所产生的信息"。

（7）1989年，一本被广泛采用的会计学教科书认为，会计提供3种信息，其中，财务会计信息既供管理当局又供企业外部使用。外部使用者包括股东、银行家和其他债权人，政府机构及广大公众。提供这种信息应遵守"一致对外的规则"。

（8）1995年，美国凯索等著的《中级财务会计学》（第8版）中指出：财务会计是提供企业内部及外部使用者有关企业整体的财务报告的程序。这些财务报告的使用者也包括投资人、债权人、管理当局、工会与政府机关等。

（9）1998年，美国蔡斯坦等合著的《中级财务会计》认为，"财务会计和报告"包含会计人员的双重任务：计量和记录一个主体的经济活动；向外界使用者传递记录的数据。

在我国，财务会计通常称为"会计核算"或会计。我国的财务会计是以《中华人民共和国会计法》（1985年1月全国人大常委会通过，1999年10月第二次修订）为基本法规，由财政部颁布的《企业会计准则》和有关会计制度加以具体规范的。根据各国财务会计的理论和实践，结合我国进行会计核算的经验，财务会计可定义如下：在市场经济体制下，建立在企业或其他主体范围内的，旨在为企业或主体外部提供以财务信息为主的一个经济信息系统。这个系统把已发生或已完成的交易与事项中的财务（能用货币表现的）数据作为输入，按照企业会计准则和有关法规、制度的规范要求，运用若干普遍接受的会计惯例，通过确认、计量、记录和报告等程序进行加工，把数据转换为有助于决策和合乎其他目标的有用信息。报告这一程序代表系统的输出，有用信息主要借助财务报表（会计报表）传递给企业外部的使用者。

二、财务会计的目标

（一）财务会计目标的概念

财务会计的目标就是财务会计系统所要达到的目的。财务会计是一个加工、生产会计信息的系统。财务会计这个系统应为谁提供信息、提供哪些信息、提供信息的用意是什么，这些都是财务会计目标所要解决的问题。

财务会计主要面向企业外部信息使用者，并为其提供信息，当然也为企业内部信息使用者提供信息；既要为与企业有直接经济利益关系的群体提供信息，又要为与企业有间接利益关系的群体提供信息。在市场经济条件下，财务会计的信息使用者一般有投资者或潜在投资者、债权人或供应商、企业管理当局、企业职工、证券交易所、政府部门以及同企业有利害关系的集团与个人。财务会计应为信息使用者提供与企业财务状况、经营成果和现金流量等有关的会计信息。财务会计提供会计信息的用意主要在于帮助信息使用者做出正确的决策。

综上所述，财务会计的目标可以概括如下：为财务会计报告使用者提供与企业财务状况、经营成果和现金流量有关的会计信息，反映企业管理层受托责任履行情况，有助于财务会计报告使用者做出经济决策。

（二）国外财务会计的目标

当前，会计模式主要有以美国为代表的竞争性市场经济会计模式、以法国为代表的有计划的资本主义市场经济会计模式、以德国为代表的社会市场经济会计模式、以日本为代表的政府主导型市场经济会计模式 4 种。分析经济体制、证券市场、筹资方式、税收体制等经济环境与财务会计目标之间的关系，可以看出各国会计模式的形成取决于本国的经济、政治、社会制度等。

1. 美国财务会计的目标

美国财务会计的目标是强调多元化的会计信息使用者，但主要倾向保护股东利益和潜在的投资者，会计不以税收为导向。这是由美国实行竞争性市场经济、公有化程度比重小、政府决策的集中程度较弱、资源配置中政府的力量较弱、证券市场发达、企业证券筹资比重大、强调计税按税法进行等社会经济环境所决定的。

2. 法国财务会计的目标

法国财务会计的目标是以税收为导向，强调会计为宏观经济服务，重视社会责任目标。这是由法国实行有计划的资本主义市场经济、公有化比重较高、政府决策的集中程度很强、政府在资源配置上力量强、证券市场不发达、股份公司相对其他国家的重要性差等社会经济环境所决定的。

3. 德国财务会计的目标

德国财务会计的目标是强调债权人利益，并以税收为导向，但因为经济中讲求公平，所以非常重视社会责任目标。这是由德国实行社会市场经济、公有化程度比重较小、政府决策的集中程度较弱、资源配置中政府的力量较弱、证券市场较为发达、股份公司相对重要、企业借款筹资比重高、证券筹资比重较低、强调计税按会计利润进行等社会经济环境所决定的。

4. 日本财务会计的目标

日本财务会计的目标是强调债权人利益和投资人利益，但其基本目标是促进微观经济的发展和壮大。[①] 这是由日本实行政府主导型市场经济、公有化比重高、政府决策集中程度强、政府在资源配置上力量很强、证券市场发达、股份公司在国民经济中起着重要的作用，企业筹资中借款筹资比重高、税法要求计税以会计利润为依据等社会经济环境所决定的。

综上所述，影响财务会计目标的基本立足点是经济体制。首先，公有化比重越高，政府在经济中的力量越强，会计目标越强调为宏观经济服务；相反，则会计服务的对象呈多元化倾向。其次，证券市场的发达与否、企业筹资方式等决定了会计目标的某些倾向。证券市场越发达，企业证券筹资越重要，则强调保护股东利益；相反，企业借款筹资越重要，则强调保护债权人的利益。最后，税收体制是决定会计是否为税收服务的唯一因素。税法要求计税按会计利润进行，则会计需要为税法服务。经济中的“公平、公正”概念决定了会计是否重现社会责任目标。

（三）我国财务会计的目标

1. 基本目标

财务会计的基本目标是指在财务会计工作中处于支配地位，起主导作用的目标。由于财务会计是整个经济管理的重要组成部分，因此财务会计的目标应从属于经济管理的总目标，或者说财务会计目标是经济管理总目标下的子目标。在我国社会主义市场经济条件下，经济管理的总目标是提高经济效益。所谓提高经济效益，就是在投入一定价值量的情况下，尽可能地收回更多的价值量，或者是在收回的价值量一定的情况下，尽可能地减少投入的价值量。因此，作为经济管理重要组成部分的财务会计工作也应该以提高经济效益作为基本目标。

2. 具体目标

财务会计的具体目标是会计基本目标在财务会计工作中的具体化，也称为财务报告的目标。财务会计目标在整个财务会计系统和企业会计准则体系中居于十分重要的地位，是构建会计要素确认、计量和报告原则并制定各项准则的基本出发点。

① 王玉华．财务会计的目标职能和财务会计信息质量的分析[J]. 时代经贸（中旬刊），2008(6)：138-139.

会计产生和发展的历史表明，人们进行会计活动的主要目标是为会计信息使用者提供决策相关的有用信息。因此，财务会计的目标应主要解决以下问题：第一，为谁提供会计信息；第二，提供什么样的会计信息。

财务会计最初的目标是向财产所有者如实反映财产经营者对受托资源的管理和使用情况，即反映企业管理层受托经济责任的履行情况，从而有助于合理评价企业管理层的经营管理责任和资源使用的有效性，这种观点被称为受托责任观。随着股份制经济的发展以及资本市场的完善，会计信息的使用者逐步扩大为投资者、债权人、政府及其有关部门和社会公众等众多用户，其对会计信息的需求也发生了较大的变化。因此，财务会计的目标转变为“为财务报告的使用者提供对其决策相关的有用信息”，这种观点被称为决策有用观。有关财务会计目标的受托责任观与决策有用观不是对立的，财务会计的目标既可以满足会计信息使用者经济决策的需要，又可以反映企业管理层受托责任的履行情况。各个国家均根据本国的实际情况来确定其财务会计的目标。许多国家财务会计的目标兼顾决策有用和受托责任，即实行双重目标，我国也是其中之一。

我国的《企业会计准则——基本准则》中明确指出，我国财务会计的目标是为财务报告使用者提供与企业财务状况、经营成果和现金流量等有关的会计信息，反映企业管理层受托责任履行情况，有助于财务报告使用者做出经济决策。其主要包括以下内容。

（1）为财务报告使用者提供对其决策相关的有用信息。财务会计的主要目标是满足财务报告使用者的信息需要，以帮助财务报告使用者做出经济决策。因此，向财务报告使用者提供对其决策有用的信息是财务报告的基本目标。如果企业在财务报告中提供的会计信息与使用者的决策无关，没有使用价值，那么财务报告就失去了其编制的意义。

根据为财务报告使用者提供对其决策有用的信息这一目标的要求，财务报告所提供的会计信息应当如实反映企业所拥有或者控制的经济资源、对经济资源的要求权以及经济资源要求权的变化情况，如实反映企业的各项收入、费用、利得和损失的金额及其变动情况，如实反映企业的各项经营活动、投资活动和筹资活动等所形成的现金流入和现金流出情况等。从而有助于现在的或者潜在的投资者、债权人以及其他使用者正确、合理地评价企业的资产质量、偿债能力、盈利能力和营运效率等，有助于使用者根据相关会计信息做出理性的投资和信贷决策，有助于使用者评估与投资和信贷有关的未来现金流量的金额、时间和风险等。

（2）反映企业管理层受托责任的履行情况。现代企业制度强调企业所有权和经营权相分离，企业管理层是受委托人之托经营管理企业及其各项资产，负有受托责任，即企业管理层所经营管理的企业各项资产基本均为投资者投入的资本（或者留存收益作为再投资）或者向债权人借入的资金所形成的，企业管理层有责任妥善保管并合理、有效地运用这些资产。尤其是企业投资者和债权人等，需要及时或者经常性地了解企业管理层保管、使用资产的情况，以便评价企业管理层受托责任的履行情况和业绩情况，并决定是否需要调整投资或者信贷政策、是否需要加强企业内部控制和其他制度建设、是否需要更换管理层等。因此，财务报告应当反映企业管理层受托责任的履行情况，以有助于评价企业的经营管理责任和资源使用的有效性。

（3）为国家提供宏观调控所需要的特殊信息。企业是整个国民经济的细胞，是宏观经济的微观个体。没有企业的微观个体，就没有国民经济的宏观整体。企业经营状况的好坏、经济效益的高低直接影响着国民经济的运行情况。虽然我国实行的是社会主义市场经济，但是政府仍然需要通过一定的宏观调控和各项管理措施对国民经济运行情况加以调节，需要借助对企业会计所提供的会计信息的分析，了解、掌握和判断国民经济的运行情况，以便制定有效的宏观调控措施和管理办法，促进国民经济健康、有序、稳定地发展。

（4）加强经营管理，提高整体经济效益。企业经营管理水平的高低直接影响着企业的经济效益、经营风格、竞争能力和发展前景，在一定程度上决定着企业的前途和命运。为了满足企业内部经营管理对会计信息的需要，现代会计已经发展了以满足内部经营管理需要为主的管理会计。但是，这并不意味着企业内部经营管理不需要财务会计信息。实际上，通过分析和利用财务会计所提供的有关企业财务状况、经营成果和现金流量方面的信息，企业领导人就可以全面、系统地了解企业生产经营活动情况、财务情况和经营成果，并在此基础上预测和分析未来发展前景；可以发现过去经营活动中存在的问题，找出存在的差异及原因，并提出改进措施；可以通过预算的分解和落实，建立起内部经济责任制，从而做到目标明确、落实责任、考核严格、赏罚分明。要做到这一点，没有会计所提供的真实、完整的信息，几乎是不可能的。会计通过真实地反映企业的权益结构，为处理企业与各方面的关系、考核企业管理人员的经营业绩、落实企业内部管理责任奠定了基础，也使会计信息真正成为企业加强经营管理、提高经济效益的基础。

三、财务会计的要素

财务会计作为一个信息生产系统，必然存在相应的会计对象，但是由于会计对象是一个抽象的概念，因此从会计对象到具体的会计信息必须经过一个从抽象到具体的处理步骤。这一具体化的步骤先要将财务会计对象进行初次分类以形成会计要素，会计要素即是会计核算对象的具体化形式，通俗意义上的要素就是财务报表的基本组成部分。各国对会计要素的划分与定义不尽相同。美国的财务会计准则委员会定义了 10 个会计要素，分别是资产、负债、权益、业主投资、派给业主款、收入、费用、利得、损失和全面收益。国际会计准则理事会定义了 5 个基本会计要素，即资产、负债、权益、收益和费用。其中，收益包括收入和利得，费用包括损失。我国则借鉴国际惯例，在财政部 2006 年修订后颁布的《企业会计准则——基本准则》中明确定义了 6 个会计要素，分别是资产、负债、所有者权益、收入、费用和利润。我国较之国际惯例的规定多了一个利润的要素，尽管利润是收益和费用的综合结果，并不是一个独立的要素，但由于它在我国长期以来一直作为考核的重要指标，在企业管理中具有重要作用，因此我国仍将其设计成一个单独的会计要素。

（一）六大要素

1. 资产

资产是指企业过去的交易或者事项形成的、由企业拥有或者控制的、预期会给企业带来经济利益的资源。其中，企业过去的交易或者事项包括购买、生产、建造行为、其他交易或者事项，预期在未来发生的交易或事项不形成资产；由企业拥有或者控制是指企业享有某项资源的所有权，或者虽然不享有某项资源的所有权，但是该资源能被企业所控制；预期会给企业带来经济利益是指直接或间接导致现金及现金等价物流入企业的潜力。资产在符合上述定义的同时必须符合以下两个条件：一是与该资源有关的经济利益很可能流入企业；二是该资源的成本或者价值能够可靠地计量。

2. 负债

负债是指企业过去的交易或事项形成预期会导致经济利益流出企业的现时义务。上述定义中的现时义务是指企业在现行条件下已承担的义务，不包括未来发生的交易或事项形成的义务。同样，符合定义的义务还必须满足以下条件才能确认为负债：与该义务有关的经济利益很可能流出企业；未来流出企业的经济利益的金额能够可靠地计量。

3. 所有者权益

所有者权益是指企业资产扣除负债后由所有者享有的剩余权益。公司的所有者权益被称为股东权益。所有者权益的来源包括所有者投入的资本、直接计入所有者权益的利得和损失、留存收益等。其中，直接计入所有者权益的利得和损失是指不应计入当期损益、会导致所有者权益发生增减变动、与所有者投入资本或者向所有者分配利润无关的利得或者损失。

4. 收入

收入是指企业在日常活动中形成的、会导致所有者权益增加的、与所有者投入资本无关的经济利益的总流入。根据收入的定义，收入具有以下三个方面的特征。

（1）收入由企业日常活动所形成。日常活动是指企业为完成其经营目标所从事的经常性的活动以及与之相关的活动。例如，工业企业制造并销售产品、商业企业销售商品等。

（2）收入会导致经济利益的流入。收入使企业资产增加或者负债减少，但这种经济利益的流入不包括由所有者投入资本的增加所引起的经济利益流入。

（3）收入最终导致所有者权益增加。因收入所引起的经济利益流入使企业资产增加或者负债减少，最终导致所有者权益增加。

收入按企业从事日常活动的性质不同可分为销售商品收入、提供劳务收入和让渡资产使用权收入；按企业经营业务的主次不同可分为主营业务收入和其他业务收入。

5. 费用

费用是指企业在日常活动中发生的、会导致所有者权益减少的、与向所有者分配利润无关的经济利益的总流出。费用确认需满足的条件是经济利益很可能流出，从而导致企业资产减少或者负债增加；同时，经济利益的流出额能够可靠地计量。

6. 利润

利润是指企业在一定会计期间的经营成果。利润包括收入减去费用后的净额、直接计入当期利润的利得和损失等。其中，直接计入当期利润的利得和损失是指应当计入当期损益、会导致所有权发生增减变动的、与所有者投入资本或者向所有者分配利润无关的利得或损失。

（二）财务会计要素的确认与计量

1. 财务会计要素的确认

所谓“确认”，是将某一项目作为一项资产、负债、所有者权益、营业收入、费用或其他要素正式地加以记录并列入财务报表的过程。确认主要解决两方面的问题：一是何时以何种金额并通过何种账户记录；二是何时以何种金额并通过何种要素列入财务报告。

确认时间的选择涉及判断，其中最具代表性的当属收入的确认。同时，确认涉及计量问题，若某一项目符合定义但无法计量，则无从确认。此外，确认还涉及人们对会计信息质量的倚重。例如，当重视会计信息的可靠性时，就会采用收付实现制和权责发生制为确认标准，无论是平时记录还是财务报表上披露的量度都按历史成本来表现。也就是说，必须按一个确定性的时间、金额来确认一项要素。当重视会计信息的相关性时，就有可能撇开实现原则，而确认价格变动的影响，其结果又反过来影响计量基础的选择。

（1）资产的确认条件。将一项资源确认为资产，其先要符合资产的定义。除此之外，需要同时满足以下两个条件。

①与该资源有关的经济利益很可能流入企业。根据资产的定义，能够带来经济利益是资产的一个本质特征，但是由于经济环境瞬息万变，与资源有关的经济利益能否流入企业或者流入多少，实际上带有不确定性。因此，资产的确认应当与对经济利益流入的不确定性程度的判断结合起来，如果根据编制财务报表时所取得的证据，与该资源有关的经济利益很可能流入企业，那么就应当将其确认为资产。

②该资源的成本或者价值能够可靠地计量。可计量性是所有会计要素确认的重要前提，资产的确认也不例外。只有当有关资源的成本或者价值能够可靠地计量时，资产才能够予以确认。在实务中，企业取得的许多资产都需要付出成本。例如，企业购买或者生产的存货、企业购置的厂房或者设备等，对于这些资产，只有实际发生的成本或者生产成本能够可靠地计量，才能视为符合资产确认的可计量条件。在某些情况下，企业取得的资产没有发生实际成本或者发生的实际成本很小。例如，企业持有的某些衍生金融工具形成的资产，对于这些资产，尽管它们没有实际成本或者发生的实际成本很小，但若其公允价值能够可靠地计量，也被认为符合资产可计量性的确认条件。

（2）负债的确认条件。将一项义务确认为负债，其先应当符合负债的定义。除此之外，需要同时满足以下两个条件。

①与该义务有关的经济利益很可能流出企业。预期会导致经济利益流出企业是负债的一个本质特征，鉴于履行义务所需流出的经济利益带有不确定性，尤其是与推定义务相关的经济利益通常需要依赖大量的估计，因此，负债的确认应当与对经济利益流出的不确定性程度的判断结合起来。如果根据编制财务报表时所取得的证据判断，与现实义务有关的经济利益很可能流出企业，那么就应当将其作为负债予以确认。

②未来流出经济利益的金额能够可靠地计量。负债的确认也需要符合可计量性的要求，即对未来经济利益流出的金额能够可靠地计量。对于与法定义务有关的经济利益流出金额，通常可以根据合同或者法律规定的金额予以确定。考虑到经济利益的流出一般发生在未来期间，有时未来的期间还很长，在这种情况下，有关金额的计量通常需要考虑货币时间价值等因素的影响。对于与推定义务有关的经济利益流出金额，通常需要较大程度的估计。为此，企业应当根据履行相关义务所需支出的最佳估计数进行估计，并综合考虑货币时间价值、风险等因素的影响。

（3）所有者权益的确认条件。由于所有者权益体现的是所有者在企业中的剩余权益，因此所有者权益的确认主要依赖其他会计要素，尤其是资产和负债的确认。所有者权益金额的确定也主要取决于资产和负债的计量。例如，企业接受投资者投入的资产符合企业资产确认条件时，就相应地符合了所有者权益的确认条件；当该资产的价值能够可靠地计量时，所有者权益的金额也就可以确定。

（4）收入的确认条件。2017 年，财政部修订发布了新的收入准则，收入的确认由原来的“风险报酬转移”转变为“控制权转移”，开启了收入确认的新篇章。新收入准则中提出了五步法，即在新收入准则下企业确认收入的框架模型。原先，我们确认一项交易的收入，需要区分适用的准则是收入还是建造合同，一项交易是销售商品、提供劳务、让渡资产使用权还是建造合同。现在，这些区分统统可以丢掉了。无论何种交易，统统融入五步法这个大框里，一步一步地“筛出”确认收入的事项和金额。

五步法到底是哪五步？具体如图 2-1 所示。

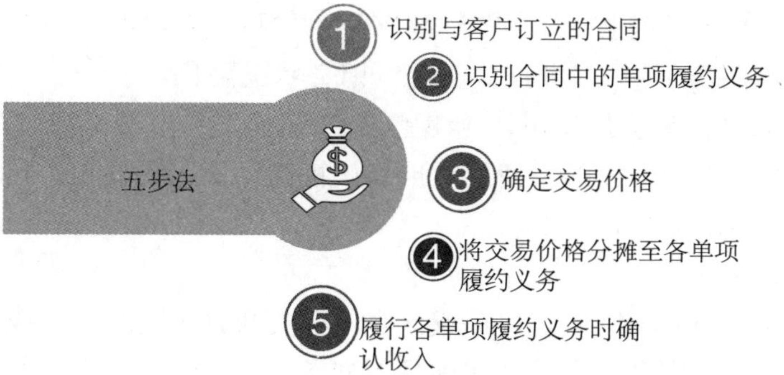

图 2-1　五步法

第一步：识别与客户订立的合同。

在这一步，我们需要解决两个问题：合同是否成立、合同是否独立。

①合同是否成立。

合同需满足的五个条件：

a. 合同各方批准该合同，并承诺将履行各自义务。

b. 合同明确了合同各方与所转让的商品或服务相关的权利和义务。

c. 合同有明确的与所转让商品或服务相关的支付条款。

d. 合同具有商业实质。

e. 企业向客户转让商品或提供服务有权获得的对价很可能收回。

这五个条件同时满足，合同才算成立。前三个条件较为容易理解，且我们常见的合同都能轻易满足。我们重点聊聊合同具有商业实质以及对价很可能收回。

关于具有商业实质，有一个很经典的案例：两家石油公司之间相互交换石油，以便及时满足各自不同地点客户的需求，不具有商业实质，不应确认收入。

关于对价很可能收回，来看看下面这个故事。

A 动画公司授权 B 包子铺使用其设计的包子卡通形象，B 包子铺每年支付卡通形象使用费，有效期为 5 年。

情景一：B 包子铺从一开始就没有稳定的现金流，A 动画公司判断包子铺支付不起使用费。对于这项交易，A 动画公司就不能确认收入。

这一情景连合同成立的条件都不满足，收入确认的后续步骤也就无从谈起。即使 B 包子铺付了钱，A 动画公司也只能对这笔款项确认一项负债。

情景二：B 包子铺原先经营正常，但一位网红博主吐槽 B 包子铺的包子又贵又难吃，导致B包子铺遭受了“舆论危机”，并且没有很好地处理这次危机。受此影响，B包子铺的生意呈断崖式下降，财务状况恶化。

面对这一情景，A动画公司认为B包子铺继续支付卡通形象使用费的可能性较低，对剩下部分卡通形象使用不再确认特许权使用费收入，同时对现有应收款项是否发生减值进行评估。

②合同是否独立。

a. 合同合并。企业与同一客户（或该客户的关联方）同时订立或在相近时间内先后订立的两份或多份合同，在满足下列条件之一时，应当合并为一份合同进行会计处理。

第一，该两份或多份合同基于同一商业目的而订立并构成一揽子交易。

第二，该两份或多份合同中的一份合同的对价金额取决于其他合同的定价或履行情况。

第三，该两份或多份合同中所承诺的商品或每份合同中所承诺的部分商品构成本单项履约义务。

b. 合同变更。如果企业已经开始履行合同了，这时候需要变更合同内容该怎么办？从结果来看，主要有三种情况。

第一，原合同一个，新合同一个。

第二，作为两个不同的合同：原合同已执行部分是其中一个，“未执行部分+变更部分”作为另一个。

第三，作为一个合同：变更部分视同原来合同的一部分，整体作为一个。

第二步：识别合同中的单项履约义务。

这一步有两个关键词：“履约义务”“单独的”。

“履约义务”是指合同中企业向客户转让可明确区分商品的承诺。

站在卖方角度，就是给客户提供了什么，提供的东西可以是商品、服务、专利等。站在买方角度，就是其花钱后到底得到了什么。

“单独的”要求这项履约义务必须是可明确区分的。

企业向客户承诺的商品同时满足下列条件的，应当作为可明确区分商品。

①客户能够从该商品本身或从该商品与其他易于获得资源一起使用中受益。

②企业向客户转让该商品的承诺与合同中其他承诺可单独区分。

第三步：确定交易价格。

在这一步，我们需要确定交易价格。为什么确定价格还需要单独设置一步呢？买卖的东西不是应该明码标价吗？

这个价格不仅是我们平时理解的标价，还可能存在折扣、退款、融资等情况，这时需要调整交易价格。

在确定交易价格时，企业应当考虑可变对价、合同中存在的重大融资成分、非现金对价、应付客户对价等因素的影响。

第四步：将交易价格分摊至各单项履约义务。

通过第一步、第二步，我们知道了合同中有几个单项履约义务。通过第三步，我们知道了调整后的交易价格。

这一步就是用合理的方式将合同的价格分配给各个履约义务。这一步又可分为两步：①单独出售，每一项商品或服务单独的售价是多少？②打包出售，每一项商品或服务占打包价格的多少？

第五步：履行各单项履约义务时确认收入。

终于到了最后一步。经过前四步，每个履约义务都被赋予了相应的价格。这一步要求企业应当在履行合同中的履约义务时确认收入。

履行义务的实现需在某一时段或某一时点履行。

某一时段——满足下列条件之一的，属于在某一时段内履行履约义务，否则，属于在某一时点履行履约义务。

某一时点——对于在某一时点履行的履约义务，企业应当在客户取得相关商品控制权时点确认收入。在判断客户是否已取得商品控制权时，企业应当考虑下列迹象。

①企业就该商品享有现时收款权利，即客户就该商品负有现时付款义务。

②企业已将该商品的法定所有权转移给客户，即客户已拥有该商品的法定所有权。

③企业已将该商品实物转移给客户，即客户已实际占有该商品。

④企业已将该商品所有权上的主要风险和报酬转移给客户，即客户已取得该商品所有权上的主要风险和报酬。

⑤客户已接受该商品。

⑥其他表明客户已取得商品控制权的迹象。

忽略最后一条，一共有五个控制权转移的迹象，但并没有哪一个或哪几个迹象是决定性的，应当根据合同条款和交易实质进行分析，综合判断其是否将商品的控制权转移给了客户以及是何时转移的，从而确定收入确认的时点。

此外，企业应当从客户的角度进行评估，而不应当仅考虑企业自身的看法。

（5）费用的确认条件。费用的确认除了应当符合定义外，还应当满足以下三个条件：一是与费用相关的经济利益很可能流出企业；二是经济利益流出企业的结果会导致资产减少或者负债增加；三是经济利益的流出额能够可靠地计量。

（6）利润的确认条件。利润反映的是收入减去费用再加上利得减去损失后的净额。因此，利润的确认主要依赖收入和费用以及利得和损失的确认，其金额的确定主要取决于收入、费用、利得和损失计量。

2. 财务会计要素的计量

会计计量是为了将符合确认条件的会计要素登记入账，并列报于财务报表而确定其金额的过程。企业在将符合确认条件的会计要素登记入账并列报于财务报表时，应当按照规定的会计计量属性进行计量，确定其金额。

（1）会计计量属性的构成。

计量属性亦称“计量基础”，是指所予计量的某一要素的特性方面。例如，桌子的长度、楼房的高度、钢筋的重量等。从会计的角度分析，计量属性反映的是会计要素金额的确定基础，它主要包括历史成本、重置成本（现行成本）、可变现净值、现值和公允价值等。

①历史成本。历史成本又称实际成本，是取得或制造某项财产物资时所实际支付的现金或其他等价物。在历史成本计量模式下，资产按照购置时支付的现金或者现金等价物的金额，或者按照购置资产时所付出的对价的公允价值计量；负债按照因承担现时义务而实际收到的款项或者资产的金额，或者承担现时义务的合同金额，或者按照日常活动中为偿还负债预期需要支付的现金或者现金等价物的金额计量。

②重置成本。重置成本又称现行成本，是指按照当前市场条件，重新取得同样一项资产所需支付的现金或现金等价物金额。在重置成本计量模式下，资产按照现在购买相同或者相似资产所需支付的现金或者现金等价物的金额计量；负债按照现在偿付该项债务所需支付的现金或者现金等价物的金额计量。在实务中，重置成本多应用于盘盈固定资产的计量等。

③可变现净值。可变现净值是指在正常生产经营过程中，预计售价减去进一步加工成本、预计销售费用以及相关税费后的净值。在可变现净值计量模式下，资产按照其正常对外销售所能收到的现金或者现金等价物的金额扣减该资产至完工时估计将要发生的成本、销售费用以及相关税费后的金额计量。可变现净值通常应用于存货资产减值情况下的后续计量。

④现值。现值是对未来现金流量以恰当的折现率进行折现后的价值，是考虑货币时间价值的一种计量属性。在现值计量模式下，资产按照预计从其持

续使用和最终处置中所产生的未来净现金流入量的折现金额计量，负债则按照预计期限内需要偿还的未来净现金流出量的折现金额计量。现值通常用于对非流动资产可收回金额和以摊余成本计量的金融资产价值的确定等。例如，在确定固定资产、无形资产等的可收回金额时，通常需要计算预计未来现金流量的现值；对于持有至到期投资等以摊余成本计量的金融资产，通常需要使用实际利率法将这些资产在预期存续期间内的未来现金流量折现，再通过相应的调整确定其摊余成本。

⑤公允价值。公允价值是指市场参与者在计量日发生的有序交易中出售资产所能收到或者转移负债所需支付的价格。其中，有序交易是指在计量日前一段时期内相关资产或负债具有惯常市场活动的交易。清算等被迫交易不属于有序交易。企业以公允价值计量相关资产或负债，应当假定出售资产或者转移负债的有序交易在相关资产或负债的主要市场进行。不存在主要市场的，企业应当假定该交易在相关资产或负债的最有利市场进行。公允价值主要应用于交易性金融资产、可供出售金融资产等的计量。

（2）各种会计计量属性之间的关系。在各种会计要素计量属性中，历史成本通常反映的是资产或者负债过去的价值，而重置成本、可变现净值、现值、公允价值通常反映的是资产或者负债的现时成本或者现时价值，是与历史成本相对应的计量属性。当然，这种关系并非绝对的。比如，资产或者负债的历史成本有时就是根据交易时有关资产或者负债的公允价值确定的，而在应用公允价值时，当相关资产或负债不存在活跃市场的报价或者不存在同类或者类似资产的活跃市场报价时，需要采用估值技术来确定相关资产或者负债的公允价值。在这种情况下，公允价值就是以现值为基础确定的。另外，公允价值相对于历史成本而言，具有很强的时间概念。也就是说，当前环境下某项资产或负债的历史成本可能是过去环境下该项资产或负债的公允价值，而当前环境下某项资产或负债的公允价值也许就是未来环境下该项资产或负债的历史成本。

（3）会计计量属性的应用原则。企业在对会计要素进行计量时一般采用历史成本。这主要是由于历史成本具有可验证性，符合会计信息质量的可靠性要求。但是，在某些情况下，如果仅以历史成本作为计量属性，可能难以达到会计信息质量要求，不利于实现财务报告的目标。在这种情况下，企业可以采用其他计量属性。不过，鉴于重置成本、可变现净值、现值、公允价值等其他计量属性往往需要依赖估计，为了使所估计的金额在提高会计信息相关性的同时不影响其可靠性，会计准则要求采用重置成本、可变现净值、现值、公允价值计量的，应当保证所确定的会计要素金额能够取得并可靠计量，否则不允许采用其他计量属性。

四、会计信息质量要求

会计信息质量要求是对企业财务会计报告中所提供的会计信息质量的基本要求，是使财务会计报告提供的会计信息对信息使用者决策有用所应具备的基本特征。会计信息质量要求包括可靠性、相关性、可理解性、可比性、实质重于形式、重要性、谨慎性和及时性。

（一）可靠性

可靠性要求企业应当以实际发生的交易或者事项为依据进行会计确认、计量、记录和报告，如实反映符合确认和计量要求的各项会计要素及其他相关信息，保证会计信息真实可靠、内容完整。企业的会计信息要满足会计信息使用者的决策需要，就必须内容真实、数字准确、资料可靠。如果企业的会计核算不是以实际发生的交易或事项为依据，没有如实反映企业的财务状况、经营成果和现金流量，那么就是不可靠的，极易误导会计信息使用者，会计工作也就失去了意义。

（二）相关性

相关性要求企业提供的会计信息应当与财务会计报告使用者的经济决策需要相关，有助于财务会计报告使用者对企业过去、现在或者未来的情况做出评价或者预测。

会计信息是否有用、是否有价值，在于其是否与会计信息使用者的决策需要相关，是否有助于决策或者提高决策水平。一般认为，具备相关性的会计信息应当在保证及时性的前提下，具备反馈价值和预测价值，即能够有助于信息使用者评价企业过去的决策，证实或者修正有关预测，并根据会计信息预测企业未来的财务状况、经营成果和现金流量。通常，我国企业的会计信息必须满足 3 个方面的需要：一是符合国家宏观经济管理的要求；二是满足有关各方面了解企业财务状况和经营成果的需要；三是满足企业内部加强经营管理的需要。

值得注意的是，会计信息的相关性应以可靠性为基础，应在可靠性的前提下尽可能做到相关性，不能把两者对立起来。

（三）可理解性

可理解性要求企业的会计信息应当清晰明了，便于财务会计报告使用者理解和使用。可理解性要求会计记录和财务会计报告必须清晰明了、简明扼要，数据记录和文字说明能一目了然地反映经济活动的来龙去脉。可理解性要求的前提是信息使用者必须具备一定的与企业经营活动相关的会计知识，并愿意付出努力去研究这些信息。

（四）可比性

可比性要求企业提供的会计信息应当具有可比性，具体包括下列要求。

1. 同一企业不同时期可比（纵向可比）

同一企业不同时期发生的相同或相似的交易或事项应当采用一致的会计政策，不得随意变更。但是，当企业按照规定或会计政策变更后可以提供更可靠、更相关的会计信息时，就有必要变更会计政策，以便向财务会计报告使用者提供更为有用的信息，同时，有关会计政策变更的情况应当在附注中予以说明。

2. 不同企业相同会计期间可比（横向可比）

不同企业相同会计期间发生的相同或相似的交易或事项应当采用规定的会计政策，确保会计信息口径一致、相互可比。对于相同或相似的交易或事项，不同企业应当采用一致的会计政策，以使不同企业按照一致的确认、计量和报告基础提供有关会计信息，便于企业之间财务信息的对比分析。

（五）实质重于形式

实质是指经济实质，形式是指法律形式。实质重于形式要求企业按照交易或事项的经济实质进行会计确认、计量和报告，不应仅以交易或事项的法律形式为依据。如果企业仅以交易或事项的法律形式为依据进行会计确认、计量和报告，那么就容易导致会计信息失真，无法如实反映经济现实和实际情况。

在多数情况下，企业发生的交易或事项的经济实质和法律形式是一致的，但有些时候也会出现不一致。例如，企业以融资租赁方式租入的固定资产，从法律形式上看，企业并不拥有其所有权，但是由于租赁合同中规定的租赁期较长，接近该资产的使用寿命，租赁期结束时承租方有优先购买该资产的选择权，在租赁期内承租方有权支配该资产并从中取得收益。从其经济实质看，承租方能够控制融资租入规定资产所创造的未来经济利益，所以承租方依据“实质重于形式”的要求将融资租入的固定资产确认为本企业资产，并反映在资产负债表中。

（六）重要性

如果企业会计信息的省略或错报会影响使用者据此做出经济决策，那么该信息就具有重要性。

重要性要求企业在会计核算过程中对重要的经济业务或事项重点核算，充分披露，而对不重要的经济业务或事项进行简化、合并反映。也就是说，在符合全面性要求的前提下，企业会计核算要有所侧重。

重要性的应用需要依赖职业判断，企业应当根据所处环境和实际情况，从项目的性质和金额两方面来判断其重要性。从项目性质看，当某一项交易或事项会影响使用者据以做出决策时，该交易或事项就具有重要性；从项目金额看，当某一项交易或事项的金额达到一定规模时，该交易或事项就具有重要性。

（七）谨慎性

谨慎性要求企业对交易或事项进行会计确认、计量和报告时应当保持应有的谨慎，不应高估资产或者收益、低估负债或者费用。

谨慎性要求企业在面临不确定性因素的情况下做出职业判断时应当保持应有的谨慎，充分估计各种风险和损失，既不高估资产或收益，又不低估负债或费用。例如，企业计提相关资产的减值准备就体现了谨慎性的要求。

但是，谨慎性的应用并不允许企业设置秘密准备。如果企业故意低估资产或者收益，或者故意高估负债或者费用，就不符合会计信息的可靠性和相关性要求，不仅会损害会计信息质量，还可能扭曲企业实际的财务状况和经营成果，从而对使用者的决策产生误导。

（八）及时性

及时性要求企业对已经发生的交易或事项及时进行确认、计量和报告，不得提前或者延后。及时性主要包括以下三方面要求。

（1）及时收集会计信息。在有关交易或事项发生时，及时收集和整理有关原始单据或凭证。

（2）及时处理会计信息。要按企业会计准则的规定，及时对有关交易或事项进行确认、计量，及时编制财务会计报告。

（3）及时传递会计信息。要按照国家规定的有关时限，及时将编制的财务会计报告传递给财务会计报告使用者，便于其及时使用和决策。

第二节　财务会计的职能和特点

一、财务会计的职能

（一）核算职能

财务核算工作需要适应生产规模的发展，需要科学有效地管理事业部，需要及时地服务决策，提高企业的竞争能力。财务会计管理水平应当与公司的发展阶段匹配，无论财务会计管理水平相对于发展阶段是超前还是滞后，都会制约公司的发展。具体而言，财务机构的职能、财务机构和岗位的设置、相应的财务和会计基础管理制度应根据公司发展进行调整和优化。财务预算体系是企业日常经营运作的重要工具，是企业管理支持流程之一，与其他管理支持流程相互作用，共同支持企业的业务流程营销管理、计划管理、采购与生产管理、库存管理。通过实施全面预算管理可以明确并量化公司的经营目标、规范企业的管理控制、落实各责任中心的责任、明确各级责权、明确考核依据，为企业的成功提供保证。具体而言，公司财务核算工作需要适应企业生产规模的发展，并通过对管理需求的分析形成完整的财务核算体系。

另外，企业的高级管理人员直接得到一手信息的机会很少，必须通过报告系统得到经过整理、分析的信息。而企业的报表分为对外报送的以核算信息为主的财务报表和报送管理层的以经营管理信息为主的管理报表。在很多情况下，企业将两者等同依靠核算口径的财务报表获取管理信息。虽然有管理口径的报表，但是过多的信息以控制为主，没有融入非财务的信息，而且管理报表的结构、信息归集的口径、报送的频率等与管理决策的要求相距较远，因而不能有效支持决策。

（二）监督职能

财务监督是运用单一或系统的财务指标对企业的生产经营活动或业务活动进行观察、判断、建议和督促。它通常具有较明确的目的性，能督促企业各方面的活动合乎程序与要求，促进企业各项活动的合法化管理行为的科学化。它是公共组织财务会计管理工作的重要组成部分，也是国家财政监督的基础，对规范公共组织的财务活动、严格财务制度及财经纪律、改善公共组织财务会计管理工作、保证收支预算的实现具有重要意义。

要通过监督审查公共组织财务活动对该单位的财务收支及经营管理活动进行监督和鉴证，揭发贪污舞弊、弄虚作假等违法乱纪、严重损失浪费及无效率、不经济的行为，依法追究有关责任人的责任，提请给予行政处分或刑事处罚，从而纠错揭弊，保证党和国家法律、法规、方针、政策、计划及预算的贯彻执行，维护财经纪律和各项规章制度，保证公共组织的财务报告及其他核算资料的正确可靠，保护国家财产的安全和完整，维护社会主义经济秩序，巩固社会主义法制。要通过财务监督揭示公共组织在财务活动、财务会计管理工作中存在的问题、不足，以及财务会计管理制度方面存在的薄弱环节，并有针对性地提出改进建议和补救措施，从而改善财务会计管理工作，提高财务工作质量。要通过全面分析财务活动及时掌握各公共组织人力、财力、物力等各种资源的使用情况，督促各公共组织加强和改进对人力、财力、物力的管理，深入挖掘内部潜力，增收节支，用有限的资金创造更多的社会效益和经济效益。

（三）预测职能

随着社会经济的发展和经济管理的现代化，会计的职能也发生变化，一些新的职能不断出现。一般认为，除了会计核算、监督两个基本职能之外，还有分析经济情况、预测经济前景、参与经济决策等各种职能控制。其中，会计核算不仅包括对经济活动的事后核算，还包括事前核算和事中核算。事前核算的主要形式是进行经济预测，参与决策；事中核算的主要形式则是在计划执行过程中通过核算和监督相结合的方法对经济活动进行控制，使之按计划和预定的目标进行。国家历来对会计工作相当重视，要求每一个作为企业家的厂长、经理，除懂得学好必需的经济理论外，还需要具备一些财务会计方面的知识，即各项财务制度、经济法律、商品的流转、核算，通晓资金、费用、利润情况、企业计划、预算、统计知识，运用计划、统计的数据分析内部、外部情况，进行组织指挥工作。① 因此，一个标准的企业家，既要具备生产知识，又要懂得财务知识，有经济头脑，熟悉本企业的成本、资金利润等经济指标，随时掌握产、供、销各个环节的活动，这样才能在经营工作中抓住主要矛盾，解决关键问题，开拓新路子，取得新成绩。

计划应以科学预测为基础，通过预测来反映企业经过努力在未来可能达

① 梅文馨，韩艳红，赵荣荣．企业财务管理目标与财务会计职能的若干研究［J］．现代经济信息，2015(17)：214.

到的收入、成本和利润水平。未来的科学技术发展、管理水平提高以及市场供求关系变动都会影响预测的结果，因此随着市场经济的发展，管理会计人员不能仅注重企业内部，还应面向市场，注重市场信息的收集、处理与分析，使预测的结果更为科学合理，接近实际。科学预测的结果只能反映经过努力可能达到的水平而非反映应当达到的水平，所以不能根据预测的结果直接确定目标。计划过程一般由两部分构成：一是在量本利分析的基础上，通过努力应当达到的销售水平和成本费用水平，所进行的总体计划或定期计划；二是根据所预测的执行不同行动方案的经济效益进行最优选择，即个别项目的计划。综合这两部分工作，就可以科学地确定目标和具体措施。一般情况下，会计可以用实际数量与计划数量进行对比，以此评估经济计划的完成情况，并分析本财年和上财年之间或者和同行业先进水平之间的差距，找出不足并研究导致其产生的原因，以扬长避短。对企业经济效益的正确评价必须依靠会计职能中的分析职能，运用足够的会计核算数据、综合各方面的情况来计算企业的经济效益指标，再通过研究来制定可行性方案标准，正确评估、测算企业已经取得的经济效益并进一步理解其利弊条件，在接下来的经营活动中逐步避免旧问题的出现，防止新问题的产生，以不断提高经济效益水平，摒弃落后管理方式，不断完善相关市场机制，促进企业经济的平稳健康发展。

（四）决策职能

在社会主义市场经济体系不断发展完善的背景下，企业自身必须做出相应变革，以适应现实的社会经济条件。也就是说，企业必须通过科学的经济预测来做出正确的决策，推出一系列真正具有市场竞争力的产品。企业会计的工作接触面较广，因而能够综合各方面的具体情况，反映出经济活动的全过程。与此同时，会计在以实际工作中获得的经济数据，结合统计资料以及生产计划等指标的基础上，对企业运营的经济环境进行细致科学的剖析，能够帮助企业制定适合自身真实发展状况的决策，取得更好的经济效益。总而言之，经济效益的提高与会计的工作是紧密联系、不可分离的，只有充分发挥会计职能，不断提高会计监管力度，才能促进企业经济效益的提高。

（五）评价职能

企业绩效评价是指运用数理统计和运筹学原理、特定指标体系，对照统一的标准，按照一定的程序，通过定量定性对比分析对企业一定经营期间的经营效益和经营者业绩做出客观、公正和准确的综合评判。企业绩效评价的基本特征是以企业法人作为具体评价对象，评价内容重点在盈利能力、资产质量、债务风险和经营增长等方面，以能准确反映上述内容的各项定量和定性指标作为主要评价依据，并将各项指标与同行业和规模以上的平均水平对比，以期求得对某一企业公正、客观的评价结果。

我国当前实施的企业绩效评价实质上是按照市场经济要求实行的一项企业监管制度。随着社会主义市场经济的发展，政府管理经济的方式也正在朝着运用市场经济原则间接管理的方向转变。推进国有企业绩效评价和国有资产保值增值的考核已成为我国经济体制改革的当务之急。目前，各级政府部门正逐步把开展企业绩效评价作为国有企业监管的一项基础性工作来抓，并要求国有大型企业集团也要结合集团内部管理的要求开展对子公司的评价工作，以加强企业集团内部的监督管理，提高经营管理水平。企业绩效评价结果由财政部每年定期公布。绩效评价结果与经营者年薪制、股票期权等收入分配方式改革试点工作也正在逐渐结合，成为国企管理人员业绩考评的重要依据。从现实情况看，中介机构逐步参与的企业绩效评价主要是国家对重点国有企业集团经营效益、经营者业绩的考评，以及国有企业集团自身对其所属子公司经营效益、经营者业绩的考评。

二、财务会计的特点

任何事物的特点总是相比较而存在的。财务会计的特点是同管理会计、传统会计相比较才显示出来的。

管理会计和财务会计是两个不同的分支，它们之间的差别比较容易识别，具体如表 2-1 所示。

表2-1　管理会计和财务会计的比较

比较项目	管理会计	财务会计
服务对象	注视市场、立足企业、面向内部	面向市场、立足企业、服务外部
核算对象	预计企业未来经济行为	已完成或已发生的交易与事项
核算方法	以预测、规划、评估为主	以记录、计算和报告为主
信息特点	面向未来，货币和非货币的信息并重	面向过去，以货币信息为主
同公认会计原则的关系	不必遵守公认会计原则（GAAP）	必须遵守公认会计原则

所谓传统会计，是指在现代企业会计发展成为财务会计和管理会计之前的企业会计。在时间上是指20世纪30年代末出现公认会计原则以前。总体来看，财务会计是传统会计模式的主要继承者，但又有发展。具体如下。

（一）继承了传统会计模式中的主要会计程序

传统会计长期形成并行之有效的概念、惯例和会计处理过程堪称现代会计的精华，大部分由财务会计继承了下来。例如：

（1）会计确认以权责发生制为基础，收入的确认必须实现。

（2）会计计量主要遵循历史成本原则。

（3）会计记录运用复式记账法。

（4）会计报告把资产负债表和损益表作为最基本的报表。

（5）会计处理的每一个环节都考虑谨慎原则和稳健惯例。

（二）在继承的基础上有所发展

1. 同传统会计相比较，财务会计有它的侧重点

财务会计也是由确认、计量、记录和报告四个环节组成，但其核心的环节是报告。对外报告是财务会计的目的。在财务会计之中，记录只是为报告准备数据，只有把它列入财务报告（主要指财务报表），才是最有用的信息。确认和计量也是如此。日常确认和计量都属于初始确认和计量，在财务报表中的确认和计量才是最终的、可信的。很明显，财务会计以对外报告为重点，是财务会计和管理会计分离的结果。在此之后，对内部有用的信息的提供应由管理会计承担。

2. 财务会计是对传统会计的继承和发展

（1）确认方面。

①财务会计的确认以权责发生制为主，也运用了收付实现制。一方面，考虑到现金具有较强的流动性，及时反映和监督现金的动态是会计的一项任务。当交易或事项发生时，凡是涉及现金，不论其影响到企业权责的后果如何，都要先记录（按收付实现制）而后调整（按权责发生制）。因此，在日常的会计处理之中，两种确认基础缺一不可。另一方面，联系基本的财务报表，资产负债表和损益表以权责发生制为基础，而现金流量表以收付实现制为基础。这说明财务会计不能采用单一的确认基础。

②财务会计仍坚持实现原则，但将已实现扩展为可实现。前者限于已收取现金或其等价物，后者则扩大到可收取现金或其等价物的权利，只要这种权

利的金额是确定的，收回就是有保证的。

③当前的财务会计概念框架已总结出财务报表中每一个要素都适用的基本标准。这样，确认就由一个抽象的会计术语被提升为一个能指导会计实务、具有可操作性的会计概念。

（2）计量方面。

①财务会计已经不再强调历史成本是唯一的计量基础。会计实务界出现的多种计量属性并用的局面已被理论界认可。

②除历史成本外，现行成本、市场价格、可实现净值、公允价值都可以用来计量，但条件是既要符合相关性，又要有可靠性，确保能够可靠地计量。

（3）记录方面。

记录的原理没有多大变化，仍是运用复式簿记原理。但是，记录的技术产生了质的飞跃。在财务会计中，记录和报告，特别是记录，已经实现了计算机化。虽然由于各国各地区经济发达和科技发展程度不同，会计的电算化程度也不同，但是用计算机代替手工记账已是大势所趋。

（4）报告方面。

由于财务会计侧重报告，因此在报告方面，改革和变化的力度更大。

①在传统会计中，报告的唯一手段是会计报表；在财务会计中，会计报表只保留其中的财务报表（成本报表除外）。可见，财务报表仍是报告的主要手段，但在财务报表之外，增加了“财务报告的其他手段”，简称其他财务报告。在财务报表部分，主要分为财务报表（指表内）、财务报表附注和补充资料等部分。

②在财务报告的各个组成部分之中，确认和计量有着不同的要求，并有着不同的概念。比如，财务报告所传递的全部信息都可称为“披露”，[①] 财务报表披露的全部信息称为“表述”，而表内表述的信息被赋予一个专门的术语——“确认”。表内确认需要遵循确认的基本标准并符合公认会计原则（GAAP），必须同时用文字和数字（金额）进行描述。文字指的是应归入的报表要素及所属项目，“金额”则应加入报表的有关合计与总计。因此，确认是严格规范化和专业性的会计表述方式。确认的信息应当最为有用（既相关又可靠）。表外附注不属于确认，但也要求符合公认会计原则。附注表述既可以用文字表述，又可以只用数字描述，或两者兼用。它的任务是使表内的信息更容易理解。表外附注可以补充表内确认之不足（尚无条件在表内进行确认的某些

① 郑伟．财务会计概念框架基本逻辑缺陷与理论重构：复合架构思路[J]. 会计研究，2018(10)：35-43.

有用信息可在附注中补充披露），但不能用来纠正表内的错误。对于使用者和独立审计人员而言，财务报表的表内部分和附注是一个整体，不可分割，两者同是审计的对象。补充资料是指由公认会计原则所要求的，既不在表内又不在附注中补充的披露。例如，在美国，过去按照 FAS33，现在要按 FAS89 补充提供的物价变动的信息就属于补充资料。补充资料和其他财务报告的区别如下：补充资料在公认会计原则的影响范围之内，其他财务报告则不必严格遵守公认会计原则。其他财务报告所披露的内容和方式可以是除准则以外的其他法规、机构所要求，也可以是企业自愿披露。因此，其资料的来源和方式是多种多样的。财务报告的各个组成部分的基本特点及其相互关系如图 2-2 所示。

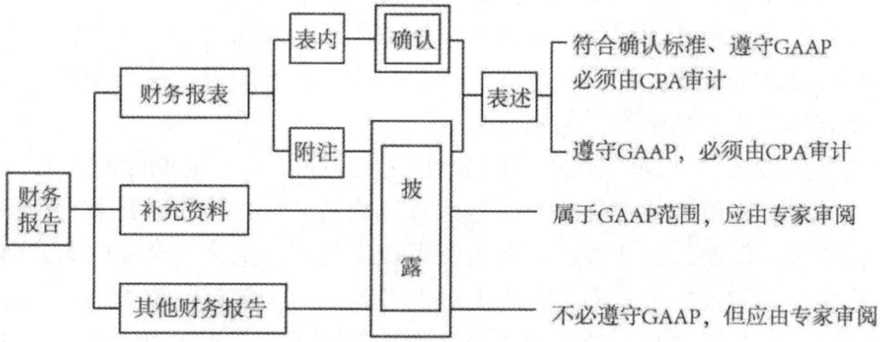

图 2-2 财务报告的各个组成部分的基本特点及其相互关系

对于财务报表来说，财务会计的发展主要表现在以下几个方面。

第一，制定了财务会计（报表或报告）的概念框架。

第二，制定了具有权威性的、用于规范财务报表的（也包括财务会计处理程序）GAAP 或企业会计准则。甚至可以说，GAAP 的出现（最早代表 GAAP 的美国 ARB 第一号是 1939 年发布的）标志着传统会计向财务会计转化，而遵守 GAAP 与否是财务会计和管理会计相互区别的重要标志。

第三节　财务会计的发展趋势和发展策略

一、财务会计的发展趋势

（一）专业化趋势

财务会计工作主要是对财务会计信息进行分类、记录、计量、计算和报告。在这个过程中，必须保证财务会计信息的准确性、及时性，财务会计系统的运行过程必须与经济运行主体的全过程相适应。要满足这个要求，财务会计人员必须是高智能复合型人才，同时具备科技、管理知识以及创新思维，熟悉企业业务流程、产品生产工艺。

企业的业务往来都会有相应的会计信息产生，每一笔业务对应着一个会计信息。财会人员必须准确、及时地记录这些会计信息，并对其进行全面的数据分析整理，最终为企业领导者和投资者提供简单、明了、全面的企业财务报告，让领导者和投资者全面掌握企业的财务状况，为他们的决策和投资提供可靠的依据。这就要求我们的财务人员必须具备较强的分析能力，能够通过对各种财务会计信息的分析，让领导者找到提高企业利润的方法、投资的正确方向以及最佳的营销策略。当代社会经济发展迅速，诚信在社会生活中变得越来越重要。但是，我国部分会计人员仍存在不守信的现象，会计职业素质较低，职业道德经不起金钱的诱惑。为此，必须建立规范的财务会计职业道德体系，大力开展会计职业道德教育，提高会计职业道德素质。

（二）多元化趋势

从国内实际情况看，会计师事务所是我国最主要的会计服务机构。会计师事务所作为专业服务机构，其通常为会计单位提供包括审计、资产评估、管理咨询、造价咨询、税务代理等诸多内容在内的服务。其中，审计业务在会计师事务所业务中占比超过八成，并主要以年度会计报表审计和上市公司审计为工作内容。我国会计师事务所成立时间短，自身的形象和信誉尚未完全建立起来，资本积累有限，工作方法、手段、人员素质以及事务所的规模等方面与国外同行相比差距较大。针对这一情况，国内会计师事务所可以考虑加入国际知名会计师事务所，依靠其品牌影响力来发展自己，并以国内实力雄厚的会计师事务所为支撑，参与国际财会服务机构的竞争，提高自身影响力，增强竞争力。

多元化的会计信息系统构建是一种比较理想的模型，在具体的设计和应用中仍有种种问题需要解决。考虑到很多的数据库基本元素独立性、共享性、多维性不足，其将会计事项和数据库技术进行结合仍有一定的问题。同一个会计数据要满足不同利益相关者的需求，就需要结合不同的会计政策进行处理，这就必然要求这些会计理论可以和数据库进行结合，只是在具体的实践中仍有可能出现差错。

（三）信息化趋势

信息时代的到来对社会经济的方方面面包括会计在内必将产生巨大的冲击，并对传统会计模型提出新的挑战。现代信息技术对传统会计模型的冲击主要表现在会计的存在和发展方面，除了受社会经济环境的影响外，主要还受信息技术的制约。从理论上讲，会计模型中的所有规则都应当与其所存在的客观社会经济环境相适应，但所有这些规则的建立都不能超越其在信息技术上实现的可能性。手工会计技术在传统会计模型中的地位仅是记账、算账的工具，如果把现代会计信息技术仅当作自动化，而不对传统的会计模型进行重建，那就如同当企业面临困难时，只要购买一些电子计算机，所有的问题就会迎刃而解。现代信息技术的发展引发全球性的信息化浪潮，社会信息化已成为时代的主旋律。然而，企业信息化是社会信息化的基础，会计信息化又是企业信息化的核心，因而加快会计信息化的发展必将成为下一阶段我国信息化建设的重要任务。

大数据时代为财务信息化提供了数据支持和技术环境，在此基础上，现代化的企业要抓住机会，注重信息化建设。首先，企业要投入大量的资金来建设信息化平台。好的平台便于信息的查询与分析。其次，信息化建设需要专业性、综合性的人才，会计从业人员要不断提升自身修养，与时俱进，在掌握财务知识和技能的同时，了解计算机和网络技术，从纷繁的数据中提取出对决策有利的信息。最后，要学会借助新工具。要想从海量的数据中获取更多有价值的东西，云计算、数据挖掘技术等是我们必须利用的工具，这样才能确保数据的准确性。

（四）管理化趋势

在国内经济快速发展的背景下，企业的发展也需要紧跟社会的节奏。传统形式下的财务会计已经不能满足数据时代的发展需求，因而将企业财务转型为管理会计成为必然。管理型会计不仅可以分析和预测数据，而且可以有效预防投资风险，从而实现降低企业运行成本的目的。

现阶段，我国会计人员的评价体系仅限于财务会计。要想实现会计的主要作用，必须加强运行和管理。针对管理会计的作用，我们要根据企业是否能够满足现在的运作与管理做出判定。

二、财务会计的发展策略

（一）加强财务监督职能

企业会计监督是企业财务会计管理的重要内容，良好的企业财务会计管理有利于保证企业财务平稳运行，也有利于规避企业财务风险，积蓄企业发展潜力，让企业发展永葆活力。因此，企业会计监督对企业内部管理具有十分重要的现实意义，不断提高企业内部管理水平，加强企业会计监督是企业发展的必经之路。完善的管理来源于健全的制度，要实现企业内部的有序管理，必须健全企业管理制度，照章执行，有法可依。

在我国，很多企业只会在年末的时候对企业现金进行盘点，由企业出纳人员盘点现金的实际存储数额，会计复核后和总账里的数额进行对比，检查两者是否一致，然后填写现金盘点表。但是，一些企业内部的会计人员责任心不强，往往在企业现金盘点中对发现的问题选择不上报，甚至弄虚作假，企图蒙混过关。这就需要企业加强对企业财务会计人员的监督检查，提高财务会计人员的责任心，更重要的是及时发现问题，把企业的损失降到最小。此外，企业还要注重银行的日记账以及银行对账单的核对，对未达的账目的真实性进行检查。在银行存款业务方面，企业应该安排工作人员每个月月底和银行方面进行核对。如果发现有差错，必须及时查明原因，尽快解决。

（二）结合现代先进手段

随着我国社会主义市场经济的不断发展，企业的经营活动日益增多，企业面临的市场环境也在不断变化，因此企业需要处理的财务会计信息量也在不断增加，给企业财务会计管理带来了极大的挑战。企业要想保证会计信息的真实、准确、可靠、及时，就必须改变传统的信息处理方式，对企业财务会计管理手段进行现代化改造，更多地利用计算机技术和各种网络技术处理会计信息，这样不仅可以提高信息处理的质量和速度，还可以使企业财务会计信息迅速及时地转达给企业管理层，为企业管理者进行决策提供科学依据。

企业财务会计顺应信息化时代将有利于企业在高速发展的时代站稳脚跟，也有利于企业改善其经营管理模式，提高经济效益。信息化的财务会计工作将帮助企业相关领导人进行科学决策，同时增加上级领导决策的科学性与合理性。对于财务会计从业人员来说，财务会计顺应大时代数据可以提高财务会计工作者的工作效率与质量，可以更方便地进行各项财务会计的管理工作，为企业带来更高的经济效益。信息技术在财务会计中的运用还可以加强企业对财政资金的管理，提高资金使用效率，保证企业财政资金运行的安全性。①

（三）培养优质专业人才

随着社会信息时代的迅速发展，各企业对人才质量以及数量的需求都有所提升。为了更好地解决企业财会管理问题，企业一定要从根本原因（人力资源因素）着手，构建一个综合素质极高的财会管理团队，这会对企业财会信息真实性的提升起到一定的促进作用。企业要加大培训财会人员业务的力度，聘请一些具有专业资质的财会培训机构，并将目前较为先进的财会方法与财会理念传授给财会部门，通过这种方式提升财务会计人员的业务水平。企业还应建立完善的考核机制，等到员工培训结束后，通过考核企业财务人员的学习成果的方式来强化员工对培训知识的记忆。与此同时，财务会计员工要不断总结汇报学习成果，将理论知识更好地渗透到实际的财会工作中，实现普通会计专业职能质的飞跃。

当今社会，提升业务人员的素质先要培养其职业道德。针对企业的财务会计部门，要从德育教育的角度出发，使财务会计人员充分意识到自身职能的重要价值，在工作时具有一种神圣的使命感，杜绝财会部门中尾大不掉的低效与慵懒现象的发生。目前，在各事业单位中，德育工作已经得到了全方位的深化，企业单位也正如火如荼地完善和发展自身的管理体系。为此，企业单位要效仿事业单位，对会计人员采取定期的道德教育考核和培养，杜绝形式化考核，有效培养财会人员的职责意识。

（四）明确财务会计目标

在新的模式下运行的企业在自身的发展中有着各种各样的运行模式，其中，目标管理的多元化是财务会计管理当中的一种现代体制，它的主要目标就

① 丁文俊．论大数据背景下企业财务会计向管理会计的转型[J]．中小企业管理与科技（中旬刊），2021(9)：80-82.

是实现整个企业利益的最大化。这是因为在企业的发展过程中会出现各种各样的问题，我们要学会应对这种问题的出现，并且及时地解决问题，如此才能够让企业在平稳的发展中慢慢成长。尤其是随着新科技手段的运行和发展，客户的目标流程和期望利益也有了很大程度的转变，因此我们必须对企业公司内的财务会计管理的目标加以界定，详细规划其工作任务和工作内容以及应当负责的方向。

总之，我们要认清整个社会的发展方向，把握时代发展的脉络，如此才能抢占先机。我们也要清醒地认识到，现在的社会已经不是过去的那个只要出卖劳动力就能够换取社会地位和养家糊口的资金的社会了，现在的大时代方向是知识就是最大的生产力，知识结构、知识能力的掌握已经占据整个社会的主导地位。并且，知识作为最大的竞争能力具有可移动性与创造性，这种出色的创造能力让整个社会与企业人才之间的联系变得更加紧密且深入。判定一个企业的成功或者失败，主要看这个企业中的人才流动链和资金供应链，因此，在对知识结构的构建和管理上，企业不仅不能够放松警惕，还要引起重视。

第三章 管理会计与财务会计的融合机理

第一节 管理会计与财务会计之间的关系

管理会计从传统的会计中分离出来后，与财务会计并列存在，同属会计的分支之一，它们之间既有联系，又有区别。

一、管理会计与财务会计的联系

（一）原始资料同源

管理会计收集的历史和现实的各种经济信息主要来源于财务会计的账务处理记录或报表资料，经过整理和加工延伸，为企业的内部管理服务。

（二）服务范围相同

管理会计提供的信息是企业管理层进行决策、规划和控制的依据，它们关系企业未来的发展和经济效益，因而是投资者进行投资、增加或减少投资的重要依据；财务会计为投资者、债权人或政府有关部门提供成本、利润、资金等财务指标，同时为企业管理者进行决策、规划和控制提供不可或缺的重要信息。

（三）指标相互渗透

管理会计中确定的预算、标准等数据是财务会计日常核算的基本前提。因此，它们的主要指标体系和内容应该一致，尤其是企业内部的会计指标体系更应同步，如此才能达到有效的控制和管理。财务会计提供的历史性的资金、成本和利润等指标既是管理会计进行长期、短期决策分析的重要依据，又是分析、评价和业绩考核的主要资料。

（四）工作客体有相似，最终奋斗目标一致

管理会计和财务会计都处于现代经济条件下的现代企业环境中，它们的工作对象从总的方面看基本相同，都是企业经营过程的价值运动，皆服从现代企业会计的总体要求，共同为实现企业内部经营管理的目标和满足企业外部有关方面的要求服务。可以说，它们的最终奋斗目标是一致的，即强化企业内部管理和提高经济效益。①

（五）同时面临如何顺应时代潮流，实现自我完善和发展

在当今这个信息时代，无论是管理会计系统还是财务会计系统，都必然面临完善与发展的问题，需要解决好怎样运用现代电子计算机技术收集、处理、储存、传递和报告会计信息的问题，处理好怎样按现代管理的要求组织和开展会计管理工作的问题。这就需要大胆地跳出传统会计的小圈子，敢于探索前人未走过的路。在规划设计会计信息系统时，不仅要讲求并确保会计信息质量上的客观性、时效性和可验证性，还要充分考虑信息本身的相关性、实用性和经济性，贯彻会计信息的成本—效益原则。

二、管理会计与财务会计的区别

（一）工作侧重点和服务目标不同

管理会计工作的侧重点在于针对企业经营管理遇到的特定问题进行分析研究，以便向企业内部各级管理人员提供有关价值管理方面的预测决策和控制考核信息资料，其具体目标主要为企业内部管理服务。从这个意义上讲，管理会计又可称为“内部会计”。而财务会计工作的侧重点在于根据日常的业务记录来登记账簿，定期编制有关的财务报表，向企业外界有经济利害关系的团体和个人报告企业的财务状况与经营成果，其具体目标主要为企业外界服务。从这个意义上说，财务会计又可称为“外部会计”。

（二）工作主体的层次不同

管理会计的工作主体可分为多个层次，它既可以整个企业（如投资中心、

① 王大勇．企业管理会计与财务会计的融合[J]．中国市场，2021(23)：82-83.

利润中心）为主体，又可将企业内部的局部区域或个别部门甚至某一管理环节（如成本中心、费用中心）作为其工作的主体。而财务会计的工作主体往往只有一个层次，即以整个企业为工作主体。

（三）作用时效不同

管理会计的作用时效并不局限于分析过去，还在于能动地利用已知的财务会计资料进行预测和规划未来，同时控制现在，从而横跨过去、现在和未来三个时态。管理会计面向未来的作用时效是摆在第一位的，而分析过去是为了更好地指导未来和控制现在。因此，管理会计实质上属于算“活账”的“经营型会计”。财务会计的作用时效主要在于反映过去，因此财务会计实质上属于算“呆账”的“报账型会计”。

（四）遵循的核算原则不同

管理会计除了考虑管理决策的改进所带来的利益与花费的成本外，不受“公认会计原则”或企业会计准则的完全限制和严格约束，在工作中还可灵活应用其他现代管理科学理论作为指导原则。财务会计工作必须严格遵循“公认会计原则”或企业会计准则的约束。

（五）核算要求不同

管理会计所涉及的往往属于未来信息，未来期间影响经济活动的不确定因素较多，不要求过于精确，只要求满足及时性和相关性的要求，不影响决策、判断即可。财务会计的信息主要是以价值尺度反映的定量资料，对精确度和真实性的要求高，数字必须平衡。

（六）报告种类与时间不同

管理会计提供的报告包括预算、责任报告、专门分析等，其种类与具体形式不受规定限制，只要管理人员认为对决策者有帮助即可；报告的时间可以按年度、季度、月份等定期编制，也可根据实际需要按天、小时不定期编制。财务会计按照规定需提供资产负债表、利润表、现金流量表等若干种按规定格式编制的财务报表，企业必须根据账簿记录定期（按年、季度或月份）编制财务报表，以满足外部使用者的需求。

（七）工作程序不同

由于管理会计工作的程序性较差，没有固定的工作程序可以遵循，有较大的回旋余地，因此企业可根据自己的实际情况自行设计其管理会计的工作流程。这必然导致不同企业间管理会计工作的较大差异性。财务会计必须执行固定的会计循环程序，从凭证转换到登记账簿，直至编报财务报告，都必须自觉地按既定的程序处理，而且通常不得随意变更其工作内容或颠倒工作顺序。因此，其工作具有一定的强制性和程序性。

（八）运用的方法不同

财务会计运用传统的记账、算账等会计方法，一般只涉及初等数学中的简单算术方法。管理会计在此基础上运用许多现代的数学方法，如线性规划、回归分析、概率统计方法等，甚至会利用其他学科（如经济学、统计学、组织行为学等）的一些成果。这些方法的运用使管理会计成为一门多学科相互渗透的综合性的边缘学科，在企业的管理工作中发挥了更大的作用。

（九）体系的完善程度不同

目前，管理会计体系尚不够完整，正处于继续发展和不断完善的过程中，因而它缺乏统一性和规范性。尽管财务会计工作也需要进一步改革，但就其体系的完善程度而言，现在已经达到相对成熟和稳定的地步，形成了通用的会计规范和统一的会计模式。也正是在这个意义上，财务会计具有了统一性和规范性。

（十）对会计人员素质的要求不同

管理会计的方法灵活多样，没有固定的工作程序可以遵循，其体系也缺乏统一性和规范性，这就决定了管理会计的水平在很大程度上取决于会计人员素质的高低。同时，由于管理会计工作需要考虑的因素比较多，涉及的内容比较复杂，从事这项工作的人员必须具备较宽的知识面和较深厚的专业造诣，具有较强的分析问题、解决问题的能力和果断的应变能力。再加上管理会计所涉及的问题大多关系重大，尤其是决策工作绝不允许素质较低的人员瞎参谋、乱指挥，因此管理会计工作需要由复合型高级会计人才承担。可见，管理会计对会计人员素质的要求起点比较高。虽然会计人员素质的高低同样会影响财务会计工作的质量，但相比之下，对财务会计人员素质的要求不如对管理会计人员的要求高，而且侧重点不同。一般而言，财务会计工作需要操作能力较强、工作细致的专门人才承担。

第二节 管理会计与财务会计相融合的理论基础

一、本质同一性——融合的理论前提

对于会计本质，国内外理论界都提出过多种不同的观点。如果对这些观点进行分析，可以发现它们基本都内在地包含与融合了财务会计与管理会计这两个会计分支的目标和职能。

我国会计理论界对会计本质问题有三种主要观点，即“信息系统论”、“管理活动论”和“会计控制论”。

20 世纪 60 年代后期，信息论、系统论和控制论得到了快速的发展，因此会计职业界开始倾向把会计的本质视为信息系统；70 年代以来，将会计定义为信息系统的观点在西方会计理论界逐渐占据了主导地位。1966 年，美国会计学会发表的《基本会计理论》中就权威性地使用了会计信息系统的概念：“从本质上讲，会计是一个信息系统，会计既是一个经营实体一般信息系统的一部分，又是信息概念范畴中的一部分。”在我国，“信息系统论”的代表人物是葛家澍、余绪缨教授。该学派认为，“会计是旨在提高企业和各单位活动的经济效益，加强经济管理而建立的一个以提供财务信息为主的经济信息系统”。信息系统论虽然强调会计作为信息系统是以提供财务信息为主的，但是也明确了会计的目标是提高经济效益、加强经济管理，实际上亦涵盖了现代管理会计的职能。葛家澍、唐予华在探讨会计定义时明确指出，会计作为一个信息系统，是由若干子系统组成的，其中，按照各子系统所提供的信息的性质和用途的不同，可区分为财务会计、管理会计和审计。

“管理活动论”诞生于 20 世纪 80 年代，最早的提出者是杨纪琬、阎达五教授。“管理活动论”观点创造性地提出了“会计管理”的概念，认为会计不仅是管理经济的工具，还具有管理的职能，会计的本质是一种管理活动、一项经济管理工作。管理活动论把会计管理的内容确定为价值运动，认为会计是人类有意识的价值管理活动，会计学是研究人们如何运用计量技术对社会生产进行管理的科学体系。在会计职能方面，管理活动论从马克思对“簿记”的定义“过程的控制和观念的总结”出发，认为过程控制在先，观念总结在后，两者结合起来，恰好解释了会计的两项基本职能，即反映与监督。这两项职能虽然可以表现为不同的学科分支或分离的工作岗位，但是这些学科和岗位之间始终具有紧密的联系，无法彻底分割。因此，“管理活动论”实际上并不主张将会计割裂为会计、统计、审计、财务会计管理、经济分析等独立学科。事实上，在现代会计出现之前的数千年中，“会计”这一概念本身就包含了上述的多种职能和含义。这些独立学科的出现是因为随着经济发展和社会制度的变化，会计学科的外延逐渐扩大，新的技术方法不断丰富和完善，将部分学科单独分离出来便于研究和教学。而从根本上说，这些学科只是会计的反映和监督职能在范围和内容上的分工，并不影响或改变会计科学的本质属性，其本质仍然是同一的，管理会计和财务会计自然也是如此。

“会计控制论”也被称为“控制系统论”或“受托责任论”，该学派的代表人物杨时展教授将受托责任论与会计控制系统论结合，将会计定义为“一个以货币量度，按公认标准来计量、控制、认定受托责任的完成情况，以便决策的控制系统”。“受托责任（accountability）”这一提法起源于西方，由来已久，但形成一个学派是20世纪70年代以后的事。受托责任学派在西方的代表人物有井尻雄士、恩里斯特·帕罗科等，该学派认为会计的目标是以适当的方式有效反映受托人的受托责任及其履行情况。20世纪80—90年代，我国会计学家杨时展教授对将会计视作信息系统的观点进行了深入的反思，指出现代会计不仅应当反映客观真实的会计信息，还应当“能动地使这个可信地反映出来的客观真实符合人们的主观意志”，即实现“控制”的目标，“仅仅将会计认为是信息系统，不能代表会计已达到的水平”。他据此提出了会计是“控制系统”的观点，并进一步将该观点与受托责任观相结合，发展了会计控制系统论。分析“控制系统论”的观点，不难发现，所谓“主观能动地控制所提供的信息”，使经济活动的结果“按人们预定的目标来发生”，反映到会计实践中也就是全面预算和管理控制等“管理会计”活动。实际上，杨时展教授将受托责任划分为3类：财务会计反映的受托责任主要是财务活动的纪律和财务报告的可信性；管理会计反映的受托责任主要是经济行为的效率性和效果性；社会会计所反映的受托责任主要是经济行为的社会影响、自然影响。三者共同构成了宏观的会计控制系统。

除了上述三派的观点之外，西方会计学界还有一些关于会计本质的独特观点，亦有值得借鉴之处。

美国耶鲁大学教授夏恩·桑德等认为，会计的本质是“组织赖以存在的基础”。桑德在《会计与控制理论》一书中指出，在组织运作过程中，不同主体之间的冲突必然存在，解决组织内部的冲突是组织赖以存在并健康发展的一个基本前提。而“共享信息”是解决组织冲突的不二法门。会计通过提供信息、计量组织中每个人的贡献、向参与者分配利益、报告契约的履行情况，以及在全社会形成统一会计标准，从微观和宏观两个角度保证组织契约的实施和推行。这种观点同样涉及了会计对内（组织内部共享信息）与对外（全社会统一会计标准）的双重职能。

美国会计学家霍斯金与迈克夫对会计本质有独特的观点，他们将会计的本质概括为“学科规训的权力”，即“经济书写”。二人于 1993 年发表了论文《会计学：一门学科规则》，他们在文中一反以美国会计权威 R. 安东尼为代表的传统会计理论，提出会计学并不是经济学和社会心理学的附属，而是一门独立的知识。会计是一种“经济书写”，它为现代市场经济创造了一种“定期考试”的制度。这一观点为我们认识会计本质提供了一个崭新的视角。如果采用这样的比喻，企业内部的决策、运营和战略管理活动就好比学生为了取得好成绩而在平日所做的辛勤准备，而定期财务报告就是企业交出的答卷。投资者和其他外部利益相关者通过评判这张“考卷”对企业的“成绩”做出自己的判断，也就是投资决策，最后通过社会的“阅卷”行为使各种资源在市场上得到合理配置。

综合本节讨论的各种观点，可以发现国内外研究者在定义会计的本质的时候都涉及了管理会计和财务会计两类会计活动。这又从一个侧面印证了“管理活动论”的观点：会计学科的不同分支只是会计的基本职能（反映和监督）在范围和内容上的分工。管理会计和财务会计都是从原始的会计活动中派生出来的分支，其本质是相同的，职能上互相耦合、互相补充，共同组成了现代组织中完整的会计管理活动，从根本上来说是无法完全割裂的。

二、目标统一性——融合的根本目的

会计的目标即会计工作想要达到的境界或实现的要求。会计目标可能有多个层次，构成一个由上至下的目标体系，而我们在此讨论的是会计的最终目标，其与会计的本质是息息相关的。

前文谈到，财务会计工作的主要内容是向信息使用者提供财务报告的整个过程。因此，很多研究都将财务会计的目标直接等同于财务报告目标。实际上并非如此。财务报告是财务会计工作成果的一种表现形式，而并不是财务会计工作这一过程本身。追本溯源，我国早在西周时期就已有了“参互”“月要”“岁会”等定期会计报告的雏形。正所谓希望和需要是发明的母亲，任何一种人造事物的诞生都代表了人类发展进步过程中的一种新的需求。西周政权的官厅会计部门创造出会计报告这种事物，当然不会是为了报告而报告。实际上，这是一种原始的经济监督和考核制度。“以参互考日成，以月要考月成，以岁会考岁成”，一方面确保王朝财政经济收支的记录无误，防止贪污和舞弊，另一方面作为考核官吏政绩的证据，论其功过，决定赏罚。其最终目的则是为了保障王朝收支情况的健康有序，杜绝贪渎，提高效率。

虽然社会经济环境和会计活动经历了多年的演变，但是会计一些最原始和本质的职能仍然保留了下来。我国著名会计学家杨纪琬和阎达五曾指出，会计的职能包括合理地组织生产力，以及不断地完善生产关系。反映在现代的经济关系中，合理地组织生产力实际上就是加强企业管理，促使企业内部资源合理配置。从经济学角度看，财务信息的公开能够促使社会资金向效率更高的地方流动，有助于优化社会资源的整体配置。不断完善生产关系就是通过财务会计报告反映资产的运营和获益情况，并将结果输出给各利益相关者，检查、验证组织和组织内部各部门是否按照既定的制度或契约运行，监督受托责任的履行情况，保障界定好的产权结构和各产权主体的利益不受破坏。因此，从根本上说，财务会计的最终目标有二：一是保护产权关系，维护利益相关者的合法权益；二是提高组织的经济效益，改善资源的社会效益。

与财务会计相比，管理会计的目标相对明晰。管理会计，顾名思义，是为管理而设。管理会计实质上是一种改善管理、发现和创造价值的管理活动，或者说是一种追求价值增值的持续改进过程，其最终目标就蕴含在本质之中，也就是提高企业经济效益，实现企业价值的最大化，同时通过会计监督职能的发挥，达到维护各产权主体的各种财产权利的目的。

这样，通过内外配合、互相反馈的方式，管理会计最终与财务会计共同服务现代企业管理的总体要求，实现会计最原始和终极的目标，在维护各利益相关者合法权益的同时，促进企业和社会经济效益的提高。

三、边界模糊化——融合的驱动力量

竞争的全球化、商业网络的发展、知识经济时代带来的新挑战，以及证券市场在金融资源配置中的重要性的提高，使企业面临的经营环境发生了很大变化。这些变化对会计信息提出了新的要求，企业需要面向未来、更为前瞻性和长期的信息，以便给战略规划和经营决策提供信息支持。当代管理会计的理论和实践从基于历史信息的短期计划和控制向面向未来的战略规划和战略控制转变，同时，财务会计的关注点从基于受托责任的历史成本会计转向基于价值评估和决策目的的公允价值会计。这些变化使管理会计与财务会计的边界模糊化，重新呈现融合的趋势。

这种融合表现在会计报告方面就是信息提供者与使用者的界限逐渐模糊，外部财务报告与内部财务报告谋求融合。

分析 20 世纪 30 年代以来会计和财务会计报告的发展，可以将最主要的变革归纳为两条：一是会计从“以事实为基础的会计”转向“以预测为基础的会计”，财务会计信息依赖预测而非已发生的事实的成分越来越多，而企业对未来的“预测”本质上就是管理层对未来做出的一种判断，具有管理信息的性质；二是财务报告中非财务信息的披露要求不断增加，如现在要求在财务报告中披露的企业管理层对本企业的战略、财务与经营业绩信息的评价分析、分部报告，以及竞争对手信息等，都远远超出了固有的财务会计所能提供的信息范畴，需要由管理会计系统供给。

除了财务报告之外，随着一些新的报告形式的发展，企业对外提供信息的范围进一步扩大。原本属于管理报告性质的信息对外披露，最典型的例子就是内部控制自我评价报告。除此之外，其他一些目前还没有强制披露要求的新型报告形式也进一步促进了管理会计与财务会计的融合。

其一是智力资本报告。一般认为，智力资本包括人力资本、组织资本和关系资本三个组成部分，是企业重要的、不可复制和代替的无形资产，是企业核心竞争力的关键要素。在知识经济时代，企业的市场价值大部分来自这些无形资产，但是现行的财务报告模式只适合反映企业的有形资产信息，由此导致了智力资本信息披露不足。根据智力资本报告体系的要求，智力资本计量的起点是组织的员工情况、组织资源、对外关系等管理信息，这些信息通过一定的指标体系转化为一系列量化信息并形成报告，这其实是一个管理会计系统向财务会计系统输送信息的过程。对外披露智力资本报告的要求使企业管理系统与对外报告系统紧密结合在一起，强化了管理会计与财务会计的融合。

其二是全球报告倡议组织（GRI）致力推动的可持续发展报告或称企业社会责任报告。可持续发展报告突破了财务会计和管理会计互相独立的传统，旨在创设一种跨越财务、社会和环境的综合性报告体系。这种报告通过提供包括管理会计信息在内的内部信息增加了企业对利益相关者的受托责任履行情况的透明度，进而影响企业的管理控制革新。

管理会计与财务会计的融合在企业内部管理上的体现主要是在企业运用的各类现代管理会计控制工具之中，财务会计数据和会计控制过程发挥的不可替代的作用，以及财务会计流程与管理会计方法的紧密结合。

财务会计活动对企业的物质运动与价值运动进行真实、公允的记录，反映的是企业经营情况、资产结构和现金流量的实际情况。在一个完整的管理控制过程中，考核和反馈是不可缺少的环节，而考核和反馈的依据就是企业的实际表现。不论是战略管理会计、全面预算管理还是平衡计分卡、经济增加值会计，都离不开真实可靠的财务数据和完善合规的会计流程。

另外，企业管理的实质是通过对人的管理实现对物的管理，以及对社会经济活动的管理。而对人的管理关系有 3 种，一是所有者对管理者，二是上级管理者对下级管理者，三是管理者对执行者的管理。在现代企业的会计管理中，上述的 3 种管理关系分别通过会计记录的逆向报告实现。财务会计使用会计信息作为企业管理者业绩、行为的记录，实现资本所有者对管理者行为和能力的监督，同时代表资本所有者权益的股东大会或董事会依据企业的业绩表现（最主要的反映就是财务业绩）决定对管理者的任免及其薪酬，从而实现对管理者行为的控制。管理会计则对企业内部全流程、全环节的绩效进行细致的记录和考察，从而对企业内部每个人的行为进行评价，实现上级管理者对下级管理者，以及管理者对执行者的监督和控制。

现代管理会计理论和实践发展的趋势之一就是试图建立一种“全能”的管理控制系统，即依靠一种统一的管理会计工具实现对企业的全面管理。在这样的管理控制体系之下，管理会计与财务会计是无法割裂地发挥作用的。只有两者融合，才能将 3 个层次的管理关系联合起来，使会计的预测、决策、计划、监督、控制、考核、分析等职能得以在一个体系中充分、完整地发挥。

第三节　管理会计与财务会计融合的具体贯穿流程

一、信息输入的融合

管理会计和财务会计都是以企业发生的经济交易和事项为依据进行会计信息的归集、计量、记录和运用的，两者的核算对象都是企业现在和未来的资金运动（本质上是价值运动），在核算内容上有很多交叉和重叠，也就是说，其原始信息的来源是一致的。

但对于管理会计和财务会计活动在信息归集的具体操作上是独立进行还是结合进行，研究者有不同的观点。一种较有代表性的观点认为，公认财务报告准则并不是为管理目的而设计的，因此财务会计数据不一定适合管理会计目的，按照财务报告准则的要求来归集用于管理会计活动的会计数据，可能导致管理会计信息决策相关性的丧失。因此，这种观点主张管理会计核算过程应相对独立于财务会计流程。

德国吉森大学的 WeiBenberger 和 Angelkort 在一项研究中依据企业中用于决策和控制用途的会计信息的来源将德国企业分为 3 类。第一类企业使用财务会计记录作为管理会计活动、内部报告和业绩评价的主要数据来源，此类企业被定义为管理会计与财务会计“融合（integrated）”的企业。如上所述，这种模式在此前是受到一些质疑的。第二类企业的管理会计系统与财务会计系统相互独立，作为财务报告目的、税收目的和管理目的的会计记录是分开的，各自形成了一套独立的账簿，这种设计被称为“分离（separate）”或者“双重记录（dual）”。这种设计被认为在为管理目的（决策和控制等）收集针对特定事项的会计数据时富有灵活性。第三类企业介于前两者之间，在这些企业里，管理会计和财务会计只有部分融合。①

WeiBenberger 和 Angelkort 对企业进行了问卷调查，通过实证分析对这 ,3 种设计的实际效果进行了比较。结果显示，管理会计与财务会计的融合能够显著提高管理控制的有效性，并且这种影响是源自管理会计和财务会计提供的会计信息的协调一致，这种协调一致有助于管理者对会计信息的理解，使管理者不会因为内部报告和外部报告显示的经营成果和财务状况大相径庭而产生“哪个才是真相”的困惑。他们指出，“好”的管理会计信息应当具备相关性、准确性、及时性并且符合特定的控制目标的技术要求，而且对于使用者来说，这些信息与财务会计信息不应存在令人难以理解的分歧。

虽然上述研究针对的是德国企业的情况，但对我国企业的会计管理制度设计有一定的借鉴意义。在实践中，我国企业中为管理会计目的单独进行会计记录的情况较少，这一方面与我国管理会计发展水平相对落后有关，另一方面也是成本效益原则的要求。实践证明，使用财务会计数据作为管理会计的信息来源并不必然导致管理会计对管理决策的相关性丧失，反而可能因为会计语言的一致性而有益于管理效率的提升。在设计会计体系时，企业应充分考虑有利于管理效率提升和成本效益的原则，选择适合本企业实际情况的设计。

二、控制过程的融合

管理会计与财务会计作为一种管理活动或管理过程，在企业经营管理中互相辅助，共同发挥着管理控制的职能。两者在管理控制过程中的融合主要是

① 董俊岭 . 新经济环境背景下企业财务会计理论与管理研究 [M]. 北京：中国原子能出版社，2019：208-213.

通过企业运用的各类管理会计工具的沟通作用进行的。

目前，不论是战略管理会计、全面预算管理、经济增加值会计等贯穿企业全流程的综合性管理控制方法，还是成本管理、投资决策等针对企业某一具体方面的管理会计活动，其总体流程从本质上说都遵循相似的逻辑，主要包括战略分解、目标制定、贯彻执行、分析考核等,环节。而在各个环节的运用中，其实都离不开财务会计工作。

以在我国企业中运用较为广泛的预算管理为例，预算的编制贯穿企业的采购、生产、销售、收款、投资等全流程，但都以财务预算为终点，编制结果最终表现为预计的财务报表（可能是唯一的预计数字，也可能是弹性变动的）。该表的形式与真实的财务报表应当是一致的，这样才便于后面的预算考评的进行。编制预算的目的是对企业未来的经营活动有明确、具体的规划，以便依据预算对企业内部各部门、各单位进行资源分配，并在企业实际经营的过程中以预算数据为标准对企业各部门、各单位的经营绩效进行全程的考察和监督。而在这种监督考察的过程中，用来与预算数据进行比对的是企业经营的实际成果，反映在数字上就是财务会计数据，如收入、成本、利润、各项费用等。当实际的财务数据与预算发生了偏离时，企业就能通过偏差的具体情况察觉出现问题的环节，以便及时做出修正。这样，通过预算为企业各部门、各单位、各生产线等设定了经营目标，形成了对其经营活动的控制，而通过各部门的实际财务表现与预算数字的对比又形成了及时的反馈，在不断修正过程中，持续改善企业经营，适应竞争环境，推动了企业目标的实现。

在上述的几个管理环节中，对企业业绩的分析考核即业绩评价是管理会计与财务会计直接发生联系的重要环节。业绩评价本身是一种管理会计工具，同时是企业管理中的必要环节。不论企业采用何种管理方法，都离不开对企业员工和部门业绩进行评价。业绩评价体系根据企业采用的管理会计工具和实际需要设计，一般包括对财务业绩的定量评价，以及对管理业绩的定性评价，其中，对财务业绩的定量评价是不可或缺的组成部分。财务业绩的评价依据是企业各部门实际的财务表现，如利润率、经济增加值、投资回报率等，这是相关部门和员工重要的业绩评价标准之一。而在依据财务数据及其他方面的表现，按照业绩评价体系的逻辑，对企业中的部门和个人的工作业绩进行评价之后，通过实施奖惩措施形成激励机制，让员工自觉修正其行为和思维，鼓励其提高工作绩效，反过来又起到了贯彻企业目标、改善企业经营、提高财务绩效的效果。这样，通过管理会计方法与财务会计数据之间建立的双向反馈机制实现了对企业的管理控制。

综上所述，管理会计方法在企业中的运用本身就是管理会计与财务会计在企业经营中的过程性融合的一种实现方式。其中，管理会计主要起控制作用，财务会计主要起反映作用，结合起来形成有机循环，共同保障企业战略的落实。

三、成果表达的融合

长期以来，我国会计理论界对管理会计和财务会计的认识一直是“管理会计对内，财务会计对外”，照此理解，管理会计活动生成的应是供内部人员使用的管理会计报告，财务会计活动生成的则是对外发布的财务会计报告。然而，企业对外提供和内部使用的会计报告在内容上是有很多交叉的。

近年来，企业对外报告的显著变化之一就是对非财务信息的披露要求不断增加，并成为改进财务报告的一个显著发展趋势。例如，中国证券监督管理委员会要求上市公司的年报中披露董事会报告（其中包括董事会对本企业报告期内的经营情况的评价分析等）、监事会报告、公司治理结构、企业人员情况、股东大会情况等信息，这些信息本质上都属于企业内部的管理性信息。实际上，如今的“财务报告”，其内容和形式与现代财务报告这一事物刚刚诞生的时候早已不可同日而语。由两张报表扩大到了四张报表，利润表向综合收益表转化，单纯的财务报表扩大为包含了其他非财务信息的综合性报告，远远超越了单纯的“财务”。

对表外信息的要求实际上与知识经济时代的特征有着一定的关联。在这个知识经济时代，决定企业竞争力和价值的关键并不是有形资产的数量和质量，而是人力资源、智力资本、知识产权、组织资源等无形资产，只是有关这些资产的价值信息在当前的财务会计准则体系之下无法在财务报表中进行确认，也很难对其价值进行计量。而财务报告使用者希望尽可能地了解企业真实的竞争实力。在这种情况下，对企业各方面特征进行描述的非价值性信息的有用性便不断增强。其中，管理会计系统提供的信息是一个重要的方面，因为它可以使描述性的说明和量化的结果紧密结合，增强会计信息的有用性。李翔等在我国资本市场进行的一项实证研究中证明，管理会计信息披露能够被投资者识别并在投资决策中使用，而且管理会计信息披露水平的提高，相比财务会计信息披露，更容易被市场识别。管理会计信息对外披露的另一个典型例子是内部控制报告。内部控制是组织为了保障运行有序、维护资产安全而在组织内部采取的一系列控制方法、手段与措施，实质是一种风险管理活动。从这个角度看，内部控制评价报告应该是一种对内管理报告。因此，当披露董事会对公司内部控制的自我评价报告以及注册会计师出具的内部控制审计报告成为一种强制性的要求时，企业的“对外报告”与“对内报告”之间的严格界限其实已经被打破了。

另外，虽然没有任何一个强制标准指明对内报告必须包含的内容，但只要从使用者需求的角度考虑，就能够发现对内报告必然离不开财务会计信息。[①] 公司管理层当然需要了解公司的财务表现，而由于很多绩效评价指标与财务数据挂钩，公司员工也需要了解其薪酬受影响的情况。同时，因为预算、绩效考核所用指标与财务数据挂钩，管理者在做出管理控制决策时更离不开财务会计信息的帮助。特别是随着金融市场的发展，财务会计数据作为投资者对企业进行评价和估值的重要依据，对企业的经营管理有着越来越重要的影响，因此，管理者对财务信息的重视程度有增无减。

当代企业对外报告要求的变化和社会经济情况的发展使会计信息提供者和使用者、财务会计信息和管理会计信息、外部财务报告与内部管理报告之间的界限变得模糊，管理会计信息和财务会计信息交叉构成了企业的对外报告和对内报告的主要内容。

第四节　管理会计与财务会计融合的实现

一、融合模式：基于现实因素的一种选择

在设计管理会计与财务会计在企业管理中融合的模式时，需要考虑以下几点：①综合会计控制体系的设计应符合特定企业个性化的战略需求；②会计管理制度设计存在显著的路径依赖，应是一个逐步演进的过程，要考虑企业原本的管理会计制度，加以渐变式改进；③先易后难，考虑成本效益，平稳过渡。

全面预算管理是管理会计与财务会计在企业实践中发生联系的主要结合点，是管理会计与财务会计有机融合中不可或缺的环节。全面预算管理的一些内在缺陷需要在绩效考评中加入作为利润驱动因素的非财务指标，从而与企业的战略目标建立更密切的逻辑关系并加以改进。平衡计分卡管理方法是进行这种改进的适用方法。

① 陈芳.新时期下企业财务会计与管理会计融合发展研究[J].现代营销（经营版），2021(8)：44-45.

平衡计分卡模式是一种较新的管理理念，它的实施需要对企业的管理思想进行全面的革新，在技术上也有一些难点，如非财务指标的量化及目标值的确定、指标间的因果关系的验证、各个评价维度及各维度内指标之间的权重设定等，这些难点使这一方法的实施推广并不容易。很多企业中应用的所谓平衡计分卡，其实应该称为综合业绩评价体系，仅是在财务指标的基础上补充了一些不同维度的非财务指标而已，指标之间并没有建立科学的"平衡"关系。因此，以平衡计分卡为中心的综合管理体系建立的难度较大，成本也较高。

相反，全面预算控制的思想方法简单，过程和技术简明易懂，而且在我国很多企业中都有相关实践，实行的基础较好。虽然预算模式在管理思想上略逊于平衡计分卡模式，但是考虑到现实因素和成本效益原则，以全面预算管理为中心，通过加入对非财务指标的考量对其进行改良，这样的管理控制模式就能够较好地实现企业管理会计与财务会计的有机融合。

图 3-1 是对该模式的简单描述。该模式基于全面预算管理思想，对实施条件的要求较低，较为符合我国企业，尤其是管理水平还不高的中小型企业的需求。但因为预算方法在灵活性方面相对欠缺，这种模式对处于高度动荡环境中的企业、经营业务非常复杂的企业或者正在经历重大组织和管理变革的企业适用性较低。

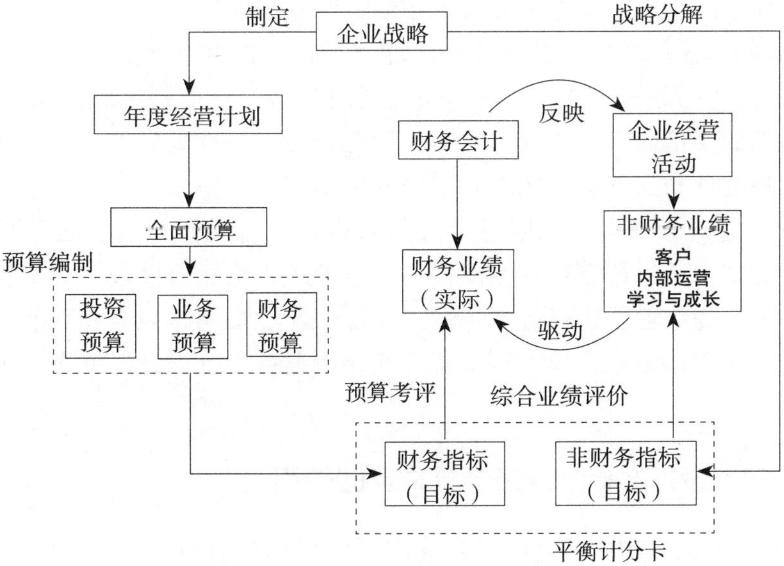

图 3-1　管理会计与财务会计有机融合的一种模式

二、外部条件：与管理相协调的会计准则

WeiBenberger 和 Angelkort 通过实证检验突破性地证实了管理会计与财务会计的融合能够显著提高管理控制的有效性，并且这种影响源自管理会计和财务会计提供的会计信息的协调一致。而要在不损害管理会计数据与管理目标之间的相关性的前提下保证这种一致性，有一个必要的条件，那就是对外报告所依据的财务会计准则与管理控制目标的协调性较好。

企业内部管理中管理会计与财务会计的融合建立在以全面预算管理为核心的管理控制体系之上。全面预算管理的制定以预计财务报表为终点，因此制定预算时，对预计的经济事项的确认、计量、记录和报告与真实的财务会计流程一样，是按照财务报告准则的要求进行的。如果会计准则与管理会计目的的相容性较差，那么按照这个准则的要求编制出的预算对管理会计控制的作用就非常有限。试想，若会计准则是以符合税收要求为中心制定的，对未实现的减值准备不予计提，根据此准则编制的资产投资预算，其科学性就值得怀疑。虽然这个缺陷可以通过另外设立一套独立的管理会计系统或对财务会计信息进行调整来加以弥补，但是这种做法会使同一期间内的会计记录反映出两种不同（极端的情况下甚至是完全相反）的结果，这将损害管理会计信息的可理解性，进而使管理者在需要决策和实施控制的时候无所适从。

WeiBenberger 和 Angelkort 指出，相比德国、澳大利亚和瑞士的公认会计准则，国际财务报告准则（IFRS）和美国的公认会计准则（US-GAAP）更符合企业内部的决策需求。因此，在遵循国际财务报告准则和美国会计准则的企业里，管理会计与财务会计的融合更容易取得成功。

总而言之，管理会计和财务会计能够良好融合的必要前提之一是企业遵循的会计准则与其进行管理控制所需的会计处理方法相容性较好。虽然公认会计准则并不是为企业管理目标制定的，但实践已经证明，至少在目前的国际财务报告准则和美国公认会计准则框架下产生的财务会计信息能够在一定程度上满足管理需求。

三、实现管理会计与财务会计融合的作用

促进管理会计与财务会计在企业内部管理中的有机融合并不是为了融合而融合，其对企业改善管理有重要作用。

（一）有利于建立企业战略和财务绩效之间的逻辑关系

不论怎么强调不可量化的无形资产、组织资源和可持续发展能力在现代企业中的重要地位，企业作为一种营利机构，始终要以获取利润、为股东创造价值增值为落脚点。因此，依据会计准则衡量的财务表现依然是企业最重要的成绩单。

企业的长期战略从本质上说其实也是以企业长期的健康发展和持续的价值增值为目的的。因此，在企业长期战略的制定和执行过程中，总是要考虑战略选择及其执行情况对企业财务状况的影响，同时受到企业财务状况的制约。但企业战略与其财务表现之间往往不是直接联系的，中间隔着复杂的因果链条。只有通过管理会计工具对企业战略进行分解，明确战略与财务绩效之间的影响逻辑，将战略转化为具体的目标和计划，再与企业的实际财务表现形成反馈，才有助于战略的实现和企业价值的增值。

（二）有利于会计的管理职能的充分发挥

企业管理的实质是通过对人的管理实现对物的管理，以及对社会经济活动的管理。会计作为一项管理活动或者一种管理过程，其通过对经济事项的反映和对经济关系的监督在企业的管理中发挥着重要的作用。其中，财务会计通过对经济事项的确认、计量、记录，所实现的是企业对资金、资产、原材料、产品等“物”的管理和对经济活动的管理。而管理会计通过预算管理、绩效评价、责任会计等方法达到分解任务、明确责任、奖先惩后的目的，以对经济活动的管理为手段，落脚于对“人”的管理。管理会计与财务会计的有机融合可以使这几种管理功能融合起来，有利于会计更好地发挥其管理职能，为提高企业效益做出贡献。

第四章　管理视角下财务会计目标及其创新

第一节　财务会计目标的基本理论问题

一、财务会计目标的基本内涵

（一）财务会计目标的定义

对于财务会计目标的内涵，在会计理论界并没有形成一个权威的、可为学术界普遍认同的观点，财务会计目标的研究仍然处于各抒己见、尚未有定论的阶段。纵观会计理论界对财务会计目标的研究，归纳起来主要有两大流派，即“受托责任派”和“决策有用派”。受托责任派认为，会计的目标就是以适当的方式有效反映受托人的受托责任及其履行情况。换言之，会计应向委托人报告受托人的经营活动及其成果，并以反映经营业绩及其评价为中心。其依据是资源所有者将资源的经营管理权授予受托人，同时通过相关的法规、合约和惯例等来激励和约束受托人的行为，受托人接受委托，对资源进行有效管理和经营，并通过向资源提供者如实报告资源的受托情况来解除其受托责任。受托责任派更强调信息的可靠性，其在重视资产负债表的基础上格外重视损益表。决策有用派认为，会计的目标就是向会计信息使用者提供对其决策有用的信息。换言之，会计应当为现时的和潜在的投资者、信贷者和其他信息使用者提供有利于其投资和信贷决策及其他决策的信息。其依据是资源的所有权和经营权分离后，在资本市场介入的条件下，资源所有者对受托资源有效管理的关注程度会降低，转而更为关注所投资的企业在资本市场上的风险与报酬。决策有用派更强调会计信息的相关性，即要求信息具有预测价值、反馈价值和及时性，更关注与企业未来现金流量有关的信息。受托责任和决策有用是互有关联的会计目标，受托责任是实质，决策有用是形式。受托责任是会计产生和发展的根本动因，提供反映受托责任的信息是会计的根本目标。

（二）财务会计目标的通用提法

财务会计目标所回答的问题主要有3个：①谁是财务报告的信息使用者？②对于使用者来说，信息的主要用途是什么？③现行财务报告能提供哪些主要信息？

关于第一个问题，各国财务会计与报告的概念框架项目的提法基本是一致的，那就是不参与企业经营管理，远离企业的投资者、债权人及其他企业和利害关系人。我国也是如此，不过应突出我国最大的股东是国有股，最大的投资者是代表国有投资者的国务院国有资产监督管理委员会（以下简称国资委）。关于第二个问题，对于使用者来说，信息的主要用途有以下几点：①供投资者监督检查经理层受托管理企业资源的受托责任，了解企业净资产的保值、增值，并对企业的重大经营、理财方针和人事变动进行决策；②供各类使用者进行经济决策，特别是投资决策和信贷决策。关于第三个问题，现行财务报告可以提供一个主体的经济资源、经济义务以及资源与业务的变动、财务业绩（特别是每股盈利、每股净资产等业绩指标）、现金流量（特别是现金净流入的金额、时间分布和不确定性）、流动性、偿付能力、发展前景的预测等财务和非财务信息。

财务会计的目标密切依存于使用者的信息需要。在不同的社会经济环境中，由于信息使用者有差别，因此严格地说，不可能有完全一致的目标。不过，市场经济毕竟是当前大多数国家的经济体制。因此，在市场经济条件下，应当有一个通用的财务会计目标。这一目标可简单概括如下。

（1）财务会计的目标是提供有助于一系列使用者进行经济决策的关于主体财务状况、经营业绩和财务状况变化（主要是现金流量）的信息。

（2）为此目的而编制的财务报表可以满足大多数使用者的共同需要，但是由于它是以过去的交易与事项为基础的，且必须符合确认的基本标准，因此不可能反映未来的事件、可能的损失和基本确定的可能利益。因此，它不能提供使用者决策需要的未来信息和非财务信息。增加其他财务报告的资料可在一定程度上弥补这一缺陷。

（3）财务报表的目标应有助于一系列使用者，特别是有助于最主要的使用者评估主体管理当局履行资源受托责任的情况并据以进行重大的经营方针以及人事任免与奖惩的决策。

（三）财务会计目标与财务会计概念框架

财务会计概念框架是以财务会计的目标为导向，以财务会计的基本假设为前提的相互联系、协调一致、前后一贯的概念体系，也称为财务会计的概念体系。制定财务会计概念框架，首先需要确定财务会计的目标。财务会计的目标在财务会计概念框架中起着引导作用，会计信息的质量标准、财务报表的要素、财务报表项目的确认和计量、财务报表信息和财务报告信息的披露等概念都直接或间接地为实现财务会计的目标服务。

1. 财务会计目标是财务会计概念框架的逻辑起点

（1）财务会计目标直接反映会计环境的变化。制约和影响会计的外部环境因素是多种多样的，而所有的变化都会影响财务会计目标。这些外部环境因素包括经济因素、政治因素、法律因素、社会文化因素等。

（2）财务会计目标是会计理论结构的最高层次。它是决定会计假设、会计准则、会计对象、会计技术的基础。会计假设、会计准则、会计对象、会计技术都是会计理论的组成部分，其目的都在于保证会计目标的实现。其中，会计假设和会计准则是为实现会计目标而对会计行为进行的规范和约束，会计对象是为实现会计目标而规定的会计行为的领域，会计技术则是实现会计目标的方式和方法。

（3）财务会计目标是会计系统运行的导向，是会计系统运行的出发点和归宿。会计系统内部的一切机制，如会计运行机制、会计协调机制、会计信息反馈机制等，都必须围绕会计目标而协调地发挥作用，通过优化会计行为来实现会计目标。

2. 财务会计目标与财务会计概念框架中其他概念的关系

（1）财务会计目标对财务会计信息质量特征的影响。简单地讲，会计信息质量特征是对“应该提供什么信息”的要求，这种要求的提出取决于会计目标决定为谁提供会计信息。假设将会计目标定位在向企业管理层提供会计信息，那么就要研究管理层需要什么信息，因此可以就会计信息的质量提出要求。传统的管理层是企业的职业管理者，受雇于资源的委托方，他们最关心的是受托责任如何完成，因此他们要求会计信息必须能够真实反映以往的经营业绩和资产的保值增值情况，这时的真实性和可靠性应该成为会计信息的主要质量特征。假设将会计目标定位于为资本市场上的投资者提供会计信息，就应该考察投资人需要什么样的会计信息。资本市场上的职业投资人并非企业忠实的投资人，他们最关心的是企业未来的价值如何，最想赚取的是证券升值的差价。对他们来说，企业未来的价值是最有用的，这时以预测价值为主的相关性应该成为主要的会计信息质量特征。

（2）财务会计目标对会计确认和会计计量的影响。从现有的会计理论来看，会计确认主要有交易观和事项观两种，会计计量主要有历史成本计量观和公允价值计量观两种。在一个概念框架中，无论会计确认与会计计量如何选择，其采用的基本观点都与会计目标密不可分。会计确认的交易观和会计计量的历史成本观都能够保证所提供的会计信息的真实性和可靠性，因而是受托责任的会计目标必然选择的会计确认和计量观。而会计确认的事项观和会计计量的公允价值观则会提供更加与之相关的会计信息，因而必然成为决策有用会计目标选择的会计确认和会计计量观。

（3）财务会计目标对会计要素界定的影响。会计目标对会计要素的界定也会产生一定的影响，但这种影响是间接的，是通过会计确认观产生的。如果选择了会计确认的交易观，就只对真正发生的交易进行会计确认，无论是资产还是收益，在概念上将只给已经发生的交易留空间，因而资产会定位在“企业在过去的交易中取得的经济资源”，收益会定位在“已经实现的收入”，会计将会对尚未发生的交易带来的资产增值和收益进行确认，因而资产和收益的概念将会给这部分事项的确认留出一定的空间。因此，资产可能会定位在“未来取得的经济利益”，收益可能会定位在“已经实现和尚未实现的全面收益”。

二、财务会计目标的要素和特征

（一）财务会计目标的要素

财务会计目标相对于会计职能的客观存在性来说，是一种主观性的要求，必然会受制于会计本身所固有的客观存在的功能。为充分把握财务会计目标的含义、性质特征及构成内容，还必须从分析构成和制约财务会计目标的三要素即财务会计目标的主体、客体与实现方式入手。

1. 财务会计目标的主体

财务会计目标的主体包含使用会计信息主体和提供会计信息主体两个子要素。前者解决“谁需要会计信息”的问题，使用会计信息的主体一般为出资者、债权人、用户、供货者、政府、社会公众以及企业内部的经营管理者和企业职工等；后者解决“在他们所需要的信息中有多少是能由会计提供的”问题。会计信息的提供主要受到使用主体的需求和提供主体（包括经济主体管理层）的意愿及会计特征、会计技术水平的制约。

2. 财务会计目标的客体

财务会计目标的客体包含会计信息的种类和质量两个子要素。前者以资金（偿债能力）、利润（盈利能力）、财务状况及其变动、经济责任和社会效益等价值运动信息为主，还包括提供就业机会、提高职工素质、生态环境保护等在内的非纯货币计量信息；后者为保证会计素质、使用者的有用性，主要取决于信息的相关性、可靠性和合法性三项质量要素及一些次级质量要素。

3. 财务会计目标的实现方式

财务会计目标的实现方式包含提供的信息有何用途和提供信息的途径、提供信息的形式这两个子要素。对前者来说，由于使用会计信息的主体比较复杂，因此信息的用途亦较为广泛，对于投资者和债权人而言，主要用途在于督促考核企业经济责任和社会责任完成的情况、财经纪律遵守的情况；对于用户而言，主要用途在于做出是否购买企业产品或劳务的决策；对于供货者而言，主要用途在于考察企业的付款能力，以做出是否向企业供货或提供劳务的决策；对于社会公众而言，主要用途在于监督评价企业对社区、社会做出的贡献和履行社会责任的情况；对于企业经营管理者而言，主要用途在于做出提高企业经济效益与社会效益的决策以及完成与解除受托责任；对于企业职工而言，主要用途在于了解、监督企业对职工的福利待遇及技术文化培训等方面的实施情况。对于后者，因为所提供的信息的种类和用途相当复杂和广泛，所以应以提供各种使用者所共同需要的会计信息为主，适当提供一些特殊需求的信息。同时，提供会计信息的形式，以提供资产负债表、损益表、现金流量表所组成的正式会计报表为主，同时提供一些内部会计报表等所组成的其他会计报告等辅助信息。

（二）财务会计目标的特征

财务会计目标既有目标的一般属性，又具有自身的特点，其主要特点概括如下。

1. 导向性

财务会计目标一般作为会计运行系统的预期愿望表现出来，体现了会计活动的外部客观环境状况和会计两大基本职能的内在要求，是对整个会计活动过程的反映与管理的外在引导，因而制约着会计活动的全过程，无论对会计实践和会计理论都具有导向性的作用。

2. 多元性

由于财务会计目标各项构成要素的具体内容都比较复杂、多元，如会计信息的主体众多，会计信息的用途非常广泛，因此财务会计目标的客体和实现途径即会计信息的种类和质量要求及提供方式亦多样化，由此组成的财务会计目标是一个多元性的结构群体。

3. 系统性

财务会计目标是整个会计运行系统的导向，且构成要素又相当多元，因而对会计活动所期望达到的结果和要求亦是多元和有层次的。财务会计目标的内容既有经济性的，又有社会性的；既有总体的，又有一般的和具体的；既有向外的，又有向内的；既有长远的，又有中短期的；既有宏观（社会）的，又有微观（企业）的；等等。由此形成了一个具有层次结构性的财务会计目标体系。

4. 时空性

由于财务会计目标的实质是通过会计活动所达到的一种能满足委托、受托双方需要的基本要求，是主观受制于客观的产物，因此在不同的社会经济环境，即不同的时空条件下，将会形成不同的对受托责任或决策有用的财务会计目标。而且在经济、科技文化发达的国家和经济、科技文化落后的国家，会计实践主体期望会计活动所达到的结果与对会计活动的愿望亦有较大的差别。因此，财务会计目标具有较为明显的时空性。

5. 稳定性

虽然财务会计目标具有因时空不同而不同的特性，但其在实质上是主观见之于客观的，会根据会计环境的变化进行调节修正，以满足会计信息使用主体的需要。

三、财务会计目标与会计环境

所谓会计环境，是指存在于会计系统外部的，决定着会计的产生与发展的，影响着会计思想、会计理论、会计模式、会计实务的历史条件和社会政治、法律、经济、文化、教育等客观状况。会计环境是客观存在的，会计目标与会计环境有着必然的联系，正如美国会计学家亨德里克森在他的著作《会计理论》一书中提到的：“会计环境对会计目标以及根据逻辑导出的各种会计原则和规则有直接的影响。”会计环境对会计从各个不同角度产生着影响。会计依存于一定的环境，同时反作用于会计环境。会计环境一般包括政治环境、经济环境、法律环境和文化环境四个方面，下面就分别从这四个方面进行论述。

（一）政治环境

在影响会计目标的众多环境因素中，政治因素对会计目标的影响一般是间接性的。政治是经济的集中表现。政治因素的内容非常丰富，包括政治体制、政治活动、政治结盟等。这些方面对会计目标有着重要的影响。

公有制的社会主义国家将会计作为国家宏观管理的工具，因此会计本身不再有自己的目标，而只是完成国家赋予的任务。例如，在我国，20 世纪 90 年代以前很少提及会计目标，更多的是关于会计的任务的描述。

对于政治上集权的国家来说，无论是公有制经济还是私有制经济，政府干预经济的现象都十分普遍。会计制度往往是作为国家的法律或法规由国家统一颁布，并要求强制执行。在这种会计环境中，会计目标显得很不重要，甚至没有存在的必要，国家一般会就事论事地规范会计处理方法，以满足国家宏观管理的需要。当然，政治上集权的国家也不是都没有会计目标，受到会计国际化和经济一体化的影响，一些集权国家也开始重视会计目标。比如，法国在相关的会计文献中提出了自己的会计目标，但一直未建立会计概念框架。

可见，政治因素对会计目标的影响是非常明显的。从理论上讲，集权国家对会计目标的重视程度较差，但在世界经济一体化和会计国际化潮流的影响下，这些国家对会计的控制会相对削弱。但无论如何，这些国家能否真正建立有效的会计目标，仍然取决于这些国家未来的政治态度。

（二）经济环境

经济环境对会计目标的影响是最直接的。不同的经济环境要求有不同的会计目标。经济环境对会计目标的影响表现在经济体制、资金来源和市场特征三方面。

在经济体制方面，公有经济要求会计目标为国家提供信息，私有经济要求会计目标为私人投资者提供信息，而混合经济要求会计同时为国家和私人投资者提供会计信息。在资金来源方面，若资金主要来自证券市场的职业投资人，会计应主要提供对投资决策有用的信息；若主要来自银行、国家及管理型投资者，会计应主要提供经管责任信息。在市场特征方面，发达的商品市场有利于提供更多的公允价值信息，不发达的市场不宜提供更多的公允价值信息；发达的证券市场要求提供决策有用信息，不发达的证券市场不必提供更多决策有用信息。

（三）法律环境

法律环境在很大程度上也影响着会计目标的存在。在多数成文法国家，会计制度往往是法律或法规的组成部分。法律有法律的目标和规则，如果会计制度是作为法律或法规存在的，那么，从理论上讲，会计自身的目标便是可有可无的。在这样一种会计环境中，会计作为独立科学发展的空间非常狭小。立法部门可根据宪法为导向，建立相关的会计制度，以维护法律认可的、一个会计实体应有的权利和应尽的义务。研究各国的会计模式会发现，在成文法国家，会计制度作为法律或法规的组成部分而存在是极为普遍的，严密会计目标的缺乏或不被重视也是十分自然的。中国、法国、德国、日本、俄罗斯等都是典型的成文法系国家，在这些国家，至少到目前为止，会计目标或缺位或没有严密性的描述。严密性会计目标产生于判例法的国家——美国，并在判例法的国家得到了较好的发展，成为会计概念框架的逻辑起点。研究美国的会计准则发展历史会发现，美国的会计准则从来就不是法律的组成部分，也不是由国家发布的强制性的制度规范，从属性上讲，它属于民间会计职业团体发布的会计准则，但美国证券交易委员会对其提供权威性的支持。正是在这样一种宽松的、非成文法系的会计环境下，科学的会计目标得到了发展。

（四）文化环境

文化是一个社会、民族长期积存的精神财富，它包容了价值观念、思维方式、道德规范、风俗习惯、语言文字等方面的内容。以研究人文环境对会计模式的影响而闻名于世的美籍荷兰学者何斯德在其1980年发表的《动机、引导和组织：美国的理论可以应用于国外吗？》一文中，把影响会计的人文环境因素分为四个方面：①个人主义相对集体主义；②权力差距大小；③对不确定性因素反应的强弱；④阳刚相对阴柔。在推崇集体主义、权距较大的国家，会计职业界往往不够发达，因而不利于产生会计目标。而在个人主义盛行、权距较小的国家里，祥和、平等的文化环境有利于形成发达的会计界，从而有利于产生科学的会计目标。然而，会计职业界的强大与否很大程度上受政治因素和法律因素的影响，因此，文化环境对会计目标存在的影响是间接的、次要的。

第二节　财务会计目标研究的国际比较

一、国外财务会计目标的研究

（一）国外会计目标理论研究的发展过程

由于现实资料的局限，我们已经不能确定世界上谁最早提出了“财务会计目标”这一概念。但在20世纪初，学者辛普森就在其著作中提到了几个概念，分别是“财务会计的目的”以及“会计师的目的”等；美国注册会计师协会在1938年发表研究报告，认定财务会计的目标就是“有助于企业达到经营目的并良好运行”。西方从20世纪80年代起对会计目标有较多研究，会计目标在会计理论发展过程中处于最重要的位置。本书认为，国外的财务会计目标研究主要分为3个阶段。

1. 萌芽阶段

随着地中海沿岸小商品业和手工业的发展（12—16世纪），资本主义经济模式萌芽出现，会计这一概念也就初步产生，根据需要逐渐发展，从单式记账过渡到复式记账。当时的会计环境以小规模商业模式为主，会计目标可以归为记录商品财产交易的数量及盈利损失，体现债权关系。

2. 初步形成及发展阶段

1750年开始的工业革命促进了生产力的进步和生产关系的转变，资本主义生产完成了从工场手工业向机器大工业的过渡，机器生产逐步取代手工劳动，产业结构和经营模式大为改变，股份制公司成为企业成立的首选。为保证经营质量，企业经营权和所有权分离。在当时的会计环境之下，会计目标发生了变化，主要表现为：为公司投资所有者提供经营成果和财务状况；为企业经营者提供管理、经营所需材料；为银行等债权人提供企业偿债能力的信息。此后经济的发展也使会计目标在满足以上内容的同时，还要向其他的利益相关人，如潜在投资者、债权人、管理者提供信息。

20世纪30—40年代，美国的会计研究就已经初步涉及财务会计目标，如“会计的目标就是提供某一企业的财务数据，加以整理及汇集，满足管理者、投资者等任何社会群体的要求”。坎宁在1929年、吉尔曼在1939年都提到了财务会计目标这一概念。

20 世纪 50 年代，学者们开始真正将财务会计目标作为研究对象，美国在这一领域处于前列。1953 年，会计学家斯多波斯就会计目标进行了专门的研究，并指出“会计的目标就是为投资人提供决策有关的信息”。另一学者利特尔顿则在他的《会计理论结构》一书中多次阐述了“会计责任”这一概念，这一概念和会计目标的含义已经十分接近。他将会计目标分为 3 个，分别为前提、中间、最高目标，企业的会计责任不是针对每一个经营者，而是面向经营主体的群体，要用具体的数字表达企业状况。这一数据需要会计人员对信息进行整理、分类、总结，最终得出一份浓缩充分的报告。1966 年，美国会计学会组织了专门委员会，经过深入研究，发表了《基本会计理论报告》，阐述了财务会计的目标。目标有以下几点：针对有限的资源，做出决策，包括决策的领域，确定决策性的目的、目标；控制及管理一个组织的物质资源和人力资源；整理保存资料并加以管理；有助于履行社会职责和经管责任。从这份报告开始，会计目标逐渐成为财务会计理论最重要的概念之一。

3. 规范发展阶段

20 世纪 70 年代，美国会计委员会发表了《企业财务报表编报的基本概念和会计准则》，其中对财务会计目标的描述为“为使用者提供一个公司或企业的财务信息”，这些财务信息必须是可定量化的，并且这些信息可以帮助所有者和债权人做出决策。财务会计目标可以确定会计信息的一般内容，也可以确定会计信息的本质的目标。同时，应该把会计信息揭示财务状况、财务状况的变动和经营成果作为财务会计的目标。

1971 年，特鲁波鲁德成立了研究组，开始对财务会计报告的目标进行专一的研究。他们主要需要解决 4 个问题：财务报表为谁服务；需要的信息都有哪些；会计师能提供多少此类信息；什么结构可以提供这种信息。1973 年，该小组完成研究，发表了《财务报告的目标》。该份报告详细解释了财务会计的基本目标——提供给决策者进行决策的信息，并将此目标分为 12 个小项，分别为财务报表、使用者、用途等。

会计目标的研究从理论走向应用，是从美国财务会计准则委员会发布第 1 号概念公告开始的。财务会计目标也成为财务会计概念框架结构的起点，引起了世界上很多国家的关注和学习，主要观点有以下几点：财务会计的目标是为决策提供相应信息，而不是讨论决策应该是怎么样；决策有关的信息主要指财务状况、经营成果、负债状况和财产变动情况；财务报表有助于企业所有者评价管理者的受托情况，以便于及时作出判断。

实证派的学者按照他们的研究，得出了“财务会计目标就是降低企业契约成本的工具”的结论。这是实证研究方法在会计理论研究中的应用。

综上所述，国外的财务会计目标研究过程早期是为了满足小商品经济的模式，中期在描述什么是会计，成为“描述性目标”。而 1970 年之后就是在规范“会计应当有什么样的目标”，是“规范性目标”。描述性会计目标就是对会计进行描述解释并加以说明，但不管会计应该是什么，比较成熟的描述性目标理论是受托责任观——财务会计目标就是向所有者真实反映管理者的管理情况。规范性目标则是通过对目标的研究，来判断会计应该提供怎么样的信息。研究结论的主要代表有美国会计学会的 4 项会计目标，美国会计准则委员会的第 4 号公告，成熟的理论是 20 世纪 70 年代后的决策有用论观。

（二）国外财务目标研究的比较

随着世界经济的发展，世界各国都开始对财务会计目标进行深入研究，其中较有代表性的国家和模式有以下几个。

（1）国际会计准则委员会对财务会计目标的表述是，为决策者提供有助于其做出经营决策的有关于企业财务状况、经营成果、资产变动的信息。但这种信息只是部分信息，只反映过去发生的财务状况，不一定能提供非财务信息。企业所有者根据财务报表来考察受托者履行经营责任的情况，以此做出投资决策和人事决策。

（2）英国会计准则委员会将财务会计目标解释为向信息使用者，包括当前和潜在的使用者，提供企业财务状况和经营成果的信息，使其可以评价管理者管理责任并制定相关决策。

（3）美国财务会计准则委员会于 1978 年率先提出了“决策有用观”思想，财务会计目标就是提供有助于制定经济政策的信息。具体包括：为使用者提供正确的投资和信贷信息；估计预期的现金流量，评价现金质量；根据资源的变化，提供其变动信息，主要有债务变化、营运能力、偿债能力等；为投资者和所有者提供管理者是否履行经营责任的信息。

（4）加拿大会计师协会将财务会计目标定位为“为企业所有者和投资者提供管理者受托责任履行情况的信息”。

（5）法国的财务会计目标是：管理企业经营；提供法律证据；为股东、投资者提供企业信息；作为国家税务部门计税的依据。

（6）德国认为会计任务，即会计目标是会计信息如实反映企业状况，按照规则和法律要求报告和计量，防止其中非法操作的可能，使信息使用者得到真正的财务信息。这种目标就是受托责任观和决策有用观的综合表现。其一方面体现委托人和受托人之间的依存关系，另一方面体现提供信息的要求。

（7）日本的财务会计目标有以下 3 项：①确定企业管理者操持功能的履行程度；②计算公司分配的收益（用于分配的股利和公司所得税金额）；③为股东和投资者做出投资决策提供信息。很明显，目标①强调的是受托责任信息，目标②和③强调的是决策有用信息。相对来说，日本的公司法重点强调的是目标①和②；证券交易法强调的是目标①和③。

综上所述，大部分国家都同时使用了受托责任观和决策有用观，两者相互联系，相互融合。各国对会计目标的制定都考虑到了两个方面，某些侧重点的差异也只是由于会计环境的不同。

二、国内财务会计目标的研究

（一）我国财务会计目标研究的发展历程

相对于一些发达国家，我国的财务会计目标研究起步稍晚。20 世纪 50 年代到 60 年代初，我国的会计基本没有一个目标的概念，只有对“会计的任务是什么”的思考。会计任务只是反映事件在进行过程中的偏差，找到切入点，使计划经济能正常发展，社会主义经济能合理地运行。到了 20 世纪 60 年代中期，会计的功能逐渐被放大，很多学者如娄尔行等开始增加会计的任务，他们认为会计除反映经济的各种现象外，还应该有监督发展、保护国家资源不受侵犯、最大限度地利用资源生产出更多价值等任务。

20 世纪 60 年代后期，中国会计受马克思主义观念的影响，开始运用“职能”这一理论观点。会计的职能主要是反映以及监督，会计也被认为是经济管理的工具。

20 世纪 80 年代初，对会计职能这一观点的讨论已经白热化，对会计职能的认定也是多种多样，可谓“百花齐放”。比如，“总体地说，会计是一种管理工具，由几部分组成，分别是预测、计划、反映、控制、分析、组织”。

到了 20 世纪 80 年代中期，我国会计界关于会计职能的讨论有两种主要观点，分别是认为以反映为主和认为以监督为主。认为以反映为主的人将会计定位为一个经济信息系统，作为一个信息系统，提供信息是其主要的职能；认为以监督为主的人则认为会计是一项活动，用来进行管理，而要发挥这种作用，就必须具备监督、控制的职能。

20 世纪 90 年代，中国经济蓬勃发展，各种商业模式层出不穷，会计研究的主体方向也从会计职能转向会计准则。通过借鉴国外先进的研究思路，国内对于财务会计目标的研究也开始蓬勃发展，主流的观点有以下几种。

（1）会计信息应当符合国家宏观经济管理的要求，满足有关各方了解企业财务状况和经营成果的需要，满足企业加强内部管理的需要。由以上可知，我国的会计目标应该是满足有关国家部门对国家宏观经济管理的需求；向投资者和债权人提供公司财务状况、经营成果、现金流量等信息；有助于管理者管理企业。

（2）对会计目标的研究过程有两种思路，分别为描述性思路和规范性思路，我国有一些著名的学者就遵循第二种思路，在分析了我国特有的市场经济环境后，提出了一些观点，如在我国资本市场还在起步阶段的状况下，财务会计目标应该是使委托人可以评估受托人履行经营责任的情况，这就是“受托责任观”。

（3）还有其他的学者的不同看法：有的认为会计目标应该是降低成本，有的将会计目标定位于满足其他会计需求。

以上不同的时期产生了很多不同的观点，这些观点在当时看来都是较为合理的。但是，这些观点也并不完善，都存在缺陷。原因就是中国的会计环境和国外的都不同，如果没有对会计环境进行研究，没有进行调查取证，就难以得出完全正确的答案。制定合理的会计目标既要考虑目前的实际情况，又要向前看，找出经济发展的规律。在这种前提下，就必须全面了解整个会计环境及其要素，在整个市场进行取证研究。我国这些年会计目标的制定主要受到政治因素的影响，政府对经济的影响导致了会计目标研究的滞后。不过在进入21世纪后，终于在政府领导下开始寻找财务会计目标的正确思路。

我国的财务会计目标逐渐由受托责任观转向决策有用观，这是会计理论发展的趋势所在。这有利于财务人员更好地编制财务会计报告，使财务会计信息更加规范化和安全透明化，广大报表使用者的利益也得到了保障。这是和国际接轨的过程，会计目标将能满足投资人、债权人和有关部门及社会其他使用者的信息需求。

（二）我国财务会计目标研究的主流观点

由于我国对财务会计目标研究起步较晚，目前探讨比较激烈，有各种各样的观点，每种观点都有其优点和缺陷，如表4-1所示。

表4-1　我国财务会计目标研究主流观点

主要观点	内容	理论依据	评价
决策有用观	为财务报告的使用者提供有关财务状况、经营成果、现金流量、资产变动的信息，帮助其在投资或经营中作出决策	决策有用观是在资本市场日渐发达的历史背景下形成的，投资者进行投资需要有大量安全可靠的会计信息，这些信息的提供必须以服务于决策为目的，需求方向也从传统的关注以往经济信息转向对未来信息的关注；要求会计信息量和范围不断扩大，包括财务信息，也包括非财务信息。	两种观点都是关于财务会计目标的基本观点，由各自的会计环境决定。无论是决策有用观还是受托责任观，都有各自的优点、发挥空间和局限性。不能依赖于一种方法就解决所有问题。只有大量取证，研究调查，才能完成对财务会计目标的定位
受托责任观	向财产所有者如实反映财产经营者对受托资源的管理和使用情况，从而有助于合理评价企业管理层的经营管理责任和资源使用的有效性	受托责任观的发展与公司制和现代产权理论的发展保持一致，公司制要求所有权和管理权分开，资源的受托方接受委托，管理委托方所托付的资源。企业所有者关注的是资产是否能够带来更多的经济效益，受托方的责任是合理管理和使用被托付的资源，最大可能地创造更多的价值。受托方有义务及时、全面地向委托方报告被托付资源情况来明确自己的责任，接受委托后则通过一系列的措施，包括法律法规、合约来激励或约束委托方	

续 表

<table>
<tr><th>主要观点</th><th>内容</th><th>理论依据</th><th>评价</th></tr>
<tr><td>受托责任观为主，决策有用观为辅</td><td>在资本经济不发达的阶段，此方法较为适合</td><td>中国的特色经济环境决定了会计目标的发展方向，当决策有用观的条件成熟后，应该转向以决策有用观为主</td><td rowspan="2">沿着我国传统会计理论的路径，从经济管理的总目标推出会计目标，认为会计活动是经济管理活动的重要组成部分，会计目标隶属于国家经济管理总目标，既然社会主义市场经济条件下的经济管理的总目标是提高经济效益，那么会计的目标也应如此</td></tr>
<tr><td>决策有用观为主，受托责任观为辅</td><td>以决策有用观为主，是当代经济发展的必然结果，是在和国际接轨</td><td>在当前经济发展情况下，会计目标以决策有用观为主、受托责任观为辅成为主流</td></tr>
</table>

中国目前所规定的财务会计目标，具有双重性。将受托责任和决策有用结合起来，和国际接轨，体现了我国既重视决策有用，又重视受托责任的国情，且作为世界上最大的社会主义国家，有带动世界经济的气魄。我国的国有经济占主导地位，上市公司中国有企业也占很大份额，因而在选择财务会计目标时，要考虑到对受托管理者的经营责任进行检查和监督，防止舞弊现象和国家资源流失，保障广大社会主义群众的经济利益。而要使企业的规模逐渐扩大，模式多种多样，委托者和受托者之间的关系并不棱角分明，因而也要采取决策有用观，和世界同步，同时可以满足各方面人群对财务会计信息的需要，这也是在保障股东和投资者的利益。

第三节　对财务会计目标的定位和构建

一、我国现阶段财务会计目标的定位

就目前我国的情况而言，无论是上市公司还是国有企业，国家显然是会计信息的最大需求者。从宏观经济调控、税收征管、利润分配和考核监督的要

求出发，国家需要企业会计提供相关信息。因此，应将“满足国家宏观经济管理的需要”作为我国现阶段会计目标的首要环节。

另外，由于我国经济运行机制实行的是市场经济体制，因此，会计目标的定位也应由市场机制来决定。从市场经济的角度来看，会计信息的提供主要是为了使投资者和债权人避免逆向选择风险和道德风险。针对这两种不同性质的风险，相应可以导出决策有用观和受托责任观这两种会计目标。而投资者和债权人的会计信息需求要求企业提供同时防范这两种风险的会计信息，因此，我国会计目标的定位应综合考虑决策有用观和受托责任观的要求，在两者之间权衡。

我国在定位会计目标时，应该注意把握以下 3 条重要原则。

1. 根据会计信息使用者特征制定会计目标

目前，我国最大的会计信息使用者希望获得的是真实、可靠的会计信息，因此从需求决定论的角度看，会计目标首先应该满足他们的需求。

2. 注意考虑会计目标的前瞻性

会计目标的前瞻性要求在确定会计目标时，要考虑到会计目标未来的生命力。概念框架中描述的会计目标不应该太狭隘，也不应该只顾眼前。在可能的情况下，它应该反映可以预见的会计环境的变迁对会计目标提出的基本要求。比如，随着我国所有制结构的不断深化，当前的主要会计信息使用者可能发生变化，大众股民的比例可能上升，因而从整个社会来看，对决策有用会计信息的需求可能会提高；随着我国市场经济的不断发展，生产资料市场和产权市场逐渐成熟，会计人员的业务素质会逐渐提高，资产评估的技术和方法会逐渐成熟，我们对决策有用会计信息的供给能力也会有所提高。这一切可能会发生在不久的将来，因此从制度设计的角度看，会计目标应该具有一定的前瞻性。具体来讲，就是要尽力顾及各方面信息使用者的需求，尤其是那些在未来非常有潜力的，但目前仍属于少数的会计信息使用者的需求。①

3. 注意与国际惯例相协调

尽量按照国际惯例的表述描述本国的会计目标。发达国家对会计目标的描述主要有两种方式：一种是像英美一样在概念框架中严密表述的会计目标，这类会计目标与概念框架中其他会计理论具有比较一致的逻辑关系；另一种是像法德一样，在有关的制度中孤立描述的会计目标，这类会计目标与相关会计

① 伍光明．浅析财务会计目标定位的变化及改进策略［J］．中国乡镇企业会计，2021(3)：137-138.

理论之间没有明显的逻辑关系。绝大多数建立了会计准则体系的国家都先后建立了概念框架理论，并且都将会计目标设计为概念框架的逻辑起点。我国从1997年开始构建财务会计概念框架体系，显然，我国也应该借鉴国际流行的惯例，将会计目标作为概念框架的起点，进行严密的描述。

二、我国财务会计目标的构建

1. 中国市场经济环境的基本特征

（1）国有企业仍然是中国经济的命脉，是中国市场经济建设的基础。市场上主要的微观经济组织仍然是国有企业，制造业、能源、交通等重要行业的企业主要是国有企业，大型企业、重点企业也大多数是国有企业。国有独资公司在公司制企业中仍占主导地位，国家是最大的所有者。

（2）在中国股份制改制中，有限责任公司多而股份有限公司少。尽管股份制作为一种较为完备合理的企业制度正在被中国广泛接受，但在股份制改制过程中，中国国有控股仍占绝大多数。国有控股公司资金融通方式仍以直接融资为主，通过资本市场进行间接融资的居于辅助地位。

（3）资本市场不发达。资本市场是企业筹资的重要场所，但资本市场的不完善使企业不能很快进入资本市场，而潜在的投资者又不能通过资本市场自由选择投资企业。另外，多数分散的投资者不是很注重会计报表的使用，使财务报告对决策的影响作用减弱。这就使决策有用目标的实施条件受到限制，并且在较长时间里，企业大量资金的取得仍然采用直接投资的方式。此外，根据美国经济学家和实证会计学者法玛对市场有效性的论述并经有关的实证研究，中国资本市场仍处于弱型效率阶段，难以发挥其在资金融通中的积极作用。中国企业在融通资金方面对资本市场的利用仍很有限。

（4）中国会计人员素质较低。企业规模有限，现代化程度低，若以决策有效作为其会计目标，显然很难达到要求。另外，法制体系还不完善：一方面，相关配套法律尚未健全；另一方面，有法不依、执法不严的现象依然存在。

通过以上分析可以看出，中国在较长一段时期里，资本市场不会在企业资本筹集上发挥主渠道作用，企业大量资本的取得仍将采用的是传统的筹资方式；受托责任关系将主要通过国家及国家授权的机构与企业经营者直接接触形成；资源的委托方与受托方可以明确辨认，国家作为委托方仍将占据着重要地位。

2. 中国财务会计目标的构建——确立“以受托责任为主，兼顾决策有用”的财务会计目标

事实上，无论是受托责任观还是决策有用观，都有其各自生存的客观经济环境。结合中国的市场经济环境实际状况，借鉴西方的研究成果，并与中国实际相结合，确立中国“以受托责任为主，兼顾决策有用”的财务会计目标应成为中国会计工作者的当务之急。

（1）会计目标总是要与经济环境的要求相融合的，建立现代企业制度是中国会计当前和今后面临的大环境。现代企业制度的关键是企业法人制度。企业法人制度的实质是确认国家拥有财产所有权和企业拥有独立的法人财产权，使企业在对所有者承担财产保值和增值责任的前提下，成为自主经营的法人实体。因此，在企业法人制度下，投资者和企业的关系实质就是“委托—受托”关系。中国虽已有千余家上市公司，但它们只占中国大中型企业的极少部分，并且不是资本完全自由流通的上市公司。而且，中国的资本市场既不发达也不规范，更重要的是社会主义的经济性质决定了必须保证国家对国有企业的所有权，国家作为会计信息最重要的使用者，必然最关心国有资产的保值、增值。因此，当前中国财务会计的具体目标主要应定位在向委托人报告受托责任的履行情况上。

（2）尽管会计目标应以受托责任为主，但并不排斥决策有用观。这是因为，要获取最大的收益，投资者必须借助会计信息进行投资决策，因而提供对决策有用的信息是会计的一项重要目标。但恰恰是受托责任关系的存在，使投资者有权要求取得信息，经营者也有责任提供信息。因此，会计最基本的目标，还是反映财产资源的受托责任。

这样的会计目标主要有以下 3 个优点。①它能够适应中国现阶段的市场经济环境。以受托责任为主，强调向国家或法人企业这些重要的大股东报告受托资源的经营、保值增值情况，兼顾到其他利益群体等的经济利益，通过资本市场使他们能积极选择投资企业，通过行使自己的权利来促使企业经营向好的方面转化。②以受托责任为主的会计目标作为理论的最高层次，能指导实务，特别是会计准则的制定，要求明确各要素定义，规定各要素的确认、计量属性，使会计信息的可理解性增强。③明确了以“受托责任为主，兼顾决策有用”的财务会计目标，有利于从根本上比较各国实务操作的异同，有利于中西方会计的融合，从而使会计真正成为一种世界性语言。

3. 实现“以受托责任为主，兼顾决策有用”的财务会计目标的建议

为了实现“以受托责任为主，兼顾决策有用”的财务会计目标，关键问

题是如何对会计目标两个方面的信息需求进行协调，以提高信息的共享度，节约社会资源。其可能途径是对现有会计信息的内容加以改进和扩展，使它能同时满足投资者、债权人、宏观经济管理部门和其他信息使用者的需求。这里最重要的是协调的出发点。我们不可能为了满足国民经济核算的需要，来转换会计信息中所提供的资产、负债、所有者权益等基本要素的内涵，剔除谨慎性原则，正如不必为满足纳税的需要而改变会计信息的内容一样。我们需要提供能同时满足投资者、债权人、宏观经济管理部门和其他信息使用者需求的会计信息。只有在这一前提下讨论会计信息内容的扩展才有现实意义。

第四节　管理视角下财务会计目标的创新路径

一、财务会计目标管理创新的意义

财务会计指的是企业通过对自身已经完结的资金运作进行深层次的全面的核对与监管，把与企业资金运作相关的人的投资情况、企业的财务情况等方面的情况作为控制目标进行监督和管理。因此，企业的财务会计主要是作为在财务方面的基础工作，让企业能够有效地控制好自身的资金运转，合理预期并且决策，从而提高企业的经济效益，让社会主义的市场经济进入有序、健康、积极运行的轨道之中。因此，传统意义上的企业财务会计最主要的目标就只是监督和管理企业的单纯的资金流动情况。虽然直观，但是对于企业的整个财务安全上面缺乏多层次的监管，从而使得企业忽略很多方面的细节，特别是财务工作除了货币量化部分，还有非货币的隐形部分，这些也应该纳入企业的财务会计的目标范畴中。简单来讲，企业的财务会计要关注到整个企业产生成本或者即将产生成本的各个方面，这样企业各方面才能够真正灵活运行起来。当前阶段，我国对财务会计目标的研究相对落后，理论与实务未能得到真正的结合，财务会计理论还没有承担起指导会计实务工作的职能。作为财务会计理论研究的前提和基础，财务会计目标的确定与创新显得尤为重要。财务会计目标创新最大的意义主要集中在以下两个方面。

一方面，创新财务会计目标管理可以促进我国会计实务工作的良好发展，指明财务会计实务工作的方向和奋斗目标。从我国企业发展的现实情况来看，财务会计目标的创新发展还不成熟，还没有达到西方先进国家的发展水平，缺乏先进理论的指导，因而我国的企业管理者要重视现阶段的财务会计目标建设的学术研究，加强与之相关的技术、资金、人才等的投入，加强对财务会计目标创新研究的认识，更好地促进我国企业财务会计目标理论的逐步完善与成熟，以更好地指导我国企业的实务工作。

另一方面，财务会计目标的管理创新同时增强了我国企业会计理论研究的广泛性。作为财务会计理论的重要组成部分，企业财务会计目标为会计研究指明了方向，也使会计理论的内涵得到了补充与完善，从而进一步地推动了我国会计理论的建设。因此，企业财务会计目标创新研究在企业的现代化改革进程中的地位越来越突出。

二、财务会计目标的现状

会计信息的使用者在总体上可分为国家各职能部门、银行、证券市场上的大众投资者和国有企业以外的一般投资人。

（一）政府职能部门

对会计信息有直接需求的政府职能部门主要包括国资委、税务局和证监会等。国资委是依法行使国有股东权利的政府部门。由于国有股流通上的限制，尽管目前国家已经颁布了国有股减持和国有股流通转让的办法，但在实践中，仍需要相当长的一段时间才能实现。国资委现在很少能顺利地“甩出股份”，因而国资委不属于证券市场上的“职业投资人”，而是“管理型投资人”。对于财务会计信息的需求，国资委往往从企业经营管理者的角度出发，比较关心企业的经营成果和财务状况，以便对企业的管理者进行考核，决定是否继续聘用现任的企业管理者。我国上市公司大股东作为“管理型投资人”绝对控股的特征可能会在相当长时间内存在，因此决定了国资委会对企业会计信息的真实性、完整性、准确性提出要求。

（二）金融机构——银行

银行是我国企业筹集资金的主要来源，因此银行也是我国企业会计信息的最大需求者之一。一般来讲，银行对企业会计信息的关注主要在于贷款本金和利息能否安全收回，是否存在风险。我国绝大多数银行是企业的债券性投资人，它们关注的会计信息主要是企业经济业绩的好坏和财务状况的优劣，因此对会计信息的要求是以准确、真实和完整为主。

（三）证券市场上的职业投资者

职业投资者不同于管理性投资人的方面在于管理性投资人关心的是公司

的经营管理状况，而职业投资者更多的是关注公司未来股票的升值状况。从这点看，职业投资人对会计信息的需求更多的是需求对投资决策有用的信息。在信息不对称时，职业投资者作为证券市场上的弱势群体，获取信息的唯一途径是上市公司对外公布的财务会计信息，这也导致了对会计信息的要求上的不同。在要求真实准确的同时，职业投资者需要企业披露对他们决策有用的一切会计信息。这些信息不单单包括已经发生的，还包括企业存在的未来可能发生，但已对企业造成影响的会计信息。由于存在不确定性，他们对会计信息的准确性要求不高。

（四）非国有的一般投资人

在我国，企业的投资者除了国家和大众股民，还有大量的集体、个人和外商投资者等一般的投资者。他们一般都是内部的“管理型投资人”，直接参与企业的经营与管理，对会计信息的需求不完全依赖财务会计报表，他们还需要管理会计信息。从管理和考评经营成果的角度看，他们对财务会计信息的第一要求是具有真实性、准确性和完整性。

三、财务会计目标管理创新路径

（一）提供多元化的会计信息

虽然我国市场经济比较发达，但是我国资本市场不够完善，还处在发展阶段，和发达国家相比，我国会计信息服务对象有很大不同。在现代市场经济条件下，按照资本市场的关系，会计信息服务对象可以分为两种，也就是上市公司会计信息服务对象和非上市公司会计信息服务对象。在这两个大的服务群体中，按照资本规模、产权结构、公司结构、行业特点等还可以细分为各种会计信息服务对象，这些对象对企业会计信息的要求各不相同，对于不同发展阶段的企业所需要的会计信息的侧重点也不同。企业必须提供多元化的会计信息以满足这些服务对象不同的信息需求。

（二）财务会计报告内容注重企业发展趋势

随着社会经济的发展，财务会计报告的内容不再只是企业的财务状况、经营情况和现金流量。为了满足使用者了解企业面临的机会和风险以及企业的发展前景的需求，应尽可能广泛地披露表外信息，包括企业背景信息、未来信息、知识资本信息、社会责任信息、公允价值信息、分部信息、衍生金融工具信息等，从而有助于信息使用者做出经营决策。另外，知识经济时代对企业员工的素质要求不断提高，因而还要提供公司员工受教育状况、技术素质、业务能力、熟练程度、敬业精神等人力资源价值及公司管理者的受教育状况、组织协调与交流能力、企业文化等组织管理方面的信息。[①] 传统的财务会计报告突出了有形资产这个重点，随着无形资产在企业价值中所占的比重越来越大，传统报表的弊端也越来越明显。对于内含价值高的包括人力资源和知识产权在内的知识型资产，内容要尽可能详尽。

（三）积极培养企业的财务会计人员

在企业的财务会计管理过程中，企业的财务会计管理工作人员是企业管理过程中的核心组成部分，因此需培养财务会计管理人员良好的开拓以及创新的能力。当然，这也是企业财务会计管理发展进程的重要组成部分。一般来说，企业的发展是离不开优秀人才的支持的，只有培养和引进一大批具有创新意识的人，企业才会有发展的前提保障。企业财务会计目标的创新是需要创新型人才的大力支持的，这样也有助于企业全面进步和整体创新。当然，随着创新型人才的加入，企业的财务会计人员对企业的财务会计目标创新也会更加具有优势和改革创新的能力。如果企业现代化程度低、人员素质层次低，在这样的条件下，以企业决策有效和有用作为其会计目标，显然很难达到目标和要求。要让会计人员的创新能力提高，力求实现财务会计信息系统职能与会计信息使用者需求的有机结合。

（四）财务会计信息的及时处理与发布

投资者和债权人当然希望财务会计信息的披露越快越好，这能使他们及时对企业的风险和报酬做出反应。国家统计部门也应对财务会计信息披露的及时性予以高度重视。如果财务会计信息披露不及时，统计部门每年就要花大量的人力、物力，进行各种统计调查，并对调查结果进行核算与估计。这不仅可能降低核算数据的精确度，还可能延误国家宏观经济决策。因此，应提高财务会计信息的及时性，加快发展企业的财务会计电算化工作并形成全国性的财务会计信息收集、分析和检索网络。

计算机及网络技术使企业的内外环境均发生了很大的变化，由于网络技术在商业中的应用，财务会计所需处理的各种数据越来越多地以电子形式直接存储于网络与计算机中，财务会计信息系统成为一个开放的系统。原手工系统

---

① 聂顺江．上市公司财务会计目标及其保证机制[M]．北京：中国社会科学出版社，2007：135-140.

中表现为一定周期的财务会计循环能以实时方式完成，时间和周期不再是财务报告的约束条件，不同期间的财务会计报表可以随机产生，及时为企业管理者提供可供调整、选择和决策的各种信息。因此，必须建立一套能够提供实时信息的财务报告制度。一方面，定期报告仍将存在，作为财务成果分配的依据；另一方面，实时报告也将涌现，作为决策的依据。

（五）披露以公允价值计价的财务会计信息

在现有的以历史成本计价的基础上，同时披露以公允价值计价的财务会计信息。这样做的好处是可以满足国民经济核算以及投资者和债权人的共同需要。在信息技术时代，金融业迅速发展，金融工具和衍生金融工具推陈出新，为公允价值财务会计创造了客观环境。投资者、债权人对企业未来信息的关注超过对历史信息的关注，对于使用者未来的经济决策，公允价值信息比历史成本信息更具相关性。但是，采用公允价值计价必须解决公允价值财务会计信息的可靠性和公允价值财务会计方法的可操作性两个难题。目前这还有一定的难度，而历史成本计量属性的最大优点是客观性和可验证性。因此，现阶段财务会计信息披露应采用多种计量属性并存的模式。将来，随着计算机技术的进一步发展，理财学对金融工具计量模型的研究日臻完善，财务会计界解决了上述两个关键难题后，可以使公允价值取代已沿用了几百年的历史成本模式，成为财务会计最主要的计价基础。

（六）随着信息主体的需求不断加以创新

资本市场还处在发育阶段，我国财务会计目标的需求者与发达国家有着明显的差异。我国的财务会计信息需求者可以划分为两类：上市企业财务会计信息需求者和非上市企业财务会计信息需求者。这些需求者对财务会计信息的需求都跟随他们所处状态联系紧密，不同时段的需求者对需求也都有不同侧重点。因此，财务会计目标要朝多元化、多层次的方向发展，来满足各类需求者的不同需求。

第五章　管理视角下财务会计内容及其创新

第一节　财务会计资产管理及其创新

一、资产管理的概念及特征概述

资产管理并非一个严格意义上的法律概念，目前中国学术界和金融监管部门的部门规章定义的资产管理的内涵和外延都存在一定的区别。在本书看来，资产管理的外延和内涵无论如何界定，其特征上表现的都是一种“受人之托，代人理财”的财产管理制度。从信托的角度来看，这刚好符合信托“受人之托，忠人之事”的基本职能与价值追求，资产管理业务其实是一种信托法律属性的产物，只不过信托的外延更为宽泛。除了追求投资收益的商事信托，在英美法系中还有基于继承、抚养、家族传承等依据具体事项来进行划分的家族信托或者私益信托。[①] 也就是说，“代人理财”只是“忠人之事”的一种表现而已。从相关法律法规颁布的趋势来看，目前我国的金融监管机构正在打造一个“大信托”或者说“泛信托”的资产管理“统一监管”时代。

二、财务会计无形资产管理

（一）无形资产的定义及特征

无形资产是指企业为生产商品或者提供劳务出租给他人，或为管理目的

① 郭屏南．新形势下国有资产管理面临的问题及应对策略[J]．中国集体经济，2021(22)：53-54．

持有的没有实物形态的非货币性长期资产。无形资产包括专利权、非专利技术、商标权、著作权、土地使用权、商誉等，它们或者表明企业所拥有的一种特殊权力，或者直接体现为帮助企业取得高于一般水平的收益。

《企业会计准则第6号——无形资产》规定：无形资产可分为可辨认无形资产和不可辨认无形资产。可辨认无形资产包括专利权、非专利技术、商标权、著作权、土地使用权、特许权等，不可辨认无形资产是指商誉。

目前，国际上对无形资产的界定不完全一致。《国际会计准则第38号——无形资产》规定，无形资产指为用于商品或劳务的生产或供应、出租给其他单位或为管理目的而持有的没有实物形态的可辨认无形资产。英国《财务报告准则第10号——商誉和无形资产》认为，无形资产指不具实物形态、可辨认、企业可控制的非金融性长期资产。不难看出我国的无形资产概念与国际会计准则和英国会计准则中的无形资产概念存在一定差别，表现在我国的无形资产概念包括商誉。

无形资产具有下列特点。

1. 无实体性

无形资产一般是法律或契约关系所赋予的权利，它没有实物形态，看不见摸不着，但其作用可以感觉得到。在某些高科技领域，无形资产往往更为重要。没有实物形态的资产不一定都是无形资产，如应收账款，因而不能将有无物质实体作为判断是否是无形资产的唯一标志，但无形资产一定是没有实物形态的。

需要指出的是，某些无形资产的存在有赖于实物载体。比如，计算机软件需要存储在磁盘中。但是，这并没有改变无形资产本身不具有实物形态的特性。

2. 未来效益的不确定性

无形资产能为企业带来长期效益，但它所能提供的未来经济效益具有很大的不确定性。如企业拥有一项专利权，它使企业在某项技术上拥有独占使用权，从而获得超过同类其他企业的经济利益。但是，一旦有一项新的技术出现，它可以远远领先于企业的专利技术，那么企业来自该项专利的经济利益就可能减少，甚至消失。无形资产的价值仅局限于特定的企业，在一个企业有用的无形资产在其他企业不一定拥有，并且也很难将无形资产的价值与特定的收入及特定的期间相联系，其不确定性远远超过其他资产。

3. 非独立性

大多数的无形资产不能与企业或企业的有形资产相分离，只有与其他有形资产相结合，在企业生产经营中才能发挥作用。一个企业不可能只有无形资产，企业在未来取得的收益也很难区分是无形资产创造的还是有形资产创造的，通常是两者共同作用的结果。

4. 非流动性

无形资产能为企业连续提供一年以上的服务或利益，其成本不能在短期内得到充分补偿。企业持有无形资产不是为了出售而是为了生产经营，即利用无形资产来提供商品、提供出租给他人的劳务，或为企业经营管理服务。软件公司开发的用于对外销售的计算机软件，对于购买方而言属于无形资产，而对于开发商而言却是存货。

（二）财务会计无形资产计量的创新

随着知识经济时代的到来，无形资产对企业生存和发展的作用越来越大。在一些高科技企业，无形资产甚至占到了企业整体资产比重的50%以上。但是，现行的财务会计模式是以20世纪30—60年代的成熟工业经济为背景的以有形物质资源计量为主的会计模式，对无形资产的计量仍然沿袭了传统的不完全历史成本计量法，既不能完整揭示无形资产的成本，又无法披露无形资产的价值和风险。而企业的利害关系人又比以往任何时候都更迫切需要了解代表企业获利能力和竞争能力的无形资产的信息，尤其是无形资产的未来收益和风险。因此，对无形资产会计计量的创新已经十分迫切和必要了。[①]

根据美国颁布的公告《在会计计量中使用现金流量信息和现值》，公允价值是指在自愿交易的双方之间进行公平交易，在交易中所达成的资产购买、销售或负债清偿的金额。在各种计量属性中，公允价值无疑是最能反映充满风险和不确定性的无形资产的竞争能力和获利优势的，也最容易为企业利害关系人理解和接受，颇为会计界所推崇。

但由于无形资产缺乏公开的发达交易市场，只有通过对其现值进行计量来捕捉形成公允价值的各项要素。美国的《在会计计量中使用现金流量信息与现值》着重推荐了在缺乏市场价格的条件下，应用未来现金流量的现值来确定公允价值。在我国目前使用的几种无形资产评估方法当中，唯有收益现值法是利用无形资产的未来收益确定其现时价值的。但将无形资产收益现值法与上文公告相比较，不难发现，收益现值法存在着众多的不足和弊端。

① 李洋，赵爽，宋红慧．论现代企业无形资产管理存在的问题及解决对策[J]. 中国市场，2021(1)：102-103.

1. 现行收益现值法评析

现行的收益 i 现值法可以表示为以下两种方式。

方法一：无形资产评估值 = $\sum_{i=1}^{n}\frac{k^{*}R_i}{(1+r)^i}$

方法二：无形资产评估值 = 最低收费额 + $\sum_{i=1}^{n}\frac{k^{*}R_i}{(1+r)^i}$

其中，K 为无形资产分成率；R_i 为分成基数，即销售收入或销售利润；i 为收益期限；r 为折现率。

（1）收益现值法的收益额 = 销售收入 × 销售收入分成率，或者，收益现值法的收益额 = 销售利润 × 销售利润分成率。一般来讲，会计上确认的收入并不等同于现金流量。原因是现金的流转可能早于也可能晚于会计上的收入确认时间。由此而产生的货币时间价值和货币风险价值在收益现值法的收益额中都无法体现，这肯定会歪曲计量结果。

（2）假定现金流量与会计收入同步。但是，未来现金流量是由资金时间价值和资金风险价值两部分构成的。为取得无形资产而发生的历史投入成本在未来的收回表现为资金时间价值；无形资产在未来因冒各种系统或非系统风险而取得的超额收益表现为资金风险价值。对于信息使用者而言，真正能代表无形资产价值的只有资金风险价值。对资金时间价值折现应该使用无风险报酬率，而对资金风险价值折现则应该使用风险报酬率。收益法不区分未来收益中的资金时间价值和风险价值，还简单地使用了单一折现率，显然有失偏颇。

（3）收益法在估计现值时，用的是公告中所指的传统法，即选择的收益额是最大可能出现的收益额。如果能找到"与风险成正比"的利率，那么这也确实是可行的。但是，对于无形资产这样的非金融资产，既无市场价格，在市场上又没有类似的参照物，要找到这样一个利率就几乎是不可能的了。

观察收益法可以发现，该方法认为，收益的风险随着时间的推移而加大。实际上，有相当多的无形资产是随着时间的推移在使用中逐步成熟的，带来的超额收益反倒日趋稳定。总之，按照现行的收益现值法计算出来的所谓现值严重偏离了无形资产的公允价值。

2. 计量无形资产价值的预期现金流量法

针对现行的收益现值法的不足与弊端，结合 SFAC 的预期现金流量法（expected cash lowap prooch）另行设计了一套计量无形资产价值的"预期现金流量法"，具体如下。

方法一：无形资产价值 = $\sum_{i=1}^{n}\frac{CF_i}{i}$

方法二：无形资产价值 = $\sum_{i=1}^{n}\frac{CF_i \cdot a}{i}$

其中，CF_i 为第 i 年的预期现金流量；i 为风险报酬率（方法一中）或无风险报酬率（方法二中）；a 为风险调整系数。

（1）方法一适用于专利权、商标权这类有法定受益期限，并且受益风险可能随着受益期限的推移而增加的无形资产；方法二适用于随时间的推移技术日趋成熟，市场垄断地位逐渐形成，受益额日趋稳定，受益风险不因时间推移而增加的无形资产，如一些非专利技术等商业机密（如可口可乐等一些饮料的秘密配方等）。

（2）CF_i 并不代表全部未来现金流量，只代表体现为超额收益的那部分现金流量。具体地说，CF_i = 投资无形资产的回报 – 投资的机会成本（投资额 × 同期银行存款利率）。

（3）在计算 CF_i 时，应当考虑到每一种可能的现金流量的发生概率，加权平均，以求得最可能的现金流量的平均期望值。只有这样，才能充分反映未来现金流量的不确定性。

（4）用于现金流量折现率的内涵假设应当同估计现金流量时所内含的假设一致。例如，一项无形资产的未来现金流量利率为 10%，这个利率考虑到了客户可能违约而发生的拖欠风险，如果另一项未来现金流量在预计时已考虑到违约损失的风险，则 10% 就不宜作为其折现率。

（5）由于无形资产的投资收益高，风险性强，确定无形资产价值使用的折现率往往要高于适用于有形资产的折现率。

（6）无形资产是否具备超额收益能力，只有市场才能检验。因此，CF_i、i、a 主要依据市场占有率、销售额等市场指标而定。

（三）财务会计无形资产管理的创新

1. 无形资产管理内容创新

（1）显性无形资产管理与隐性无形资产管理相结合。专利权、商标权、专有技术等都是传统意义上的无形资产，企业对它们的认识较为全面、深刻。与之相比，企业内部还存在一些容易被财务会计人员忽略的隐性无形资产，如知识资源、企业战略、企业文化等，这些方面在企业经营管理中发挥着至关重要的作用，应当纳入无形资产管理的范畴。隐性无形资产管理的好坏直接关系到显性无形资产的管理水平，前者对后者具有很大的推动作用。例如，企业文化为显性无形资产管理提供了软环境；企业发展战略的制定也与显性无形资产管理密切相关。因此，经营管理者必须整合显性与隐性无形资产管理工作，更加全面地审视企业的无形资产管理内容。

（2）人力资源管理与知识资源管理相结合。无形资产管理的主体是企业的员工，员工进行管理需要的是知识资源，因此，加强无形资产管理必须从源头上重视人力资源和知识资源的管理。一方面，企业财务会计人员可以通过物质或精神奖励鼓励员工的创新活动，激发他们的创新热情，通过最大限度地实现员工自身价值达到留住人才的目的；另一方面，企业内部财务会计人员通过建立员工交流平台拉近大家的距离，让员工之间相互信任，实现企业内部知识以及信息资源的充分共享。知识管理的最终目标就是把员工个人的隐性知识转化为企业整体的显性资产。例如，将某一员工在生产作业中的一个想法转化为企业的一项技术专利。因此，企业可以把人力资源和知识资源管理结合起来，从根本上确保无形资产管理工作的有效进行。

2. 无形资产管理组织创新

（1）组建无形资产管理团队。无形资产管理需要专门的人员和机构，企业财务会计人员应当围绕无形资产研发、运营、维护以及绩效评价几个方面组建专门的管理团队。各部分人员内部以及与企业其他部门之间应相互沟通，确保信息共享。例如，企业各类产品目前的市场销售状况以及企业未来的目标市场定位都会影响无形资产的研发工作，这就要求研发人员加强与市场营销部门和发展战略部门的信息沟通；此外，管理团队内部人员应加强合作，一项新的无形资产研发成功需要后续的运营和维护工作使之实现持续增值，绩效考评相当于一项反馈调节，评价之前一系列工作的有效性。① 管理团队应按照职能进行人员配置，各司其职，相互配合，实现无形资产的全过程管理，这样不仅能够确保企业无形资产管理的效果，还可以提高管理效率。

（2）构建无形资产与人力资源创新管理机制。首先，培育人力资源环境。企业无形资产管理与其人力资源环境密切相关，无论是企业高级管理人员还是普通员工都应高度重视无形资产的研发、运营和维护工作。它体现在企业的经营理念、服务手段和方法之中。在人力资源战略规划、人才引进、薪酬设计、绩效管理等方面的工作中也要渗透无形资产的管理理念，充分调动员工参与企业无形资产管理的积极性，最大限度地发挥他们的创造性，逐步实现无形资产管理与人力资源管理的融合。其次，构建人力资源考核机制。企业员工的考核不应执行传统的“论资排辈”，而应考虑与其相关的无形资产因素，制定出与

① 刘辰 . 浅谈我国企业对于无形资产管理的缺陷 [J]. 全国流通经济，2021(10)：79-81.

无形资产相关的人力资源考核指标，通过定量和定性两个方面对员工进行绩效评价。再次，创新人力资源激励机制。企业应当建立与贡献相适应的人才激励制度，依据员工在无形资产开发、运用、保护等方面的贡献大小给予不同程度的奖励，可以采取多种形式。例如，奖金、休假、职位晋升等，让员工切实感受到企业无形资产管理的好坏直接关系到自身的利益，与自身发展密切相关。最后，健全人力资源监督约束机制。当前，人才流失现象在企业中普遍存在，人才的转移势必造成企业无形资产的大量流失。因此，企业财务会计管理人员必须建立与无形资产相关的人才监督约束机制，对与人力资源相关的各类无形资产的产生、发展和流动的全过程进行监控，对可能接触无形资产的人员进行随时监督。此外，财务会计管理人员还可以与无形资产相关人员签订保密协议，约束其离开企业后的行为，避免人员流动造成企业的专有技术等无形资产大量流失。

3. 无形资产管理工具创新

（1）建立无形资产信息系统。目前我国无形资产管理手段比较落后，相关的无形资产信息只是通过会计账表反映，存在很大的局限性。一方面，由于企业财务会计管理人员对无形资产的动态信息掌握不及时，往往容易陷入法律纠纷之中；另一方面，无形资产研发、运营以及维护过程中更加详细的信息很少能够保存下来。因此，企业应建立无形资产信息系统，全面系统地记录、追踪企业的无形资产管理信息，为管理当局经营决策提供有力依据。财务会计管理人员可以根据企业自身需要建立静态信息库和动态信息库，静态信息库反映无形资产管理过程中的相关历史资料信息，作为存档记录，为未来无形资产管理工作提供参考；动态信息库则是在全面核查、统计的基础上，反映无形资产的存量以及增减变动情况，随时跟踪无形资产的最新变动情况。以商标、专利为例，通过信息化管理，可以全面掌握国内以及国际的注册和使用情况，及时提出异议或提请宣告无效，减少权利冲突，特别是防止恶意抢注事件的发生，切实保持、维护好企业的无形资产。

（2）将无形资产信息系统纳入企业信息化系统之中。无形资产信息系统不能独立于企业信息化系统，而应成为其中一个重要的方面。目前，大多数企业财务会计管理人员都利用财务软件完成计账工作，基本实现了会计电算化，与此同时，无形资产的信息化管理可以为会计电算化管理提供补充资料，更加全面、真实地反映报表中的无形资产信息。因此，企业应当不断推动无形资产信息管理的科学化与规范化，充分发挥无形资产信息系统在企业信息化建设以及经营管理中的重大作用。

三、财务会计固定资产管理

（一）固定资产的概念及特征

固定资产是指使用期限较长、单位价值较高，并且在使用过程中保持原有实物形态的资产。固定资产具有以下基本特征：①预计使用年限超过一年或长于一年的一个经营周期，且在使用过程中保持原来的物质形态不变；②用于生产经营活动而不是为了出售；③价值补偿与实物更新相分离。在固定资产的使用过程中，其价值通过折旧逐渐转移出去，但其物质实体却通常并不同时减损，只有在其不能或不宜继续使用时，才对其进行更新处置。

《国际会计准则第 16 号——不动产、厂房和设备》对固定资产的定义如下。固定资产是指具有下列特征的有形资产：①预计用于生产、提供商品或劳务、出租或为了行政管理目的而拥有的；②预计使用期限超过一个会计期间。

我国的《企业会计准则第 4 号——固定资产》对固定资产做出定义，固定资产是指同时具有以下特征的有形资产：①为生产商品、提供劳务、出租或经营管理而持有的；②使用寿命超过一个会计年度。

企业中固定资产的判定标准通常有两项：①使用期限在一年以上；②单位价值在一定标准以上。

我国《企业会计准则第 4 号——固定资产》规定，固定资产在同时满足以下两个条件时，才能加以确认：①与该固定资产有关的经济利益很可能流入企业；②该固定资产的成本能够可靠地计量。

企业在对固定资产进行确认时，应当按照固定资产的定义和确认条件，考虑企业的具体情形，进行判断。企业的环保设备和安全设备等资产虽然不能直接为企业带来经济利益，但是有助于企业从相关资产获得经济利益，也应当确认为固定资产，然而，这类资产与相关资产的账面价值之和不能超过这两类资产可收回金额总额。固定资产的各组成部分如果各自具有不同的使用寿命或者以不同的方式为企业提供经济利益，从而适用不同的折旧率或折旧方法的，应当单独确认为固定资产。

（二）固定资产的计价

1. 固定资产的计价方法

固定资产的计价主要有以下 3 种方法。

（1）按原始价值计价。又称按历史成本计价，是指将购建某项固定资产达到预定可使用状态前所发生的一切合理必要的支出作为入账价值。由于这种计价方法有相应的凭证为依据，具有客观性和可验证性的特点，因此成为固定资产的基本计价标准。当然，这种方法具有不可避免的缺点，当会计环境尤其是通货膨胀率和资本成本率较大时，这种方法无法真实反映资产的价值。正因为如此，有人主张以现时重置成本来代替历史成本作为固定资产的计价依据。[①] 但是，由于现时重置成本也是经常变化的，具体操作也相当复杂，因此我国会计制度仍然采用历史成本来对固定资产进行计价。

（2）按重置价值计价。该方法又称按重置完全价值计价、按现时重置成本计价，即按现有的生产能力、技术标准，重新购置同样的固定资产所需要付出的代价作为资产的入账价值。

（3）按折余价值计价。是指将固定资产原始价值或重置完全价值减去已提折旧后的净额作为入账价值。它可以反映企业占用在固定资产上的资金数量和固定资产的新旧程度。

2. 固定资产价值的构成

固定资产在取得时，应按取得时的成本入账。取得时的成本包括买价、进口关税、运输和保险等相关费用，以及为使固定资产达到预定可使用状态前所必要的支出。《国际会计准则第 16 号——不动产、厂房和设备》规定：固定资产项目的成本包括其买价、进口关税、不能返还的购货税款以及为使这项资产达到预定使用状态所需要支付的直接可归属成本。计算买价时，应扣除一切商业折扣和回扣。直接可归属成本的项目有以下各项：①场地整理费；②初始运输和装卸费；③安装费用；④专业人员（如建筑师、工程师）服务费；⑤固定资产拆卸搬移费及场地清理费。这些费用的确认应以《国际会计准则第 37 号——准备、或有负债和或有资产》所确认的准备为限。

（三）财务会计固定资产管理的创新

1. 进一步完善内部控制的环境

企业内部控制环境的好坏决定了企业内部控制能否有效执行和落实，加强和完善企业内部控制环境建设也是落实固定资产内部控制的关键，对固定资产管理工作有着重要意义。

（1）提高财务会计管理人员对内部控制的重视程度。任何一项管理制度

---

① 李强．企业固定资产管理的内部控制问题研究 [J]. 科技经济导刊，2021，29(20)：171-172.

的实施均离不开企业高管的强力支持和推动，固定资产内部控制的实施也是如此。财务会计管理人员只有对其给予足够的重视与支持，认真组织和领导内控制度的设计，以身作则严格遵守内控制度，才能为企业全体员工树立一个良好的形象，使企业的内部控制得到全员的真正认可和有效实施。因此，需要加强财务会计管理人员对企业内部控制的认识，要求其对内部控制的含义、目标、要素、作用等进行深入学习，强化其对企业内部控制重要性的认识，使内部控制深入渗透到企业当中，成为企业的基础设施，并真正成为企业的一部分。只有这样，企业的内部控制才能真正发挥其应有的效果。

（2）加强企业文化建设。内部控制是一项涉及从财务会计管理人员到基层每一个员工的管理工作，而内部控制环境的建设是一个逐步完善的过程，企业只有依托企业文化建设，将企业内部控制融入企业核心文化中，在建设企业文化的同时，潜移默化地进行内部控制文化建设，努力创造良好的企业内控环境，才能让全员都真正认识到企业内控的意义和作用并严格执行。应该努力改善裙带关系带来的机构臃肿和士气不高的企业氛围，完善人事控制系统。在固定资产内控管理人员的选择上严格把关，保证因岗设人，加强相关人员的岗前培训及认证考核，确保相关人员明白固定资产内控的有关流程、关键控制点和要求等。

（3）充分发挥企业内部审计的作用。目前，绝大部分企业并没有针对固定资产设立专门的内部控制部门，而是在实际工作中，由营运管理部、财务部和归口管理部门共同实施，从而导致在实际工作中容易出现有问题后相互推诿的现象。针对这个问题，最好的解决途径就是公司在内部设立一个独立的、咨询性的内部审计机构，专门针对固定资产管理的相关工作进行设置，包括经常性评价固定资产的内部控制制度，评价的范围包括固定资产内控制度的建立是否合理、固定资产内控的执行是否有效、是否严格按照内控规定办理相关业务，定期对内控的健全性和执行有效性进行评估检查，及时发现内控的薄弱环节。

2. 规范固定资产管理相关制度

从上述分析可知，目前各企业在固定资产管理方面有一套相对完善的固定资产管理制度，从固定资产的采购到固定资产的报废等一系列流程都做了相关规定，在固定资产的内控方面也进行了相关风险的管控，如建立了相关的财务审批制度等。但是，在某些环节的制度仍然不够规范，如盘点、报废等，导致不能落实相关的管理责任与义务。

（1）固定资产盘点制度的优化。虽然部分企业已经建立了有关盘点的制度规定，但实际操作流于形式，使盘点成为单纯的数量核对，有些甚至数量也未核对准确，从而使盘点没有发挥应有的作用，如清查资产使用状况、清理资产等。因此，应该重新审视自身的盘点制度和盘点流程。固定资产的盘点应严格规定盘点人和监盘人必须同时到位，财务部门以监理人的身份参与盘点。盘点不仅仅是核对数量，应该对固定资产的使用状况、闲置毁损情况加以观察和记录，对于闲置、毁损的固定资产应综合技改部门的意见，积极盘活固定资产，充分提高其利用率。

（2）固定资产报废制度的优化。在资产报废方面，存在很大的任意性，导致了有些固定资产报废处置造成了很大的损失和固定资产利用率极低的问题。对固定资产进行报废清理时，首先应由各归口管理部门的资产管理专员进行申请，然后必须经质量鉴定部门进行技术鉴定，再上报营运部门进行审核并签署意见，同时，财务部门也应对资产的信息进行核实并签署意见，最后报总经理进行审批后方可处置相关固定资产，严格追究相关责任人的责任。同时，应该注重固定资产的使用率，积极盘活相关闲置固定资产，对于毁损的固定资产视其毁损程度尝试是否通过修理后再使用。

（3）固定资产保养与维护制度的优化。应该制定切实可行的固定资产维护和保养制度，提高固定资产利用率，降低损失和成本。首先，应该明确固定资产入账后的管理部门，必须责任到人，如生产设备管理员负责车间机器设备的管理和维护，信息化管理员负责电子设备等的管理和维护，等等。其次，对设备的综合效率应该选取适当的评价方法，比如选用综合设备效率法，这是一种对公司的设备系统进行整体性能评价的方法，可以借鉴该方法设计出适合自身设备评价的方法。最后，应该严格执行固定资产的维护与保养制度，尽可能降低固定资产毁损、故障等带来的费用损失。

作为固定资产管理的理论基础，切实可行的固定资产管理制度就是固定资产使用者和管理者的有效行动指南，能够及时解决其管理过程中出现的问题，从而发挥固定资产的最大效能。

3. 改善固定资产管理流程信息体系

随着电子信息技术的高速发展，信息化管理已成为现代企业管理中十分重要的一个环节，它能很好地提高企业的管理效率，尤其是对于固定资产的管理，信息化技术的应用极大地简化了日常的工作量。① 目前，现代企业对固定资产的管理也运用了信息化管理技术。但存在的问题是，一些大中型企业内的

① 刘慧. 企业固定资产管理存在的问题及对策分析 [J]. 经济师，2021(7)：293+295.

事业部、分子公司就有四五十家，遍布大江南北。从横向管理来说，固定资产的管理涉及各个事业部及分子公司；从纵向管理来说，固定资产的管理流程又要贯穿技改部、采购部、运营部、财务部等部门，因而固定资产管理有大量信息需要进行纵横向传递。虽然各事业部或各部门将信息化管理系统运用到了固定资产的管理中，但是由于数据缺乏统一的格式，一些简单的流程变得冗长无效，导致管理效率低、效果差。同时，固定资产的分布很散，管理人员对固定资产的使用状况很难实现动态实时的管理。

鉴于此，应该设立一个基于图形化的固定资产管理信息平台，该平台最大的特色在于添加了现场管理层，并结合二维码管理技术及日常盘点制度重新设计，以实现固定资产的全面跟踪管理，如图 5-1 所示。

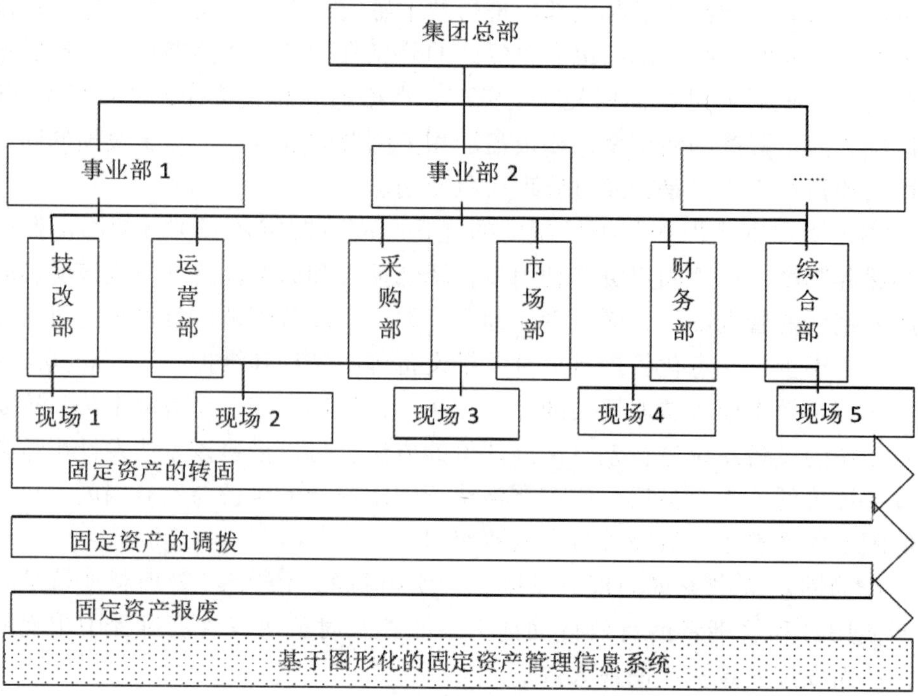

图 5-1　固定资产管理信息系统优化结构图

这种固定资产管理信息平台拥有一个信息共享的网络数据库，所有固定资产的责任人都直接标注在图账上，便于明确责任人。同时，由于固定资产管理增设现场负责人，提高了公司对固定资产现场监控的力度，能对固定资产的使用或毁损状况有更详细、更动态的了解。通过二维码技术进行管理，能够将发现的差异或变化通过图账模式的信息平台及时上报财务部门，并修改固定资产的相关资料。现场负责人的存在简化了相关流程，清除了一些非增值活动，并且能够更加准确、及时地对固定资产的状况进行监控，使固定资产的管理水平得到提升。

第二节　财务会计负债管理及其创新

一、负债概述

（一）负债的概念

负债是指事业单位所承担的能以货币计量，需要以资产或者劳务偿还的债务。事业单位的负债包括借入款项、应付及预收款项、应缴款项等。

（二）负债的内容

1. 借入款项

借入款项是指事业单位从财政部门、上级主管部门、金融机构借入的有偿使用的款项。事业单位的借入款无论用于哪个方面，只要借入了这项资金，就构成了一项负债。归还借入款时，除了归还借入的本金，还应支付利息。期末尚未归还的借入款的本金应反映在“资产负债表”的流动负债有关项目内。

2. 应付及预收款项

应付及预收款项是指单位在各项业务活动开展中由于采用商业汇票结算方式，以及预收或其他原因形成的应向有关方面收取的款项。它包括应付票据、应付账款、预收账款和其他应付款等。应付及预收款项应及时清理结算。

3. 应缴款项

事业单位的各种应缴款项包括按财政部门规定应缴入国库的预算资金、应缴财政专户的预算外资金、应缴税金以及其他按上级单位规定应上缴的款项。

4. 应付薪酬

事业单位应付职工薪酬是指事业单位按照国家规定应发放给在职人员或离退休人员的工资、离退休费、津贴补贴和其他个人收入。

二、负债的确认和计量

（一）负债的确认

首先，负债的确认要进行审核；其次，负债的计量必须合法、准确，有章可循，不可多列，也不得少计，要真实、准确、及时地在会计报告上披露，这样对经营者、职工、投资人、债权人等才公正。负债的确认需要同时满足以下两个条件。

1. 与该义务有关的经济利益很可能流出企业

从负债的定义可以看到，预期会导致经济利益流出企业是负债的一个本质特征。在实务中，履行义务所流出的经济利益带有不确定性，尤其是推定履行义务相关的经济利益时通常需要依赖于大量的估计。因此，负债的确认应当与经济利益流出的不确定性程度的判断结合起来，如果有确凿证据表明，与现时义务有关的经济利益很可能流出企业，就应当将其作为负债予以确认；反之，如果企业承担了现时义务，但是会导致企业经济利益流出的可能性很小，就不符合负债的确认条件，不应将其作为负债予以确认。

2. 未来流出的经济利益的金额能够可靠地计量

负债的确认在考虑经济利益流出企业的同时，对于未来流出的经济利益的金额应当能够可靠地计量。对于与法定义务有关的经济利益流出金额，通常可以根据合同或者法律规定的金额予以确定，考虑到经济利益流出的金额通常在未来期间，有时未来期间较长，有关金额的计量需要考虑货币时间价值等因素的影响。对于与推定义务有关的经济利益流出金额，企业应当根据履行相关义务所需支出的最佳估计数进行估计，并综合考虑有关货币时间价值、风险等因素的影响。

（二）负债的计量

负债作为企业的一种义务也应公允表示。由于某一企业的负债是另一市场主体的一项资产，因此，对于负债公允价值的计量理应转换为一项资产的计量。例如，为了估计企业应付票据或应付债券的公允价值，可以估计一个价格，在这一价格水平上，其他实体愿意将该企业的负债作为其资产。但是，负债计量还具有与资产计量不同的地方。例如，任何企业行使自己权利的能力都是相差不大的，但是不同财务状况或信用状况的企业履行义务的能力却是不同的。另外，还需要考虑一个企业的负债转化为另一个市场主体的资产时，产生的利润是否应该包括在负债的账面价值之内。

三、负债管理方法选择

（一）建立完善的动态监控机制

1. 进一步规范部门职能划分与业务流程

建立适应企业发展的内部管理体系和运行机制，是企业资产负债管理有效运行的基础。首先，结合企业一级法人授权经营的要求，要不断改革内部管理的体制，构造责权明确、管理科学、运作高效的组织体系。合理清晰地界定各级管理权限和经营管理职能，提高调控资源的能力，以业务为主线，优化机构布局，调整分支机构设置与职能。其次，理顺企业各级单位内部的机构设置，改变因职责不清造成的相互分割、扯皮、推诿的现象，使内部各个机构都围绕资产负债管理的要求和目标相互配合，形成管理的有机整体。

2. 应用信息系统，整合相关信息资源

对经营管理活动的分析应建立在及时、准确、全面、真实的数据信息上。数据信息具有监督功能，对于资产负债管理，如果没有一套科学、严密、真实反映和有效监督管理活动的数据信息统计体系并严格实施，是不可想象的。目前，许多企业的信息系统已经实现了数据的集中，但是由于基础信息的层级不清晰，客户信息采集相对滞后，存在着信息不对称、杂乱而缺乏整合的问题，影响了整体信息传递速度。因此，首先，要实现对业务的科目管理、期限管理，实现对资产负债在期限结构上的综合管理，建立多维度的信息数据统计，实现信息资源共享，优化资产负债安全配置，满足期限、价格对称关系。其次，要建立以客户为中心的信息管理体系，深入了解客户的需求，对客户实行差别管理，及时收集、积累、更新客户信息，以此为基础对客户信息进行分析，建立现有和潜在的优质客户群，为企业建立资产负债模型分析提供完备的数据资料和信息。

3. 提高风险预警与识别能力，建立风险预警模型

针对企业经营所面对的特定行业和客户群，建立包含各类宏观、微观经济信息和授信基础信息的风险分析数据库，侧重风险主体、风险客体、风险标准和风险业务管理的统一。重点对风险进行识别、评价、管理和监控。强调企业不同职能部门按照风险管理的要求，区分不同的管理层次，对整体风险和单一风险实施统一的组织管理。强调凡是与风险有关的职能部门就必须严格按照本部门的职能履行职责。建立和完善企业风险预警分析方法和计量模型，根据

国外商业银行的风险指标体系设定经验，定性指标占全部评价指标的 50% 以上，且权重不低于 70%。[①] 风险预警体系着重对定性指标进行细化和分解，降低主观判断的误差概率，抵消定性分析中的主观成分。结合定量指标，引入时间序列分析，采用有效的计量工具，使风险预警由静态分析转向动态分析。

（二）拓展业务品种，提高资产负债管理的灵活性

负债的多样性和流动性是缺口管理法、持续期管理法、情景管理法等现代负债管理方法有效运用的重要前提。西方商业银行之所以能运用缺口管理法等现代负债管理方法，是因为负债的多样性和流动性。

目前，企业的负债缺乏多样性和流动性。非现金类资产以贷款为主，以证券资产为辅，而现有贷款又存在付息结构单一的难题。针对企业资产的特性，应该通过加强资产组合管理来有效地进行资产项目管理。

以信贷资产为例，一是不同类型的贷款所包含的风险程度是不同的，它们形成的不同组合和结构也会产生不同的整体风险程度，贷款类型和结构必须适应借款人的需要、用途及其信誉度；二是要关注、评估和控制包括客户、地域、类型在内的贷款组合过分单一、过分集中所造成的风险，设立风险警戒线；三是合理选择客户，组建客户群，客户群包括老客户和待发展的新客户、理想客户与非理想客户、正发展的客户和正衰退的客户等。为保证资产组合合理、准确，应确定每个客户的风险信用等级，评定量化的指标，可以有销售收入、资产规模、盈利水平、与集团的关系或在集团中所处的位置等。通过分析每个客户可能产生的风险，细分市场，正确选定目标区域，为保证资产质量打好基础。

企业负债主要是存款等被动负债，负债流动性较差，缺少多样性。在负债管理方面，部分企业现行的是一种差额管理模式，即分支机构并不是将所有的资金来源都上存到公司总部，也不是所有的资金运用都从总部借入，而是先将自身的资金来源和资金运用进行轧差，富余部分存到公司总部融资中心，缺口部分才向公司总部借入，而且这种存或借的行为都由分支机构自主决定。

对西方先进负债管理模式的借鉴有以下几点。

（1）西方商业银行普遍实行的资金管理模式是一种全额管理模式。由总行的资金管理中心集中管理全行的负债，各分行每发生一笔负债业务，就按照

---

① 包芸山．从企业负债看防范化解重大风险面临的挑战——以广西为例 [J]. 中国集体经济，2021(24)：51-52.

相应的内部资金转移价格，与该中心做一笔金额相同、方向相反的虚拟交易，实行负债向资金管理中心的集中。

（2）西方商业银行实行资金全额管理模式表现出来的共性有五个方面：一是实行资金中心管理；二是采用将资金营运活动和风险管理高度集中来统一管理的集权式管理模式；三是将负债管理委员会作为决策机构；四是实施资金全额集中管理；五是内部资金转移价格趋向市场化机制。

（3）与资金全额管理模式相比，资金差额管理不利于企业强化负债管理和加强利率风险管理，制约了负债管理方法的现代化。首先，差额管理模式不利于专业化。在差额管理模式下谁筹集、谁配置，余缺才由总部调剂，在这种模式下利率风险由总部和分支机构各自在自己的范围内进行管理，分支机构在承担信用风险管理职能的同时，还要承担利率风险管理的职能；在全额管理模式下，利率风险、流动性风险等由总部进行管理，分支机构专职于信用风险的管理。这种专业化分工有利于公司总部利用技术优势强化对利率风险的管理；有利于分支机构利用对客户的信息优势强化对信用风险的管理。其次，差额管理模式不利于规模经济。差额管理模式下，各分支机构都需要关注利率风险。以缺口管理法为例，如果A经营单位的利率敏感性资产大于利率敏感性负债，缺口表现为正缺口；B经营单位的利率敏感性负债大于利率敏感性资产，差额与A经营单位相等，而缺口方向相反。如果是差额管理模式，A经营单位需要调整负债结构，增加利率敏感性负债而减少利率敏感性资产，以减少甚至消除缺口；B经营单位也需进行方向相反的操作。但在全额管理模式下，负债集中到总行，A经营单位的正缺口刚好和B经营单位的负缺口抵消，就不需要调整负债，从而能够节约成本，达到规模经济。

（三）以创新为突破口，不断向负债管理的最优模式靠拢

企业负债管理的最优模式是以风险资本配置为基础，以缺口管理为中心，以利率调整、资本收费和考核为杠杆，促进负债结构的优化和业务的健康快速发展。要积极拓展业务，加强金融产品的创新，特别是中间业务。中间业务不扩大负债，且能为其取得手续费和佣金收入，增加效益。国外商业银行中间业务收入占总收入的三成以上。目前，企业主要收入来自贷款利息，中间业务收入不足，这从另一个方面反映出风险集中在信贷资产，而创新业务所占份额非常小，为客户服务的品种不多。负债管理的创新须以拓展中间业务为契机，推动企业负债管理水平的整体提升。

建立负债组合管理，实质是对风险资本的管理，是负债管理与风险管理

的完美统一。负债组合管理包括资产组合结构、负债组合结构、负债组合匹配管理、风险资本分配与考核、经过风险调整的资本收益率管理和负债组合管理调整建议等内容。要将资产管理与负债管理有机地结合起来，充分考虑两者的匹配度，将风险因素和协调发展进行综合平衡，准确测算经风险调整后的各类资产业务的综合收益率，通过调整后的收益率来分析、确定企业发展什么资产业务新业务的标准如何。只有在调整后收益率控制在目标值范围内的业务品种，才值得去发展推广。这样就避免了存贷款至上、规模至上的误区，充分考虑了负债的结构调整，在有限资本约束的前提下，能够保持资产业务风险与收益的平衡统一。通过企业内部风险模型测算公司经营活动面临的潜在风险和非预期损失，并综合监管要求、股东回报和承担的风险等因素，为业务配置资本，保证资本被分配到最能发挥其作用的领域，将风险调整与业绩激励机制进行结合。通过对历史数据的积累分析，在一定收益前提下，测算最优缺口偏离度，决定公司缺口风险匹配度偏好，衡量与目标取向的差距，再依据经风险调整后的综合收益率来调整结构和发展方向，促使各负债业务的进度、结构发展变化，达到调整优化组合的目的。要及时根据市场与基本面的情况，做好负债组合管理，在负债组合不断优化的同时，不断提高整体盈利能力，有效控制风险，促使风险与利润、长远利益与近期利益、股东利益与经营目标得以充分结合。

第三节　财务会计所有者权益管理及其创新

一、所有者权益的概念

所有者权益是指企业资产在扣除负债后，由所有者享有的剩余权益。公司的所有者权益又称为股东权益。所有者权益是所有者对企业资产的剩余索取权，它是企业的资产扣除债权人权益后应由所有者享有的部分，既可反映所有者投入资本的保值、增值情况，又体现了保护债权人权益的理念。

二、所有者权益的性质和构成

（一）所有者权益的性质

所有者权益是企业所有者对企业净资产的所有权。它是财务会计的基本要素之一，在金额上表现为企业的全部资产扣除全部负债后的余额，即企业的净资产额。独资企业、合伙企业和公司的所有者权益分别称为业主权益、合伙人权益和股东权益。所有者权益和负债同属权益，都是对企业资产的要求权，企业的资产总额等于负债总额加上所有者权益总额。但是，所有者权益和负债之间存在着明显的区别，可概括为以下几个方面。

1. 性质不同

企业与债权人之间的经济关系一般事先具有明确的规定，债权人按事先规定的条件收取本息。所有者则依据公司的盈利情况和分红政策取得分红收入。负债是企业对债权人承担的经济责任；所有者权益是企业对所有者承担的经济责任。从这一意义上讲，只有所有者才真正承担着企业的经营风险。

2. 权利不同

作为企业负债对象的债权人与企业只有债权债务关系，既无权参与企业的经营管理，又不参与企业的利润分配；作为所有者权益对象的投资人则有法定参与管理企业或委托他人管理企业的权利，与此相适应，所有者也享有债权人所不能享有的权利，除了可能享有较利息更高的股利收入，还包括未分配的净利润，即留存利润。

从“资产 - 负债 = 所有者权益”这一会计方程式来看，所有者权益是一种剩余权益。会计计量是以一定的会计假设为前提，以一定的会计原则为依据的。在企业的整个经营过程中，物价、币值、汇率等诸多因素的频繁变动都可能导致会计计量结果偏离实际现时的状况。因此，通过会计核算所得的所有者权益可能是一个账面意义上的所有者权益。一旦企业停业清算，实际归所有者享有的权益只能是全部资产的清算价值扣减全部负债的差额，亦即所有者权益的实质是净资产的现时价值。

3. 偿还责任不同

负债有规定的偿还期限，一般要求企业按规定的利率计算并支付利息，到期偿还本金。对债权人来说，利息收入和偿还时间较为固定，与企业的经营成果并无多大关系，承担的风险较小。所有者权益在企业持续经营条件下，投资者一般不能抽回投资。对投资人来说，其投资报酬与企业的经营成果有密切的关系，投资人对企业的经营活动承担着比债权人更大的风险，同时享受着分配企业利润的权利。

4. 偿还顺序不同

企业对债权和所有权满足的先后顺序不同，一般规定债权优先于所有权，债权是第一要求权，表现为在企业清算时，对企业的剩余资产的要求权，债权人要先于所有者。

（二）所有者权益的构成

不同组织形式的企业，其所有者权益构成项目的名称及包含的具体内容有所差异。但不论何种形式的企业，其所有者权益的基本构成情况大体相同。通常，所有者权益都应包括投入资本、资本公积、盈余公积和未分配利润。

1. 投入资本

投入资本是指企业的投资者实际投入企业的资本，它是所有者权益的主体和基础。按投资者性质的不同，可分为国家投资、法人投资、个人投资和外商投资等。

与投入资本密切相关的一个概念是注册资本。所谓注册资本，是指企业在设立时向工商行政管理部门登记的资本总额。在资本分次募集的情况下，在最后一次缴入资本之前，投入资本始终小于注册资本。

2. 资本公积

投入资本有确指的投资者，但有些特殊事项引起的所有者权益可能不便归于具体的投资者，但它们又不是由盈利而形成的。这种类型的所有者权益被称为资本公积，主要包括资本（或股本）溢价、接受捐赠财产、外币资本折算差额等。资本公积是一切所有者的共同权益。

3. 盈余公积

盈余公积是指从税后利润中提取的公积金，包括法定盈余公积金、任意盈余公积金和法定公益金。

4. 未分配利润

未分配利润是指企业实现的利润中留于以后年度分配或待分配的那部分结存利润。

三、所有者权益综合管理

（一）资本公积金管理

1. 资本公积金的概念

资本公积金是指直接由资本或者资产以及其他原因形成的公积金，就其性质而言，资本公积金也是资本，只不过它与投资人投入资本形式不同。作为投资人投入的资本，其来源渠道明了，所投资本隶属关系清楚，每个投资者投入的资本，在企业实收资本中的构成及其以此作基础所享有的权益，都随资本的投入而确定下来。资本公积金则是投资者投入的资本或企业的资产等发生溢价、重估增值等而形成的资本储备，其实质是一种储备性资本。

2. 资本公积金的构成

资本公积金的内容主要包括资本（股本）溢价、法定资产重估增值以及投资者投入的资本是以外国货币记账时所负担的外币折合差额等。

（1）资本（股本）溢价。在两个以上投资者合资经营的企业中，投资者按出资份额对企业享有经营决策权，并承担有限责任。在企业创立时，出资者认缴的出资额全部作为投入资本。如在企业重新组合前，有新的投资者加入时，为了维护原有投资者的权益，新加入的投资者的出资额，并不一定全部作为实收资本处理。这是因为在企业正常经营过程中投入的资金，即使与企业创立时投入的资金在数量上一致，其获利能力却不一致。企业创立时，要经过筹建、试生产经营、为产品寻找市场、开辟市场等过程，从投入资金到取得投资回报，这中间需要许多时间，并且这种投资具有风险性。这个过程中的资本利润率很低。而企业进行正常生产经营后，在正常情况下，资本利润率要高于企业初创阶段的资本利润率。而这高于初创阶段的资本利润率，是初创时必要的垫支资本带来的，企业创办时为此付出了代价。相同数量的投资，由于出资的时间不同，其对企业的影响程度不同，由此带给投资者的权利也不同。往往前者大于后者。因此，新加入的投资者要付出大于原有投资者的出资额，才能取得与原有投资者相同的投资比例。另外，不仅原投资者原有投资从质量上发生了变化，就是从数量上也可能发生变化，这是因为企业经营过程中实现利润的一部分留在企业，形成留存收益，而留存收益也属于投资者的权益，但其未转入实收资本。新加入的投资者如与原投资者共享这部分留存收益，也要求其付出大于原有投资者的出资额，才能取得与原投资者相同的投资比例。投资者投入的资本等于按其投资比例计算的出资额记入实收资本，大于部分即资本溢价应记入资本公积金。

（2）法定财产重估增值。由于企业发生了产权变动，或者发生了兼并、改变隶属关系、清产核资、破产、进行股份制试点、改组、拍卖等，因此企业应按规定对资产进行重估。按照《企业财务通则》规定，资产评估确认的价值与原账面净值差额作为资本公积金处理。

（3）资本汇率折算差额。所谓资本汇率折算差额，就是资产账户与实收资本账户由于采用的折合汇率不同而产生的折合记账本位币差额。企业在筹集资本金过程中，收到的投资者的出资额如为外币，则需要折合为记账本位币金额。按照规定，企业收到的出资额，其资产账户应当按照当日国家外汇牌价或者当月 1 日的国家外汇牌价折合，而资本账户所采用的折合汇率，虽然也是国家外汇牌价，但是采用哪一天的国家外汇牌价，往往与资产账户不一致。投资合同、协议有约定的，应当按照合同、协议约定的国家外汇牌价折合；合同、协议未作规定的，则按照企业收到出资时的国家外汇牌价折合。为了体现资本不变的原则，其差额不得调整资本账户，而作为资本公积金处理。

3. 资本公积金的用途

企业的资本公积金主要用于两个方面：一是企业形成的资本公积金主要用于转增资本金；二是企业投资者以外币投入企业时，若外币折合为人民币时合同约定比价比国家外汇牌价高时，则二者之间的差额与投资者的出资额的乘积应冲减企业的资本公积金。

（二）投入资本的管理

1. 投入资本的概念

投入资本是指企业根据合同规定，实际收到所有投入企业的资产，是所有者对企业的出资额，是企业注册登记的法定资本总额的来源。它表明所有者对企业的基本产权关系。实收资本的构成比例是企业据以向投资者进行利润或股利分配的主要依据。《中华人民共和国企业法人登记管理条例》（以下简称《企业法人登记管理条例》）规定，除国家另有规定外，企业的实收资本应当与注册资本一致。企业实收资本比原注册资本数额增减超过 20% 时，应持资金使用证明或验资证明，向原登记主管机关申请变更登记。

2. 资本的构成

企业的资本由国家资本、法人资本、个人资本和外商资本等四项内容构成。

国家资本，指有权代表国家投资的政府部门或者机构以国有资产投入企业所形成的资本；法人资本，指其他法人单位以其依法可支配的资产投入企业形成的资本；个人资本，指社会个人或者本企业内部职工以个人合法的财产投入企业而形成的资本；外商资本，指外国投资者以及我国香港、澳门和台湾地区投资者投入企业而形成的资本。

3. 资本的筹集方式

筹资方式（financing modes）是指可供企业在筹措资金时选用的具体筹资形式。我国企业主要有以下几种筹资方式：①吸收直接投资；②发行股票；③利用留存收益；④向银行借款；⑤利用商业信用；⑥发行公司债券；⑦融资租赁；⑧杠杆收购。其中，前 3 种方式筹措的资金为权益资金，后几种方式筹措的资金是负债资金。

随着我国金融市场的发展，企业的筹资有多种方式可以选择。在经营中，企业可以根据自身的实际情况选择合理的方式。

（1）借款。企业可以向银行、非金融机构借款以满足经营的需要。这一方式手续简便，企业可以在较短时间内取得所需的资金，保密性也很好。但是，企业需要负担固定利息，到期必须还本付息，如果企业不能合理安排还贷资金就会引起企业财务状况的恶化。

（2）发行债券。债券是公司为筹集资本，按法定程序发行并承担在指定的时间内支付一定的利息和偿还本金义务的有价证券。这一方式与借款类似，但债券融资的来源更广，筹集资金的余地更大。

（3）普通股融资。普通股是股份公司资本构成中最基本、最主要的股份。普通股不需要还本，股息也不像借款和债券一样需要定期定额支付，因此风险很低。但是，采取这一方式筹资会引起原有股东控制权的分散。

（4）优先股融资。优先股综合了债券和普通股的优点，既无到期还本的压力，也不必担心股东控制权的分散。但是，这种方式税后资金成本要高于负债的税后资金成本，且优先股股东虽然负担了相当比例的风险，却只能取得固定的报酬，因而在发行效果上不如债券。

（5）可转换证券。可转换证券是指可以被持有人转换为普通股的债券或优先股。可转换债券由于具有转换成普通股的利益，因此其成本一般较低，且可转换债券到期转换成普通股后，企业就不必还本，而获得长期使用的资本。但这一方式可能会引起公司控制权的分散，且如到期后股市大涨而高于转换价格，会使公司蒙受财务损失。

（6）购股权证融资。购股权证是一种由公司发行的长期选择权，允许持有人按某一特定价格买入既定数量的股票，其一般随公司长期债券一起发行，以吸引投资者购买利率低于正常水平的长期债券。另外，在金融紧缩期和公司处于信任危机边缘时，作为给予投资者的一种补偿，鼓励投资者购买本公司的债券。与可转换债券的区别是，可转换债券到期转换为普通股并不增加公司资本量，而认股权证被使用时，原有发行的公司债并未收回，因此可增加流入公司的资金。

4. 投入资本的计价与各类企业资本的投入

（1）投入资本的计价。按照《企业会计准则》的规定，投入资本应当按实际投资数额入账。具体来讲，如果投资人以现金投入资本时，应以实际收到或者存入企业开户银行的金额计价；如果投资人投入房屋、机器设备等实物的，应按具有资产评估资格的会计师事务所等机构评估确认的价值计价。对于评估确认的价值小于投出单位账面原价的差额，作为累计折旧。评估确认的价值大于投出单位资产账面原价的，应直接按评估确认的价值计价，只不过不存在将确认价值和投出单位账面原价之间的差额计入累计折旧问题；如果投资人投入无形资产，也应按评估确认的价值计价；如果企业以资本公积金转增资本，以实际转增数计价。

（2）各类企业资本的投入。企业的组织形式不同，投入企业资本的方式也不同。但不论投资者是准，其投入企业的资本，不随资本金的占用形态的改变而改变，资本一旦投入企业后，只表明资本的属性和投资者对企业享有的权利。现仅就不同组织形式企业投入资本金情况说明如下。

①独资企业资本的投入。这里所说的独资企业是指所有制性质单一的企业，如全民所有制企业、集体所有制企业等。这些企业在组建时，所有者投入的资金都应全部作为资本入账。

②有限责任公司资本的投入。这里所说的有限责任公司是指进行股份制试点企业中规定的有限责任公司和私营企业中的有限责任公司。这类企业应按合同或公司章程规定，初建时，按股东实际投入资本入账。如果有新的投资者介入，对新投资者缴纳的出资额，按约定比例的部分记账，大于约定比例的资本额部分，应作为资本公积，不作为投入资本。

③股份有限公司资本的投入。这里的股份有限公司是指注册资本由等额股份构成，并通过发行股票或股权证筹集资本的企业组织形式。股份有限公司的股东，应该在核定的资本总额及核定的股份总额范围内通过发行股票取得。股份制企业发行股票应当按股票面值作为股东投入资本的计价，对于发行股票中出现的差价或折价，按有关规定予以处理。股份有限公司溢价发行股票，应按面值计价，对超过面值的溢价收入与发行手续费和佣金之间的差额，应增加企业的资本公积，不能直接作为股本。在我国，现行法规制度不允许折价发行股票，因而不存在股票的折价问题。

如果不属于上述各类企业发生的投入资本，而是现有企业改组为股份制企业，此时应对改组企业的债权、债务进行清理，委托有资格的评估机构进行评估，借以确定原有企业净资产的产权。如果该产权涉及国有资产时，必须经国有资产管理部门评估确认。如果评估确认的价值与企业原有账面价值有差额，其差额部分应调整企业原账面价值和国家基金。

现有企业改组为股份制企业，将原有企业净资产折价入股时，如出现改组企业净资产超过股本的情况，对超过股本部分应作为无形资产入账。

5. 投入资本的管理

根据《企业法人登记管理条例》规定，企业法人实有资本金不允许随意变动，更不准抽回，国家另有规定的除外，但投资者投入的资本金可以转让，如股份有限公司的股东可以转让其股份。然而，即使是转让股份，也应按照法律规定进行转让。

资本金如果发生增加或减少，必须严格按法律程序进行，如企业为了扩大生产经营规模，依照法律规定的条件和程序，可以增加企业的资本金总额。再如，有限责任公司经批准后，可以通过发行新股票或增加原有股票面值来增加企业的资本金。但是，当实收资本增减超过注册资本 20% 时，应变更登记。如果企业资本过超，或生产经营规模缩小，或发生重大亏损时，应依照法律规定的条例和程序减少企业的资本金。如果是有限责任公司减少资本金，不但要经过股东大会决议通过，还要告知全体债权人，同时应修改公司章程，在债权人对减资无异议后方可办理变更手续。

企业的投资者具有一定的权利和义务。它所拥有的权利就是投资者可以按其出资比例分享企业的利润或者按合同规定分配利润，它所应该承担的义务是按投资者的出资比例分担企业的风险。投资者的权利和义务可具体表述为：①投资者按实缴资本比例或约定分享权利，即分配利润；②投资者按注册资本比例承担义务，即分担亏损。

（三）留存收益的管理

1. 留存收益的概念

留存收益是指通过企业的生产经营活动而形成的资本，即经营所得净收益的积累。

投资者投入企业的资金，通过企业的经营活动不仅要保持原有投资的完整，还要力求超出原有价值，即获取利润。企业利润扣除应上交国家的税金和其他款项，即为企业的净利润。净利润可以按照协议、合同、公司章程或有关规定，在企业所有者之间进行分配，作为企业所有者投资所得；也可以为了扩充企业实力追加投资；或出于以盈抵亏、预作准备的考虑，出于某些特殊目的，如集体福利设施准备等，将其中一部分留下不作分配。这里留下的净利润与企业所有者投入的资金属性是一致的，均为所有者权益范畴。

2. 留存收益的分类

留存收益属所有者权益，所有者可以安排分配。但是为了约束企业过量分配，国家要求企业留有一定积累，以利于企业持续经营，维护债权人的利益，以及改善职工福利生活条件等，这部分指定用途的留存收益，称为盈余公积；另外一部分是没有指明用途，也没有分给企业所有者的净利润，称为未分配利润。

3. 盈余公积管理

盈余公积是指企业按照规定从税后利润中提取的积累资金。盈余公积根据其用途不同又分为法定盈余公积金和公益金两种。法定盈余公积金可以用于弥补以后年度亏损，或补充实收资本等；公益金是专门用于企业职工集体福利设施的准备，一旦职工集体福利设施购建完成后，应将公益金转为法定盈余公积金。

法定盈余公积金，按照税后利润扣除被没收的财产损失、支付各项税收的滞纳金和罚款以及弥补企业以前年度亏损后的10%提取，企业提取的盈余公积金已达注册资本的50%时可不再提取。企业的法定盈余公积金可按照规定用于弥补亏损或者用于转增资本金。但是，转增资本金后，企业的法定盈余公积金一般不得低于注册资本的25%。在提取法定盈余公积金前，不得向投资者分配利润。

公益金是按规定从税后利润中提取的，主要用于职工福利设施支出。职工对这些集体福利设施只有使用权没有所有权，如兴建职工宿舍、托儿所、理发室等。公益金是构成所有者权益的一部分，并没有因购建集体福利设施而使所有者权益减少，只是资金运用方向的改变。企业以前年度亏损未弥补完，不得提取公益金，在提取公益金以前不得向投资者分配利润。

4. 未分配利润管理

未分配利润是指未作分配的净利润。它有两层含义：其一是指没有分给企业投资者；其二是指这部分净利润没有指定用途。未分配利润作为所有者权益的一部分，可用于以后年度利润的分配，也可用于弥补以后年度的亏损。

企业实现的利润分配去向大体有3类：一是上交国家，一般以所得税形式上交；二是分给投资者，以利润分配的形式分配；三是留在企业。第一类是企业对国家的义务，不属于所有者权益。未分配利润为企业实现利润与已分配利润的差额，这种差额的产生如由于少计或未计应交所得税和应交款项而致，那么，未分配利润就不能全作为所有者权益，因此，为了真实地反映企业所有者权益，企业应及时计算结转缴纳的所得税和其他款项。

第四节 财务会计收入、费用、利润管理及其创新

一、财务会计收入管理

（一）收入概述

1. 收入的特点

（1）收入从企业的日常活动中产生，而不是从偶发的交易或事项中产生。有些交易或事项也能为企业带来经济利益，但不属于企业的日常活动，其流入的经济利益是利得，而不是收入。例如，出售固定资产，因为固定资产是为使用而不是为出售而购入的，将固定资产出售并不是企业的经营目标，也不属于企业的日常活动，出售固定资产取得的收益不能作为收入核算。

（2）收入能够引起企业所有者权益的增加。收入可能表现为企业资产的增加，如增加现金、应收账款等；也可能表现为企业负债的减少，如以商品或劳务抵偿债务；或者二者兼而有之，如商品销售的货款中部分抵偿债务，部分收取货币资金。根据“资产 = 负债 + 所有者权益”的公式，企业取得收入一定能增加所有者权益。

（3）收入不包括为第三方或客户代收的款项。企业为第三方或客户代收的款项有增值税销项税额、代收利息等。代收的款项，一方面增加了企业的资产，另一方面增加了企业的负债，因此不会增加企业的所有者权益，也不属于本企业的经济利益，不能作为本企业的收入。

（4）收入必须与相关的费用配比。收入之所以必须要与取得该收入相关的费用相配比，是因为收入和费用存在着密切的联系。费用本质上是为取得收入而发生的支出，而收入则表示发生费用所带来的结果，因此，收入必须要与相关的费用相比较，以确定当期的净损益，这样对收入的确认、计量、记录和报告才有实际意义。

2. 收入的内容

（1）主营业务收入。主营业务收入是指企业在其主要的业务活动中所取得的收入，也称基本业务收入。主营业务收入在企业的营业收入中占有较大的

比重，直接影响着企业的经济利益，是企业组织收入的重点。[①] 主营业务收入的范围随着企业性质的不同而不同，如工业企业的产品销售收入、商品流通企业的商品销售收入、施工企业的承包工程价款结算收入等，均属于主营业务收入。

（2）其他业务收入。其他业务收入是指企业在其次要或者附带的业务活动中所取得的收入，亦称附营业务收入。与企业的基本业务收入相比，其他业务收入在企业中处于次要地位，如一般企业固定资产的出租、包装物的出租和出售等，均属于其他业务收入范畴。

把营业收入划分为主营业务收入和其他业务收入，目的是指明企业财务会计管理的重点，使企业能够按主次顺序有重点地实施管理工作。

（二）收入的预测

预测是指采用科学的方法预计、推测事物发展的必然性或可能性，即根据过去和现在的情况预计未来的情况。企业为了加强收入管理，必须做好收入预测工作。企业的收入主体是销售（营业）收入，因此，收入预测主要是销售收入的预测。销售收入预测是企业经过充分的调查研究，收集各种有关的信息和数据，运用一定的方法，对影响企业销售收入的各种因素进行分析，测算出企业在未来一定时期内各种产品的销售量及价格变化趋势。企业可以根据销售预测情况改进销售工作，提高销售的工作效率，并根据销售预测来确定生产经营计划，调整经营目标，争取更高的经济效益。

1. 销售收入预测的程序

企业为了准确地预测销售情况，应该充分调查掌握影响销售的各种因素的变化，按以下程序正确地组织预测工作。

（1）确定预测对象，制定预测规划。预测必须先确定预测的对象以及预测工作要达到的目的。对产品销售收入的预测是一项复杂的工作，应该有重点地选择预测的对象，组织人力研究调查方案，制定预测规划。

（2）收集、整理有关数据、资料，并进行分析和比较。这是预测的基础工作。只有掌握了大量的数据、资料，才能提高预测的可靠性。这些数据、资料包括影响销售收入的各种外部和内部因素，对这些资料进行分类，可为进一步的预测分析做好准备工作。

（3）定性分析和定量测算。企业根据预测对象，选择适当的预测方法，

---

① 邓晖．企业业财一体化下的成本管理 [J]. 中国商论，2021(13)：168-170.

提出数学模型，对销售情况做出定性分析和定量测算。企业在进行销售收入预测时，应根据不同的预测对象和内容，选择不同的预测方法，以使预测的结果更加准确。

（4）分析预测误差。由于经营活动中存在许多不确定性因素，企业在预测时不可能对未来的情况完全预计到，多少会使预测出现一定的偏差，因此，企业在预测时要计算、分析可能出现的各种情况，估计预测的误差范围。

（5）评价预测效果。这种评价是事后进行的，企业将预测的结果同实际发生的结果相对比，分析出现差异的原因，以便进行修正，为以后的预测提供更加可靠的信息。

2. 销售收入预测的方法

预测是编制生产经营计划的基础，预测准确与否直接影响到企业生产经营决策的制定。在复杂多变的市场经济环境中，预测人员必须具备良好的素质和丰富的经验，在掌握大量数据信息的基础上，选择科学的预测方法，以提高预测的准确性。销售收入预测的方法有许多，常用的方法有简单平均法、加权移动平均法、指数平滑法、回归分析法、百分比率递增法等。以下介绍指数平滑法、回归分析法和百分比率递增法。

（1）指数平滑法。指数平滑法是对前后各期数值区别对待，分别给予不同的权数来计算预测值。考虑到近期信息对预测值的影响比远期大，因此，越是近期的信息，权数越大，而远期的权数较小。

（2）回归分析法。回归分析法主要是指一元回归直线法。一元回归直线法是根据自变量的变动来预测因变量变动趋势的方法。其预测的具体步骤如下。

①根据日的收集若干期的数据，并依次建立直线方程：

$$y=a+bx$$

②计算 a，b 的值：

$$a=(\sum y-b\sum x)/n$$

$$b=\left[n\sum y-\sum x\sum y\right]\left[n\sum x^2-(\sum x)^2\right]$$

③列出预测方程并进行预测：$y=a+bx$

（3）百分比率递增法。百分比率递增法是根据历史资料，用环比发展速度的序时平均计算出其每年增长的百分比来预测该项目未来期望值的方法。

（三）收入的日常管理

1. 认真执行销售合同，监督发出商品计划的编制和执行

（1）认真签订和执行销售合同。企业财务部门要积极协助销售部门组织好销售合同的签订和执行工作，并对销售合同规定的各项内容和企业应承担的经济责任认真、仔细地进行审查、核实。

（2）编制季度和月度发出商品计划，按照合同要求组织产品的包装和发运。

（3）财务部门对发出商品计划的制订和执行要进行监督。

2. 及时办理结算，尽快取得销售货款

产品在发运以后，财务部门应随即通过银行与购货单位进行结算，取得货款。在采用托收承付结算方式时，财务部门要在银行规定的期限内办理托收手续，取得结算借款，同时要根据预计的货款划回日期，监督购货单位按时支付货款。对于不遵守支付纪律长期拖欠货款的单位，除采取各种办法催收货款外，应按照合同的规定，要求对方赔偿经济损失，并可以征得银行同意，改用其他结算方式，保障货款及时收回。

3. 搞好售后服务，掌握市场反馈的信息

搞好售后服务，认真听取用户意见，及时掌握市场反馈的信息，是企业发展、走向成功的必由之路。

二、财务会计费用管理

（一）费用

1. 费用及其特征概述

费用（成本）是指企业为销售商品、提供劳务等日常活动所发生的经济利益的流出，是企业在生产经营过程中发生的各项耗费，包括生产（劳务）费用和期间费用。

费用具有以下两个基本特征。

（1）费用最终将会减少企业的资源。这种减少具体表现为企业资金支出，从这个意义上说，费用本质上是企业的资产流出，它与资产流入企业所形成的收入相反。

（2）费用最终会减少企业的所有者权益。通常，企业的资金流入（收入）会增加企业的所有者权益；资金流出会减少企业的所有者权益，即形成企业的

费用。但是，企业在生产经营过程中，有的支出是不应归入费用的。比如，企业以银行存款偿付一项债务，只是一项资产和一项负债的等额减少，对所有者权益没有任何影响，因此，不构成费用；又如，企业向投资者分配股利或利润，这一资金流出虽然减少了企业的所有者权益，但其属性是对利润的分配，不是经营活动的结果，也不应作为费用。

2. 费用管理的意义

费用管理是指通过一系列的方法，对企业在生产经营中发生的费用进行预测、决策、分析、考核等一系列管理活动，其主要目的是降低费用，提高企业的经济效益。

（1）通过费用管理活动可以降低费用。企业取得的收入，应补偿产品生产过程中支出的费用，只有这样，企业才能维持再生产。如果收入大于费用，则形成企业的盈利，可用于企业的扩大再生产；若收入小于费用，则是亏损。企业发生亏损实际上就是减少企业的资本。如果亏损总额达到了企业的资本总额，则企业不但不能继续经营下去，还将面临着破产的风险。费用水平的高低直接威胁到企业的生存。因此，通过费用管理活动降低费用，对企业的生存与发展具有积极作用。

（2）通过费用管理活动可以提高企业费用信息的准确性。费用信息主要是为企业内部的经营管理服务。费用信息的准确与否，对于企业管理者是非常重要的，准确的费用信息可使费用预测和决策建立在可靠的基础之上。企业欲获得准确的费用信息，可通过完善的费用管理系统进行。

（3）通过费用管理活动可以提高企业的经营管理水平。费用指标是一项综合性的经济指标，企业各项工作的好坏，最终都能在费用指标的高低上体现出来。因此，企业通过费用管理工作，能揭示自身在经营管理工作中存在的问题，找出产生问题的原因，提出进一步改进的措施。因此，费用管理工作的开展，可以促使企业改善生产管理、技术管理、质量管理、劳动管理、物资管理等方面的经营管理工作，提高企业的经营管理水平。

（4）通过费用管理活动可以提高企业的竞争能力。企业费用水平的高低对产品的价格影响很大：若企业的费用水平较低，产品价格就可以定得较低；若费用水平较高，低价格就会使企业处于不利的境地。通过有效的费用管理活动，可以降低企业的费用水平，提高企业在市场中的竞争能力。

（5）通过费用管理活动可以提高企业员工的费用意识。费用管理除了要应用科学的方法外，还要求费用管理人员有强烈的费用意识。费用降低的潜力是很大的，关键在于费用管理人员是否重视费用管理和费用控制。

3. 费用管理的要求

（1）集中统一与分散管理相结合。集中统一是指费用管理工作应在负责经营管理的厂长（经理）的领导下，由财会部门负责统一管理、统一协调和统一核算。分散管理是指由各个生产部门及职能部门根据其自身的职责分工，对应负责的费用进行管理和控制。集中统一与分散管理相结合，能充分调动各方面的积极性，共同完成费用管理工作的任务。

（2）在费用形成过程中，技术因素占有很重要的地位。要搞好费用管理工作，必须做到技术与经济相结合。费用管理工作不仅仅是财务部门的事，与企业的各个部门都有密切的联系，因而要克服搞技术的不问成本费用、搞费用管理工作的不参与技术决策的倾向。费用管理的重要任务就是降低费用，而降低费用涉及产品设计、工艺改革、材料选用等方面的问题。只有各方面协同努力，才能做好费用管理工作。

（3）专业管理与职工管理相结合。费用管理虽然是一项专业性较强的工作，没有经过专门培训的人员是做不好这项工作的。但是，只靠专业费用管理人员来做费用管理工作显然是不够的，从另一个角度看，费用管理工作也是一项群众性工作，只有依靠全体职工的共同努力，才能做好这项工作。

（4）费用最低化。费用管理的主要任务是在一定的条件下，分析影响各种降低费用的因素，制定可能实现的最低的费用目标，通过有效的控制和管理，使实际执行结果达到最低目标费用的要求。

（5）全面费用管理。在费用管理的实践中，有许多企业陷入了一个误区，主要表现在偏重于实际费用的计算、生产费用的计算，而忽视了其他费用管理的工作。其实费用管理是一项系统工程，涉及企业的所有部门和全体员工。某一个部门或某一个员工在费用管理工作中出现问题，都会影响费用管理工作的整体效果。

（二）费用管理的内容

费用管理的内容一般包括费用预测、费用决策、费用计划、费用控制、费用核算、费用分析和费用考核等。

1. 费用预测

费用预测是根据有关的费用资料及其他资料，通过一定的程序、方法，对本期以后的某一个期间的费用所作的预计和测算。费用预测可就某种产品的成本进行预测，也可就企业的总费用进行预测。通过费用预测，企业可以了解未来的费用水平，从众多的方案中选择最佳的方案，还可以检查企业能否完成既定的费用计划，从而采取相应的措施，降低费用。

2. 费用决策

费用决策是指在费用预测的基础上，通过对各种方案的比较、分析、判断后，从多种方案中选择最佳方案的过程。费用决策的好坏，直接关系到日后费用水平的高低。要进行正确的费用决策，企业应进行多种方案的比较，考虑多种因素才能做出正确的决策。做好费用决策工作，对于完成费用计划、提高企业的经济效益也有着非常重要的意义。

3. 费用计划

费用计划是根据计划期内所确定的目标，具体规定计划期内各种消耗定额及费用水平以及相应的完成费用计划所应采取的一些具体措施。费用计划是费用管理工作的一项重要内容，它对于建立费用管理责任制以及控制、降低费用具有重要的意义。

4. 费用控制

费用控制是预先制定费用标准作为各项费用消耗的限额，并以此对生产经营过程中实际发生的费用进行控制，及时揭示实际与标准的差异额并对产生差异的原因进行分析，提出进一步改进的措施，消除差异，保证定额费用实现的过程。进行费用控制，不仅可以使费用目标得以实现，而且可以通过有效的费用控制不断降低费用。

5. 费用核算

费用核算是指对生产过程中发生的费用按一定的对象进行归集和分配，采用适当的方法计算出费用计算对象的总费用和单位费用的过程。费用核算是费用管理中最基本的内容。费用管理的其他内容都是在费用核算的基础上进行的，因而费用核算在费用管理中占有十分重要的地位。通过费用核算，计算出产品的总成本和单位成本，可以考核企业费用计划的执行情况，揭露生产过程中存在的问题，因而还可以为制定产品的价格提供重要的依据。

6. 费用分析

费用分析是根据费用核算所提供的资料及其他有关的资料，对实际费用的水平、构成情况，采用一定的技术经济分析方法计算其完成情况、差异额，分析产生差异的原因的过程。通过费用分析，可以总结费用管理工作中的成绩，掌握费用变动的规律，找出存在的问题，提出解决问题的办法。这样，有利于实现降低费用的目标，并为以后的费用决策、费用计划编制提供重要的参考资料。

7. 费用考核

费用考核是将企业制定的费用计划、费用目标等指标，分解成企业内部的各种费用考核指标，并下达到企业内部的各个责任单位或个人，明确各单位和个人的责任，并按期进行考核。费用考核是实行内部经济责任制必不可少的一个环节，它可以调动各责任单位完成费用计划的积极性。企业在进行费用考核时，应与一定的奖惩措施相联系，以经济手段促使企业费用不断降低。

综上所述，费用管理的内容是相互联系的一个整体，它们相互依存、相互结合地在费用管理中发挥着作用。

（三）费用管理的政策建议

1. 选择合理的投资项目

企业应结合自身的资金情况，增强筹集资金的能力，进而选择合理的投资项目，同时对投资项目做好可行性研究分析，在一定程度上避免盲目投资，确保资金的安全性。企业在经营过程中，需要结合自身的实际状况，仔细分析资金的流向问题，进而准确掌握资金总量和需求总量，同时，科学合理地评估现有的投资能力，并且积极寻找实现规模经济要求的投资项目。不同的投资项目在市场上的需求有所不同，假设某产品出现严重供大于求的现象，在这种情况下，如果企业仍然对该产品进行投资生产，那么，在激烈的市场竞争中，企业将会难以立足，因此，对资金实力一般的企业，"知难而上"的做法显然是错误的。在市场经济条件下，获得大的成功的企业，往往是那些善于发现市场空白的企业。在投资项目选择方面，确定了投资领域后，企业需要利用科学的手段，对投资效果等进行可行性研究和分析以及选优等，进而在一定程度上提高资金的使用率，避免投资的盲目性。

2. 加大创新力度，提高资金利用率和生产效率

企业应通过多种方式对营销加强管理，压缩库存，增加销售收入，降低银行借款，减少利息费用。

（1）加大改革创新力度，研发竞争力强的产品。企业需要与市场经济发展相适应，加大研发力度，不断生产出消费者喜欢的产品，进而在一定程度上减少库存，同时增加企业收益。这一切都需要科学地预测、研究市场需求，进而不断开发新产品，开拓新的市场，扩大市场份额。

（2）确保产销之间的平衡。对于企业来说，如果产品生产出现盲目性，进而导致供大于求，在一定程度上必然增加库存量。为了减少库存，提高资金的利用率，企业需要对市场需求进行科学的预测和决策，制订完善的销售计

划，以此为基础，制订相应的生产计划，周密安排期初、期末的存货，同时科学合理地确定产品的生产计划。

（3）合理安排生产、控制生产时间，确保生产设备正常运行，防止发生生产线混乱现象。对于产品来说，如果生产周期过长，在一定程度上必然增加库存量，企业可以通过合理安排生产、进行标准化操作、降低设备的事故频率，加强管理，进而在一定程度上缩短产品生产周期。

3. 量力举债，调整产品结构、投资结构，降低财务费用

在财务理论方面，无论通过何种渠道获得相应的生产资金，都要花费一定的成本或代价。目前，在资金的筹集渠道方面，大多数企业主要有两种方式：①向债权人进行借贷，也就是获取负债；②所有者提供相应的资本。通过这两种渠道筹集资金，通常情况下，付出的成本代价也存在一定的差异。在进行生产经营规划的过程中，企业需要对负债比例进行合理的安排，在一定程度上避免盲目发展。

4. 加强外汇管理，采取防范措施

国际市场复杂多变会造成世界金融市场汇率大幅波动，这给很多企业带来了影响。对于一些企业来说，其生产经营必须以稳定的汇率环境为基础，因而对外汇需要加强管理，进而采取相应的措施积极防范和化解汇率风险。具体措施如下。

（1）企业要不断强化汇率风险防范意识。受计划经济体制的影响，我国在金融创新方面与发达国家之间存在一定的差距，企业管理层和财务人员对金融工具和金融衍生品比较陌生，同时对外汇市场的波动缺乏正确的认识，许多潜在的风险没有引起高度的重视。因此，对于企业来说，提高汇率风险的防范意识显得格外重要。

（2）利用银行服务，委托银行合理运用金融工具提高防范风险的能力。防范汇率风险是一项技术性较强的业务，直接关系到国家和企业的经济利益。汇率有风险，企业可以委托银行合理运用化解风险的金融工具。

（3）加强外汇人才的储备和培养。对于企业来说，通过对外汇人才进行储备和培养，在一定程度上不断充实外汇人才，进而充分利用金融衍生工具，可以把将来瞬息万变的汇率风险通过借助银行金融服务降低下来，才能使汇兑损失不再成为财务费用不可估量的组成部分，才能适应企业各项业务发展的需要。

三、财务会计利润管理

利润是企业在一定期间的经营成果，是收入减费用的差额，其包括营业利润、利润总额和净利润。若企业一定时期实现的各项收入不能抵补费用，其负数差额即是亏损。企业利润管理活动的主要目的就是要不断增强企业的获利能力，提高企业的盈利水平。企业的利润管理包含利润形成（来源）与利润分配的管理，利润形成的管理重点是对收入、费用的管理，利润分配的管理主要有股利政策的确定、股利支付方式及支付程序的选择等。

（一）利润的意义

利润在企业经营管理中，特别是在财务会计管理中具有重要的意义，主要体现在下述几个方面。

1. 利润是实现企业财务会计管理目标的基础

企业财务会计管理的目标是实现企业价值的最大化，企业价值最大化是企业利润与风险的最佳组合。只有企业实现足够的利润，才能完成企业财务会计管理目标，企业债权人、股东的利益才会得到保障。企业在重视风险因素评估、考虑企业长远利益的条件下，获得的利润越多，一方面说明生产经营活动中的消耗少、产品成本低；另一方面说明产品适销对路、质量优良、产销数量多。因此，利润指标反映了企业的经营效率和经营业绩，是衡量和评估企业经济效益的一个重要标准。

2. 利润是企业对社会做出贡献的来源

企业的一个重要任务就是向社会提供合格的产品和令公众满意的服务。在提供产品与服务的过程中，企业要耗费人力、物力和财力资源，于是形成了企业的成本与费用。利润是社会向企业支付的价格超过企业资源耗费以后的差额，是社会对企业劳动的承认和奖励。

企业获取利润后要向国家纳税，也就是要按国家税法的规定按期、足额上缴各项税收，支持国家和社会的建设。此外，企业也可以通过各种公益性赞助直接参与社会公益事业，为社会发展做出贡献。因此，企业只有获取更多的利润，才能对社会做出更大的贡献。

3. 利润是企业发展的重要资金保障

节约成本和费用开支可以增加企业的利润，但成本和费用开支的节约毕竟有一个限度，而通过各种经营增加企业的营业收入从而增加利润则是无限的。挖掘现有企业的潜力，使现有资源得到更充分的利用，可以给企业带来更多的营业收入。追加投资也可以增加企业的营业收入。利用留存利润追加投资，扩大企业生产经营规模，不但能给企业带来更多的利润，也有利于提高企业财务的安全性。由此可见，利润是企业发展的一项重要资金保障。

4. 利润是企业分配的基础

股东投资于企业的最主要的目的是获取投资收益。企业取得的利润在缴纳所得税以后，余下的是企业可供分配的利润，按规定应先计提一定比例的公积金，余额可以向股东发放股利。[①] 利润不断增加是股利不断增加的前提，企业应以不断增加的股利回报股东的投资。

5. 利润是投资、信贷决策的重要依据

投资的主要目的是获取投资收益，债权人则关注贷出资金的安全性。这些都要求企业必须具有较好的获利能力，而利润额正是表现企业获利能力大小的重要指标。

6. 利润是改善职工生活福利的必要条件

随着企业利润的增加，职工的物质和文化生活将逐步得到改善。企业实现的利润越多，越有利于改善企业职工的生活福利。

（二）利润的内容

1. 营业利润

营业利润即销售利润，是企业通过生产经营活动所取得的经营成果。营业利润是企业利润的主要来源，它能够恰当地反映企业经营管理者的经营业绩。

2. 利润总额

利润总额即一般所说的会计利润、税前利润，它是企业在一定时期取得的财务总成果，既包括企业经营活动取得的成果，也包括企业非经营活动取得的成果。其中，营业外收支与企业的日常经营活动均没有直接的关系，偶发性很强，多数情况下都是意外发生的，而且每项收入、支出往往都是彼此孤立的，不存在匹配关系。

3. 净利润

净利润是利润总额减去所得税费用后的余额，也称税后利润。企业所得税是国家对企业的应税所得征收的一种税。净利润是一项非常重要的经济指标。对于企业的投资者来说，净利润是获得投资回报大小的基本因素；对于企业管理者而言，净利润是进行经营管理决策的基础。此外，净利润也是评价企

① 范宁华．浅谈企业利润管理的合理性[J]. 审计与理财，2017(10)：42-43.

业的盈利能力、管理绩效以及偿债能力的基本工具，是反映和分析企业多方面情况的综合指标。

（三）目标利润管理的要求、程序与方法

目标利润是指企业在一定时间内争取达到的利润目标。目标利润管理是目标管理原理和方法在利润管理中的具体运用。目标利润管理是通过制定目标利润并将其归口分级进行分解落实，保证目标利润实现的全过程。

1. 制定目标利润的基本要求

（1）目标的合理性。目标利润的制定，不是对企业现有状况的消极反映，而应当考虑企业未来持续经营与发展。因此，目标利润应有激励作用。企业在制定目标时，要在已实现利润的基础上，充分挖掘增加利润的潜力；要充分估计实现目标利润的风险程度，制定利润目标要留有余地，要切实可行。

（2）环境的适应性。制定目标利润要充分考虑企业内部和外部环境，必须平衡资源条件，协调内外关系。企业内部环境的改善必须朝着适应外部环境的方向进行，如企业经营规模的扩大、产品质量的提高以及花色品种的改善必须考虑外部资源条件和市场需求。

（3）指标的周密性。企业在建立自己的目标体系时，要将影响企业效益和发展的每一个环节都纳入目标体系之中。利润既是多种因素交互作用的结果，也是经营活动各环节、内部各部门相互衔接、密切配合的产物，各项具体目标必须支持总目标，各目标之间也应相互配合，使实现目标利润具有坚实基础。

2. 目标利润的规划程序

（1）考察上期利润计划的执行情况，分析下期影响利润变动的因素，通过对上期计划利润执行情况的分析，弄清影响企业利润执行情况的主要因素。此外，企业需根据市场调查、销售预测的有关资料，测定并分析影响利润的各种因素对未来目标利润的影响方向及程度。

（2）确定初步的利润目标。企业在利润预测的基础上，参照过去利润增长的实际状况，并考虑现实条件，确定初步的利润目标。

（3）通过综合平衡，最终确定目标利润。最终的目标利润是在考虑各种环境条件变化的基础上，通过对影响目标利润的诸要素进行全面分析评价和综合平衡，最后确定的目标利润。

3. 制定目标利润的方法

（1）量本利分析法。量本利分析法是利用商品销售量（额）、固定成本及

变动成本与利润之间的变动规律对目标利润进行预测的方法。其计算公式为：

$$E=(p-b)x-a$$

式中，E 为利润预测值；b 为单位产品变动成本；p 为单位产品销售价格；x 为产品销售量；a 为固定成本总额。

利用上述公式，还可进行以下与利润预测相关的重要经济指标的计算。

①预测计划期盈亏平衡销售量。盈亏平衡销售量（保本量）即处于不盈不亏状态下的产品销售量，亦即企业利润等于零时的产品销售量。

②预测计划期各项因素变动所增加（或减少）的利润额。根据上述计算公式可知，影响企业利润的主要经济指标有产品销售量、销售价格、变动成本和固定成本。计划期上述因素的增减变化均可引起企业利润相应发生增减变化。

③测算目标利润销售量及销售额（保利量、保利额）。

（2）倒算法。倒算法是指企业根据自身发展积累，为改善集体福利、增加投资分红等需要，匡算企业税后利润，倒算出目标利润的方法。

（3）比率法。比率法是根据利润同有关财务指标的比例关系，通过取得相关比率来预测未来某一时期利润的方法。其中，常见的比率有销售利润率、资金利润率、成本费用利润率等。利用这种方法，应具备两个条件：一是销售预测准确；二是销售利润率指标较为稳定，能够反映企业的经营趋势。

（4）因素综合分析法。因素综合分析法是指在基期利润水平的基础上，综合考虑未来年度产品销售数量、价格、销售结构、商品销售成本、税金等因素变动对利润的影响程度，求得目标利润。①

（5）利润增长比率法。利润增长比率法是指企业根据上年度达到的利润水平及过去连续若干年（通常为近两年）利润增长率的变动趋势与幅度，并结合预测期可能发生的变动情况，确定预计增长率，然后求得目标利润。

（6）经营杠杆系数法。经营杠杆系数法是在基期息税前利润的基础上，根据经营杠杆系数和销售额变动率之间的关系来预测利润的一种方法。

目标利润预测只是目标利润规划的第一步。在预测的基础上，企业决策层还要考虑其他相关因素，包括企业的外部环境、企业的发展战略和企业的内部条件，在风险与报酬之间综合权衡，进而确定企业在未来一段时期的目标利润，并考虑企业未来相关因素的变动，调整确定目标收入和目标成本，以保证目标利润顺利实现。

---

① 严钰童.企业战略对利润管理影响研究简述[J].全国商情，2016(25)：34-35.

第六章　管理视角下财务会计信息化及其创新

第一节　会计信息化的相关概念及内容

一、会计信息化的内涵及特征

（一）会计信息化的内涵

“会计信息化”是指将会计信息作为管理信息资源，运用计算机、网络通信为主的信息技术对其进行获取、加工、传输、应用等处理，为企业经营管理、控制决策和经济运行提供充足、实时、全方位的信息。会计信息化是信息社会的产物，是未来会计的发展方向。会计信息化不仅仅是将计算机、网络、通信等引入会计学科，与传统的会计工作相融合，在业务核算、财务处理等方面发挥作用，它还包含更深的内容，如会计基本理论信息化、会计实务信息化、会计教育信息化、会计管理信息化等。

（二）会计信息化的特征

1. 普遍性

会计的所有领域（包括会计理论、会计工作、会计管理、会计教育等）要全面运用现代信息技术。目前，在上述领域中，后 3 个方面有不同程度的运用，而且可以说是起步晚、发展快、成效大，只是还不能真正达到会计信息化的水平，而在会计理论方面却相对滞后。准确地讲，现阶段会计信息化赖以存在的还是传统的会计理论，既没有改进传统的会计理论体系，更没有构建起适应现代信息技术发展的完善的会计理论体系。从会计信息化的要求来看，首先就是现代信息技术在会计理论、会计工作、会计管理、会计教育诸领域的广泛应用，并形成完整的应用体系。

2. 集成性

会计信息化将对传统会计组织和业务处理流程进行重整，以支持“虚拟企业”“数据银行”等新的组织形式和管理模式。这一过程的出发点和终结点就是实现信息的集成化。信息集成包括 3 个层面：一是在会计领域实现信息集成，即实现财务会计和管理会计之间的信息集成，协调和解决会计信息真实性和相关性的矛盾;二是在企业组织内部实现财务和业务的一体化，即集成财务信息和业务信息，在两者之间实现无缝连接，使财务信息和业务信息能够做到你中有我，我中有你;三是建立企业组织与外部利害关系人（客户、供应商、银行、税务、财政、审计等）的信息网络，实现企业组织内外信息系统的集成。信息集成的结果是信息共享。企业组织内外与企业组织有关的所有原始数据只要一次输入，就能做到分次利用或多次利用。既减少了数据输入的工作量，又实现了数据的一致性，还保证了数据的共享性。建立在会计信息化基础上的 21 世纪会计信息系统是与企业组织内外信息系统有机整合的高度数字化、多元化、实时化、个性化、动态化的信息系统，它具有极强的适应力。

3. 动态性

动态性，又名实时性或同步性。会计信息化在时间上的动态性表现为：首先，会计数据的采集是动态的。无论是企业组织外部的数据（如发票、订单）还是企业组织内部的数据（如入库单、产量记录），无论是局域数据还是广域数据，一旦发生都将存入相应的服务器，并及时送到会计信息系统中等待处理。其次，会计数据的处理是实时的。在会计信息系统中，会计数据一经输入系统，就会立即触发相应的处理模块对数据进行分类、计算、汇总、更新、分析等一系列操作，以保证信息动态地反映企业组织的财务状况和经营成果。最后，会计数据采集和处理的实时化、动态化使得会计信息的发布、传输和利用能够实时化、动态化，会计信息的使用者也就能够及时地做出管理决策。

4. 渐进性

现代信息技术对会计模式重构具有主观能动性。但是，这种能动性的体现是一个渐进的过程，具体应分 3 步。第一步，以信息技术适应传统会计模式，即建立核算型会计信息系统，实现会计核算的信息化。第二步，现代信息技术与传统会计模式相互适应，表现为：传统会计模式为适应现代信息技术而对会计理论、方法作局部的修改；扩大所用技术的范围（从计算机到网络）及所用技术的运用范围（从核算到管理），实现会计管理的信息化。第三步，以现代信息技术重构传统会计模式，以形成现代会计信息系统，实现包括会计核算信息化、会计管理信息化和会计决策支持信息化在内的会计信息化。

二、会计信息化发展概况

（一）国外会计信息化的发展

1. 会计数据单项处理阶段（20 世纪 50 年代）

这一阶段是会计信息化的起始阶段。1954 年，美国通用电气公司运用计算机计算职工工资，标志着电子计算机真正应用到了会计领域。但是，由于计算机价格昂贵，程序设计复杂，只有少数专业人员能掌握此项技术，因此发展缓慢，其应用仅限于工资计算、库存收发等数据处理量大、计算简单而重复次数多的经济业务，提高了这些工作的效率。

2. 会计数据综合处理阶段（20 世纪 50 年代至 20 世纪 60 年代）

随着计算机技术的发展以及操作系统的出现，特别是高级程序设计语言的出现，计算机的应用日益广泛，计算机会计数据处理从单项处理向综合处理转变，几乎能够完成手工簿记系统的全部业务。这一时期所开发的会计软件系统具有一定的反馈功能，能为基层和中层管理者提供信息，但各种功能之间还未实现共享。

3. 会计数据系统处理阶段（20 世纪 70 年代）

由于计算机技术迅猛发展，微型计算机、网络技术和数据库管理系统的出现，使数据资源共享成为可能，形成了应用计算机的企业管理信息系统。企业管理全面应用计算机，整个企业的生产经营成果可以储存在服务器的数据库中共享。会计信息系统成为企业管理信息系统的一个重要组成部分，大大提高了会计工作效率和企业管理水平。

4. 会计信息化普及阶段（20 世纪 80 年代至今）

20世纪80年代，微电子技术蓬勃发展，微型计算机进入了社会各个领域，信息革命成为新技术革命的主要标志和核心内容。微型计算机不仅受到了大中型企业的欢迎，也受到了小型企业的青睐。1987 年 10 月，国际会计师联合会在日本东京召开了第十三届世界会计师大会，会议的中心议题是“计算机在会计中的应用”。这次会议标志着会计信息化在全球范围内进入了新的发展阶段。时至今日，美国、日本及西欧各国较为普遍地实现了会计信息化。

（二）我国会计信息化的发展

1. 自行研发与自行应用阶段（20 世纪 70 年代至 1987 年）

这一阶段起始于 20 世纪 70 年代。当时，大部分企业、事业单位还是手工记账，一些企业自主开发会计软件，并在内部推广应用。例如，1979 年，长春第一汽车制造厂（以下简称“一汽”）进行了在会计工作中应用电子计算机的试点。1981 年 8 月，在财政部、中国会计学会的支持下，“一汽”和中国人民大学在长春召开了“财务、会计、成本应用电子计算机专题讨论会”，会上首次提出了“会计电算化”概念。这一阶段由于既懂会计又懂计算机的复合型人才奇缺，计算机设备价格高，软件汉化不理想，各单位缺乏统一领导，造成了各自为战、各行其是的现象。

2. 商品化会计软件大发展阶段（1988—1997 年）

1988 年，我国出现了商品化的会计软件公司，如北京用友、上海力成应用软件研究所等纷纷成立。随后，在政府的推动下，金蝶、金蜘蛛、浪潮等一大批软件公司相继创立，推动了会计电算化的进一步发展。1989 年 12 月，财政部发布了《会计核算软件管理的几项规定》，要求财政部门加强对商品化软件的管理。1994 年 5 月，财政部发布了《关于大力发展我国会计电算化事业的意见》，随后陆续制定印发了《会计电算化管理办法》《商品化会计核算软件评审规则》《会计核算软件基本功能规范》《会计电算化工作规范》等一系列规章，规范了会计电算化工作。

3. 会计信息化和企业管理信息化融合阶段（1998—2007 年）

在这个阶段，许多软件厂家在商品化核算型会计软件的基础上推出了管理型会计软件，实现了财务与供应链的集成。1998 年 6 月，中国软件行业协会财务及企业管理软件分会联合用友、金蝶、通软、易安、新中人等 8 家厂商召开发布会，正式宣布“全面进军财务及企业管理软件”。1999 年 4 月，在深圳举行的“首届会计信息化理论专家座谈会”上首次提出了“会计信息化”概念，从而揭开了我国会计信息化的序幕。2006 年 5 月，中共中央办公厅、国务院办公厅印发《2006—2020 年国家信息化发展战略》，明确提出了我国向信息社会迈进的宏伟目标，该文件的发布也是我国会计信息化发展的一个里程碑。

4. 会计信息化向标准化和国际化发展阶段（2008 年至今）

2008 年 11 月，中国会计信息化委员会暨可扩展商业报告语言（XBRL）中国地区组织成立。XBRL 技术是一种为适应不同方面对会计信息的需求，专门应用于商业和会计数据电子化交流的标准化计算机语言，是当前国际上会计信息处理的最新技术。XBRL 中国地区组织为我国会计信息化中 XBRL 的应用提供了广泛的支持。2009 年 4 月，财政部发布了《关于全面推进我国会计信息化工作的指导意见》，描绘了我国未来会计信息化发展的宏伟蓝图，为全面推进我国会计信息化工作树立了新的奋斗目标。

三、会计信息化工作的组织

（一）系统运行前的筹备阶段

1. 建立会计信息化组织策划机构

会计信息化的组织工作涉及单位内部的各个方面，需要单位的人力、物力、财力等多项资源，因而必须由单位的“一把手”亲自抓。首要工作就是成立会计信息化组织策划机构。该机构主要负责制定本单位会计信息化总体规划，组织建立会计信息系统，制定会计信息化管理制度，组织本单位人员参加培训与学习，负责会计信息系统投入运行等。

2. 制定单位会计信息化总体规划

会计信息化的总体规划指确定单位会计信息化工作在一定时期内所要达到的目标，以及对怎样合理、有效、分阶段地实现这个目标进行规划。会计信息化总体规划是单位会计信息系统建设成败的关键。

制定总体规划应与企业的信息化战略目标相结合。首先，要进行会计信息系统建设的咨询和分析，如向同行、会计软件厂商、经销商或提供会计软件咨询服务的专业机构进行咨询；然后，根据企业的实际情况，明确单位需要什么样的会计信息系统、目前单位能提供什么样的条件、会计信息系统的建立划分为几个阶段、每一阶段的具体目标是什么等，使会计信息系统的建立和推广能够有序、顺利地进行。

3. 配置系统硬件、软件资源

会计信息系统的硬件配置必须具备可靠性、运算速度快、传输速度快、存储容量大、设备实用性强等特点。各单位可根据未来发展目标、经济实力和管理需要等因素确定计算机硬件设备购置计划，对硬件的档次、网络结构、外部设备等做出规定。

会计信息系统所需软件包括操作系统软件、数据库软件、会计软件以及其他工具软件。操作系统和数据库软件一般采用购买的方式，要综合考虑会计软件配套需要以及硬件配置的兼容许可。配备会计软件主要有购买通用会计软件、定点开发、购买通用会计软件与定点开发相结合 3 种方式。

4. 建立会计信息化管理制度

会计信息化工作的顺利进行需要有会计信息化管理制度做保障。会计信息系统运行管理制度包括会计信息化岗位责任制，计算机硬件、软件和数据管理制度，会计信息化操作管理制度，会计信息化档案管理制度，等等。①

5. 培训和配备各岗位人员

会计信息系统的运行和管理需要不同专业类型、不同层次的专业人员。各单位应根据系统目标和现有人员情况，制订专业人员的培训和配备计划，使人员配备和系统建设同步进行。

6. 准备初始化所需会计数据

系统初始化前，要将准备录入计算机的有关数据进行收集、整理和审核。准备工作包括整理所有的手工单据、凭证、卡片、账簿、报表等，并核对无误；规范会计科目体系、凭证类别、账簿和报表的格式与内容，使其更符合会计信息化的工作特点；规范有关会计核算方法和各种凭证、账簿、报表的生成、传递和处理程序。

（二）系统运行阶段

1. 系统初始化设置

初始化工作是系统运行的第一步，需要进行建账的初始设置和基础数据的录入，将经过加工整理的会计资料输入计算机。系统初始化设置主要包括人员岗位权限设置、会计核算所需的各类基础档案设置、期初余额录入、会计核算方法选择等。初始化是整个会计信息化工作的基础。

2. 会计软件的试运行

会计信息系统正式使用前，必须与手工并行运行一段时间，以检验其是否达到预定目标及系统的合法性、安全性、可靠性等，这一阶段称为试运行阶段。《会计电算化管理办法》规定，会计核算软件要经过 3 个月以上的试运行。在试运行阶段，一方面手工核算工作仍要继续，另一方面要把会计核算所需的当月数据输入计算机，操作计算机完成有关会计业务的处理，并输出所有总账、明细账、报表和有关核算中间结果，然后将计算机输出结果与手工账表数据进行比较分析，查找差异原因并进行纠正。

① 刘小玲．浅议云会计在企业会计信息化建设中的实践应用 [J]. 营销界，2021(34)：122-123.

3. 系统正式投入运行

试运行成功，并符合国家或地方会计管理部门规定的要求后，会计信息系统即可投入正式运行。正式运行期间，单位会计信息化管理部门应做好系统运行的各项安全管理和维护，抓好岗位责任制和操作管理制度的落实，做好数据的综合利用和电子档案管理。

4. 会计信息系统的发展与完善

计算机技术在不断发展，会计核算与管理方法也在不断变化，单位会计信息化管理部门要研究目前会计信息系统存在的问题，根据单位经营管理和业务发展需求不断提出系统改进和完善的建议，使会计信息系统更加适应单位会计核算、管理、分析、决策的需要。

第二节　人工智能对会计信息化的影响

一、人工智能研究领域及应用需求

（一）什么是人工智能

随着计算机技术的迅猛发展和日益广泛的应用，人们自然地会提出人类智力活动能不能由计算机来实现的问题。几十年来，一部分人一向把计算机当作只能极快地、熟练地、准确地运算数字的机器。但是，在当今世界，要解决的问题并不完全是数值计算，像语言的理解和翻译、图形和声音的识别、决策管理等都不属于数值计算，特别像医疗诊断要有专门的、特有的经验和知识的医师才能做出正确的诊断。这就要求计算机能从“数据处理”扩展到“知识处理”的范畴。计算机能力范畴的转化是使“人工智能”快速发展的重要因素。

人工智能（artificial intelligence），英文缩写为AI。著名的美国斯坦福大学人工智能研究中心尼尔逊教授对人工智能下了这样一个定义：“人工智能是关于知识的学科——怎样表示知识以及怎样获得知识并使用知识的科学。”美国麻省理工学院温斯顿教授认为：“人工智能就是研究如何使计算机去做过去只有人才能做的智能工作。”这些说法反映了人工智能学科的基本思想和基本内容，即人工智能是研究人类智能活动的规律，构造具有一定智能的人工系统，研究如何让计算机去完成以往需要人的智力才能胜任的工作，也就是研究如何应用计算机的软硬件模拟人类某些智能行为的基本理论、方法和技术。

人工智能研究的一个主要目的是使机器能够胜任一些通常需要人类智能才能完成的复杂工作。但是，不同的时代、不同的人对这种“复杂工作”的理解是不同的。例如，繁重的科学和工程计算本来是要人脑来承担的，现在电子计算机不但能完成这种计算，而且能够比人脑做得更快、更准确，于是当代人已不再把这种计算看作“需要人类智能才能完成的复杂任务”。可见，复杂工作的定义是随着时代的发展和技术的进步而变化的，人工智能这门科学的具体目标也自然随着时代的变化而发展。它一方面不断获得新的进展，另一方面又转向更有意义、更加困难的目标。

人工智能的发展是与计算机科学的发展联系在一起的，除了计算机科学以外，人工智能还涉及信息论、控制论、自动化、仿生学、生物学、心理学、数理逻辑、语言学、医学和哲学等多门学科。它被认为是21世纪三大尖端技术（基因工程、纳米科学、人工智能）之一，这是因为近30年来它获得了迅速的发展，在很多学科领域都获得了广泛应用，并取得了丰硕的成果。人工智能已逐步成为一个独立的分支，在理论和实践上都已自成一个系统。

人工智能作为研究使用计算机来模拟人的某些思维过程和智能行为（如学习、推理、思考、规划等）的学科，主要包括计算机实现智能的原理，制造类似于人脑智能的计算机，使计算机能实现更高层次的应用。人工智能与思维科学是实践和理论的关系，人工智能处于思维科学的技术应用层次，是它的一个应用分支。从思维观点看，人工智能不仅限于逻辑思维，要考虑形象思维、灵感思维才能促进人工智能的突破性的发展。数学常被认为是多种学科的基础科学，数学也进入语言、思维领域，人工智能学科也必须借用数学工具。数学不仅在标准逻辑、模糊数学等范围发挥作用，还进入人工智能学科，它们将互相促进而更快地发展。

经过长期的实践总结和经验教训，人们认识到人的智能表现在人能学习知识，有了知识，能了解、运用已有的知识。要让计算机“聪明”起来，首先要解决计算机如何学会一些必要知识，以及如何运用学到的知识问题。只是对一般事物的思维规律进行探索是不可能解决较高层次问题的。人工智能研究是以知识为中心来进行的。人工智能研究的目标是使现有的计算机不仅能做一般的数值计算及非数值信息的数据处理，而且能运用知识处理问题，能模拟人类的部分智能行为。按照这一目标，根据现行的计算机的特点研究实现智能的有关理论、技术和方法，可以建立相应的智能系统。例如，目前研究开发的专家系统、机器翻译系统、模式识别系统、机器学习系统等。

（二）人工智能的研究领域

目前，人工智能的研究是与其具体研究领域相结合进行的。人工智能的研究主要包括如下领域。

1. 专家系统

专家系统是依靠人类专家已有的知识建立起来的知识系统，目前专家系统是人工智能研究中开展较早、最活跃、成效最多的领域，广泛应用于医疗诊断、地质勘探、石油化工、军事、文化教育等方面。它以大量专门知识与经验为基础，进行知识匹配和知识搜索，并应用人工智能技术，根据一个或多个专家提供的特殊领域知识、经验构建知识库，依次对实际情况进行推理和判断，模拟人类专家的决策过程来解决那些特定领域的复杂问题。专家系统的成功，充分表明知识是智能的基础，人工智能的研究必须以知识为中心来进行。由于知识的表示、利用、获取等的研究都取得了较大的进展，因此人工智能的研究解决了许多理论和技术上的问题。

2. 机器学习

要使计算机具有知识一般有两种方法；一种是由知识工程师将有关的知识归纳、整理，并且表示为计算机可以接受、处理的方式输入计算机；另一种是使计算机本身有获得知识的能力，它可以学习人类已有的知识，并且在实践过程中不断总结、完善，这种方式称为机器学习。机器学习的研究，主要在以下 3 个方面进行：人类学习的机理、人脑思维的过程；机器学习的方法；建立针对具体任务的学习系统。

3. 模式识别

模式识别是研究如何使机器具有感知能力，主要研究视觉模式和听觉模式的识别，如识别物体、地形、图像、字体（如签字）等。模式识别在日常生活各方面以及军事上都有较广的用途。近年来迅速发展起来的应用模糊数学模式、人工神经网络模式的方法逐渐取代了传统的用统计模式和结构模式的识别方法，特别是神经网络方法在模式识别中取得了较大进展。

4. 问题求解和智能信息检索

计算机通过人工智能技术可以把困难的问题分解成一些较容易解决的子问题，发展成为搜索和问题归纳这样的人工智能基本技术。人工智能程序可以知道如何考虑它们要解决的问题，即搜索解答空间，寻找较优解答。受信息技术迅猛发展的影响，信息获取和精化技术已成为当代计算机科学与技术研究中迫切需要研究的课题，将其应用于人工智能技术领域的研究是人工智能走向广泛实际应用的契机与突破口。

5. 智能决策支持系统

决策支持系统属于管理科学的范畴，它与“知识—智能”有着极其密切的关系。从 20 世纪 80 年代以来专家系统在许多方面取得成功，将人工智能特别是智能和知识处理技术应用于决策支持系统，扩大了决策支持系统的应用范围，提高了系统解决问题的能力，这就成为智能决策支持系统。

6. 人工神经网络

人工神经网络是在研究人脑的奥秘中得到启发，试图用大量的处理单元（人工神经元、处理元件、电子元件等）模仿人脑神经系统工程结构和工作机理的方式。在人工神经网络中，信息的处理是由神经元之间的相互作用来实现的，知识与信息的存储表现为网络元件互连间分布式的物理联系，网络的学习和识别取决于各神经元连接权值的动态演化过程。多年来，人工神经网络的研究取得了较大进展，成为具有一种独特风格的信息处理学科。当然，目前的研究还只是一些简单的人工神经网络模型，要建立起一套完整的理论和技术系统，需要做出更多的努力和探索。人工神经网络已经成为人工智能中极其重要的一个研究领域。

（三）人工智能的应用需求

自 20 世纪 80 年代以来，随着计算机网络的出现，各种计算机技术包括人工智能技术的广泛应用推动着人机关系的重大变化。据美、日等国未来学家的预测，人机关系正在迅速地从“以人为纽带”的传统模式向“以机为纽带”的新模式转变，人机关系的这一转变将引起社会生产方式和生活方式的巨大变化，同时向人工智能乃至整个信息技术提出了新的课题。人工智能面临一系列新的应用需求。

首先，需要提供强有力的技术手段，以支持分布式协同工作方式。现代生产是一种社会化大生产，来自不同专业的工作者在不同或相同的时间、地点从事着同一任务的不同子任务。这要求计算机不仅为每一项子任务提供辅助和支持，而且需要为子任务之间的协调提供辅助和支持。由于各个子任务在很大程度上可以独立地进行，子任务之间的关系必然呈现出动态变化和难以预测的特点，因此，子任务之间的协调（即对分布协同工作的支持）向人工智能乃至整个信息技术以及基础理论提出了巨大的挑战。

其次，网络化推进了信息化，使原本分散孤立的数据库形成一个互连的整体，即一个共同的信息空间。尽管现有的浏览器和搜索引擎为用户在网上查找信息提供了必要的帮助，但这种帮助是远远不够的，以至于“信息过载”与“信息迷失”状况日益严重。更强大的智能型信息服务工具已成为广大用户的迫切需要。另外，信息空间对人类的价值不仅在于单独的信息条目（如某厂家生产出了某一新产品的信息），还在于一大类信息中隐藏着的普遍性知识（如某个行业供求关系的变化趋势）。于是，数据中的知识发现也成为一项迫切的研究课题。

二、会计信息化中人工智能的应用与深度开发

（一）会计信息化中人工智能的具体应用

人工智能的应用领域十分广泛，那么，它能否应用于财务和会计领域呢？答案是肯定的。事实上，财务和会计领域的许多问题非常适合利用人工智能来求解，如财务会计、审计、税务、管理会计和职业教育等。

专家系统是人工智能中研究和应用最广泛的领域之一，它的功能是让计算机模拟某领域专家求解不能量化的、复杂问题的专门知识、推理方法和能力，因此，专家系统是一种工作在专家水平上的信息系统。在会计信息系统中应用专家系统，建立相应的计算机辅助系统，使财务会计管理和决策智能化，是实现会计信息系统由核算型向经营管理和决策型转变的有效途径。

事实上，在 20 世纪 60 年代专家系统兴起后，美国等西方国家随即将其应用于财务会计领域，陆续开发了许多实用的专家系统来解决复杂的财务会计管理和会计决策问题，使财务和会计专家系统应用越来越广泛和有效。而目前我国的会计信息系统仅发展到了管理型会计阶段，与智能化会计信息系统相差较远。主要表现在以下方面。

1. 会计信息核算系统仍是手工会计系统的仿真

仿真（手工流程的简单重复）仍是当前会计电算化处理模式的主流，这种会计信息的生产除了必须从系统外部取得原始凭证外，会计电算化系统可以仿真出手工会计系统的很多方面。因此，从总体上说，这种系统的产生与手工会计系统在本质上并没有什么不同，它只是用了计算机技术代替了手工系统下的纸张、笔墨与算盘而已，只是将中世纪的会计思想反映到了现代计算机的屏幕上，计算机只不过充当了手工会计的工具，因为它既没有消除会计手工信息系统存在主观判断因素等固有缺陷，又未在信息处理方面发挥计算机的优势。

2. 会计信息系统的决策支持功能不强

传统会计信息系统的决策支持作用十分薄弱，决策依靠决策者个人的经

验和判断，没有充分发挥现代信息技术的优势为企业管理决策者提供数据支持。随着企业环境的变化和市场竞争的激烈化，企业财务与会计面临许多难度越来越大、要求越来越高的决策问题，传统的经验决策已很难满足日益复杂的管理需求。

因此，只有加大开发力度，在会计信息系统中引入先进的技术和方法，尽快发展高性能、高层次的会计信息系统，才能适应我国会计信息化发展的需求，使会计信息系统在企业管理信息化中真正起到核心作用。

（二）会计信息化中人工智能的深度开发

以计算机技术为核心的现代信息技术与传统会计的结合，形成了会计的信息化。现代信息技术的强大功能为会计的发展带来了意想不到的推动力，使会计得到前所未有的发展。如果在会计电算化的初期会计信息系统的开发目标满足传统会计的会计目标的话，那么今天看来可能就不是那么全面了。当前，市场经济的高度发达，全球经济的一体化强劲趋势，知识经济的异军突起及其所造成的技术资产的日益重要，以及计算机网络信息处理技术与经济活动的密切结合，促成经营活动形式、经济组织方式、投资（和融资）渠道及资产（和资本）构成等的多样性。它们无不要求会计能够科学地处理，能够全面地反映，提供满足需要的充分的会计信息。在会计信息化过程中，企业应将会计信息处理与人工智能技术及网络技术相结合，把会计信息系统的开发向智能化提升。

会计信息化条件下的会计信息系统应是一个由人、电子计算机系统、网络系统、数据及程序等有机结合的应用系统。它拥有友好的界面，不仅包括会计核算系统，还包括更高层次的会计决策支持系统。它多用于解决非程序化的偶发事件，以辅助人们进行决策，这种非程序化的问题是人们在实务中遇到的问题，而如何解决也必须由人来决策，它只能起到辅助决策的作用，而不能代替人的决策。但是由于未来的会计信息系统可以搜集到大量的数据，并对其加工处理成对决策有用的信息，因此，在充分占有信息的情况下，人们往往能作出更明智、更正确的决策。由此可见，未来的会计信息系统不再是一个简单的模拟手工方式的“傻瓜型”系统，而是一个人机交互作用的“智能型”系统。因此，智能型的会计信息系统开发将是会计信息化的重要目标。

三、人工智能对会计信息化及会计行业的影响

人工智能对于会计信息化及整个会计行业发展的影响大部分是积极、正

向的，包括对会计工作的积极影响以及提高会计人员整体素质的作用。本书认为，人工智能的积极作用包括以下几点。

（一）提高工作效率，降低人工成本和减轻会计人员的压力

人工智能不仅能有效提升财务会计工作效率，而且能减少财务会计工作者的工作量，对财务会计工作人员岗位进行合理配置。首先，手工编写财务报表和报告时，即便是一个表格，传统财务会计工作者都要耗费大量时间和精力，造成不必要的人力和物力资源的浪费。目前，人工智能时期的财务会计、信息监督、数据存储和文档管理工作等，都被网络超级记忆及计算的智能系统所替代。此外，人工智能状态下，日常清算业务不仅更加直接、准时，而且能依据具体财务会计对象和工作特性做出有针对性的会计处理，提高财务会计工作的针对性和便捷性。人工智能技术运用于会计信息化建设及整个会计行业，可以提升会计信息处理效率。

手动计费环境中存在低效的工作，如机械、单一和重复的财务问题。会计信息化不仅可以让财务会计工作者摆脱烦琐的工作，还能从复杂的文件中提取出相对有效的信息。业务工作的简化，可以有效提升财务会计工作效率和财务会计工作质量。比如，自动存取款机能够帮助银行完成大部分的基础工作，这样一来就提高了银行的工作效率。人工智能的“智能代理”系统在综合分析了财务会计相关交易工作后，可以对短期内的风险进行评估。[①] 财务会计人员无须将太多时间和精力投入简单、烦琐的工作中，从而有更多的时间和精力处理更复杂的事情。因此，财务会计人员应充分利用“智能代理”系统，将系统集成自动化，将所有财务会计信息高效地输入会计系统之中，然后利用此系统完成数据分析的工作，为企业和机构的决策提供有用的数据支持。

现在的财务会计人员基本依照会计流程进行职能划分，其中，会计核算和监督是财务会计的两项基本功能。财务会计人员最重要的业务是确认、记录、报告和存档的基本工作。人工智能环境下的会计信息化可以减少财务会计人员，降低就业成本。比如，沃尔玛研发的自助收银系统，消费者可以在该系统环境中使用手机扫描所需购买的产品，购物结束后只需在前台安排自助收银机结账，消费者排长队结账的场景消失了，同时为企业节约了不小的运营成本。会计师可以对财务机器人进行编程，以手动输入数据进行核算和报告准

---

① 李唯，景芝烨 . 浅谈人工智能时代下传统会计的发展前景 [J]. 营销界，2021(34)：124-125.

备，并进行编程和标准化，智能处理会计基础工作，即财务机器人可以处理重复率高的、手工处理错误率高的财务会计工作，有效地降低了财务会计人员的劳动强度，从而有效解决了因结账、对账等烦琐的会计工作给会计人员带来的压力问题。

（二）减少会计信息失真和失误

真实性是会计信息化建设及整个会计行业最基本的原则。究其原因，主要在于实行会计信息化的单位，会计信息的处理仍然以人力为主。而这种以人力为主的操作方式，不但会产生人为的偏差，也有可能出现欺骗行为，如故意伪造或欺诈。要想保障会计信息的真实性，最根本的方法就是减少参与会计信息处理的人数，增加人工智能的应用，提高人工智能会计处理的深度。而人工智能财务系统则是以财务专家的理论与经验为基础，同时利用科学的决策程序和方式，建立会计数据模型，从不同角度对各层次、各阶段的会计数据展开观察与分析。企业采用人工智能财务系统，不仅可以降低因人工错误造成的会计信息失真的可能性，还将大大降低欺诈的可能性，如人为篡改或欺诈。这样，会计信息质量得到了很大提高，可以杜绝会计差错带来的不实信息问题，还降低了会计信息混乱导致财产损失的风险。

（三）防控运营风险，提升核心竞争力

在现代企业管理中，风险管理和内部监控是不可或缺的一部分。随着组织结构和经济活动的发展，强化对企业整体风险的监控和管理是必不可少的。利用风险预警模型来找到相应的财务数据，再使用人工智能进行识别，可以有效规避各种应收账款等的财务风险。在风险来临前做好预警工作，可以为企业持续有效的发展提供支持。目前，大多数公司都有危机感，但它并不足以防范风险及做出相应的决策，究其原因主要在于风险来临前的预警机制并没有让财务会计工做者作出有效判断，因此当风险来临的时候他们开始张皇失措。人工智能和财务专家的决策体系相融合，创建出新的风险预警模型，可以不间断地记录财务数据，用以判断并解决财务风险问题。企业根据多个领域专家系统提供的意见，可以将财务风险预防和风险防控作用充分发挥出来，从而确保企业的有效运行，使其发展得更健康。

人工智能是基于数据挖掘进行的，不但能够处理大量的数据信息，创建数据模型，还能够对数据、信息进行不间断的记录与分析。因此，企业可以通过人工智能来预测投融资情况和盈利能力等重大问题。人工智能信息完整，计

算能力强大，可以提供模拟分析，对财务会计管理政策进行判断，给企业的经济决策带来积极有效的帮助。除此之外，它还能够通过建立特定的预览模型推动企业的发展。企业在利用人工智能时，可以利用计算机系统分析大量数据，以进行更详细的预测。比如，在利润估算上，财务会计工作者倾向于在单一的数据模型上做出主观预测，但是计算机的预测不会存在主观偏差。因此，企业可以利用人工智能通过不同的会计模型、运用不同的方式对数据库内的数据信息进行综合分析。除此之外，企业还可以利用人工智能分析资产负债以及社会发展趋势给资金带来的影响。财务会计工作人员应该合理利用人工智能来获取所需的数据信息，协助企业做出正确的决策，以此提高决策的效率和准确性，提升企业的竞争地位，并且推动整个社会的经济发展。

（四）促进人员自我完善，加快人员转型

压力也是一种推动力。财务机器人可以替代人工账户，处理经济和进行财务数据的录入、对账、收集工作，包括详细账户、准备账户汇总表或资产负债表等。这样不仅可以有效提升财务会计工作的核算成效，还能让财务会计工作者摆脱烦琐的财务会计工作。这样财务会计人员就有更多的时间来更新自己的知识系统。与此同时，财务机器人一旦取代传统财务会计工作者，必定会让他们产生就业危机感，因而可以促进财务会计人员加速转型，学习更多的技术，充实自己的知识储备，逐步由传统基础财务会计人才转变为“高精尖”人才。外部商业环境和企业内部环境的变化，是财务会计改革和发展的原动力。最近几年，信息技术、大数据应用、共享中心、“互联网 +”等迅速发展起来，由于缺乏稳定的运营环境，财务会计人员应积极转变传统财务会计核算方式，加大对成本、预算、绩效及投融资等方面的管理。通过与业务之间开展深度融合，财务部门为决策人员提供了很多有效信息，同时对企业风险做出了有效监控。

（五）显著提高会计和审计信息的质量

当前，我国会计和审计行业信息失真现象普遍存在，究其根源，主要在于会计与审计信息的人工处理、人脑思维与判定等人工操作。人工操作不但会出现人为错误，还会出现欺诈问题，例如故意篡改或欺诈。人工智能可以在降低因人为错误发生的会计和审计信息失真可能性的同时降低欺诈的发生率。

大多数传统的公司财务会计根据基本业务流程划分会计人员的工作职能。人工智能的到来必将在很大程度上打破这一分工。人工智能实施后，相关的手

工职位可以取消或大大简化人员，这使得以往的财务分工被打破。此外，人工智能对审计工作也会形成很大影响，如依据会计业务的类型或性质打破分工模式：一方面，企业要增加精通财务和审计软件的技术人员，以适应人工智能审计工作需求；另一方面，企业需要考虑人工智能下可能出现的新问题和新情况，如新的欺诈形式和错误类型，以便提高审计工作的针对性和有效性。

（六）复合型人才需求量不断提升

随着技术的发展，人工智能会越来越亲民化，计算机科学与技术的发展也使人工智能的成本逐渐降低，不论是业务多的大企业还是专门从事审计业务的会计师事务所，或者业务少的小企业都会有能力使用会计人工智能。人工智能的普及必然会使部分岗位需求降低，因此，未来会计人员不仅要掌握财会的理论知识及业务，而且要掌握相关的 IT 知识。现在会计行业为了更快地获取、处理数据，已经引入了大数据及云计算等技术，会计工作越来越依赖于计算机，懂 IT 的会计人才将是会计行业中受欢迎的人才。

第三节　会计信息化现阶段存在的问题

一、对自身会计信息化的基础和管理条件评估不足

对自身在进行信息化建设时评估不够准确，当前，有 54% 的企业对信息化建设的评估没有把握。判断企业的类型对于实施会计信息化非常重要，直接关系到会计信息化的实施目标，如一个企业是创业型企业，那么进行会计信息化建设的时候就必须考虑到该企业的战略目标和重点，准确把握住其矛盾点和突破点，只有这样才能及时发现问题，成功实施会计信息化，也才能实现会计信息化的最优化配置。

当前，我国许多企业在实施会计信息化的时候，并未对自身条件和管理进行有效的评估，这就导致了企业虽然实施了会计信息化，但是对于信息化要达到什么目标、是否要进行信息化，以及如何进行信息化没有一个明确的规划。自然，这种认识的不明确直接导致了会计信息化在管理上的混乱，由于不了解信息化，不了解市场竞争特点，许多企业在面临网络化的发展中，无形中陷入了“IT 黑洞”的危险中。另外，企业对信息化的认识和概念模糊，对会计信息化的重要性认识不足，把信息化简单地等同于技术改造。在实施会计信

息化时，企业更多地选择一些计算机人士来进行，而忽略了其财务会计管理的专业性，加之企业在管理上较为混乱，使得会计信息系统在企业实施的效果不大，这样就没有为会计信息系统的进一步发展和实施创造一个良好的环境，如高层管理者不太支持、中层管理者态度消极、基层管理者配合不足等都严重制约着会计信息系统整体效益的发挥。除此之外，资金也是限制企业实施会计信息化的重要因素，企业在面临市场竞争时，本身存在巨大的压力，资金比较欠缺，而一套信息系统的投入又比较大，因此对是否要进行会计信息系统改造往往犹豫颇多，一方面高技术人才不愿意参与，另一方面会计信息系统又离不开专业人士，面临的种种问题都影响着企业会计信息系统的建设和实施。

二、对会计信息化的认识存在误区

会计信息化建设是一个全新的事物，在其建设过程中也就会存在各种误区，使企业不能顺利实现会计信息化的目标。企业对会计信息化的认识误区主要表现在以下几个方面。

（一）会计信息化就是会计电算化

在实际工作中，一些企业管理者和会计人员认为，会计信息化就是利用计算机来代替手工完成凭证填制、账簿登记、报表编制等一系列会计核算工作的一个过程，亦即会计信息化就是会计电算化。不能否认，会计信息化包含了会计电算化，但会计电算化并不是会计信息化的全部。会计信息化除了包含利用计算机来代替手工完成凭证填制、账簿登记、报表编制等一系列会计核算工作这个过程之外，还包括对会计信息的进一步开发和利用过程以及会计信息系统与整个管理信息系统的对接和融合过程。会计电算化是会计核算工作由手工完成转向由计算机完成的过程，会计信息化是在会计电算化的基础上实现会计信息的深度开发、广度利用、适度披露的过程。如果说会计手工化是较低层次的会计管理，会计电算化是较高层次的会计管理，那么会计信息化就是更高层次的会计管理。会计信息化不能等同于会计电算化，这种错误观念将会阻碍会计信息化的发展。

（二）建立了局域网或连接互联网等于实现了会计信息化

这种想法主要存在于对会计信息化认识不是很深刻的企业。事实上，会计信息化是个系统工程，是企业利用现代信息技术和网络技术有效地开发、利用和管理会计信息资源的过程。现代信息技术已经渗透到企业的内部管理、生产流程、原材料和投入品的采购、库存管理、营销分销和产品售后服务体系等企业生产经营活动的全过程，这种渗透极大地降低了企业的营运成本，提高了企业的竞争优势和营运效率。会计信息化的目的就是要实现在管理、生产等方面充分利用信息技术的便利来提高工作效率。因此，会计信息化不仅要建设和经营信息基础设施，还要从业务和管理方面促使企业应用信息技术和利用信息资源。也就是说，会计信息化必须对企业的业务流程进行再造，进行管理集成，使企业的信息流、物流、资金流畅通无阻，并不是建了局域网、连接了互联网，或者建立一个主页、建立一个企业网站就实现了会计信息化。

（三）“会计信息化是大企业的事情，与小企业无关”的观念

持这种观念的企业不在少数。由于会计信息化是个尚待发展的新事物，理论和实践经验都不成熟，致使很多企业持观望态度。事实上，国外为数众多的小企业就是通过信息技术发家致富的。美国是信息技术最发达的国家，据一项调查显示，美国通过网络出口的产品约 70% 是由小企业提供的，其中，批量很小的“冷门”产品几乎全部由小企业提供。业界分析，市场向潮流化、个性化发展，使众多的小企业能以比大企业多得多的新产品迎合消费者的需要。在经济全球化和信息技术迅猛发展的今天，企业管理者一定要有战略眼光，认识到网络的飞速发展和会计信息化的趋势是不可逆转的。随着信息技术的不断发展，信息产品价格不断下降，企业完全有能力充分利用信息化手段来提高自身的核心竞争力。

（四）会计信息化能解决一切财务问题

有些企业在决定进行会计信息化建设后往往雄心勃勃，在企业原来会计信息化建设落后甚至没有的情况下希望一步到位，一下子解决企业所有的财务问题，这样就势必会造成人力、物力、财力等资源的浪费。另外，相当一部分企业的管理者认为，会计信息化是花钱就可以买来的，因而期望会计信息化建设一蹴而就，对会计信息化缺乏完整、清晰的认识。会计信息化并不是包治百病的灵丹妙药，即使企业已经完成了会计信息化建设，会计信息化也不会自动地解决企业所面临的所有财务问题，企业的发展归根结底要用制度来指导人的行为从而实现企业的目标。会计信息化需要企业的财务人员和决策者对其进行规范的流程再造，改进这个工具的能力，使之适应企业的发展。

三、会计信息化内外部环境的缺失

（一）外部环境

1. 缺乏理论指导，现有的研究成果脱离实际

在理论界，研究重点更多的是放在了一些新概念上，特别是从国外引入的一些新系统的研究，如 ERP（企业资源计划）系统、CRM（客户关系管理）、SCM（供应链管理）等，然而对于企业来说，目前会计信息化的应用水平还很低，这些研究对大部分企业并没有指导作用。会计信息化的基础理论是一门新兴的边缘学科，其实践性强于理论性，但理论界没有足够的重视，至今对于基础理论仍未形成一个完整的体系，只是停留在对会计信息化的概念、特点、应用意义等理论探讨方面，在此基础上培养出来的人才根本就不能在实践中发挥应有的作用。

2. 政府进行会计信息化的统一规划

我国财政部门是会计信息化的主管机构。近年来，随着中国市场经济改革的进一步深化，财政部门先后出台了若干新的会计法规、准则及制度，会计信息化方面的管理职能却未能得到加强，会计信息化的管理文件还停留在新会计制度改革前的层次水平上，远远落后于会计的改革，甚至在目前国家相关的制度文件中尚未提到“会计信息化”的概念，仍然停留在“会计电算化”上，更没有制定相应的会计信息化标准方面的政策。国家在电子交易的法律保障、支付信用、货物配送、网络安全、知识产权保护等方面也有待完善。目前，我国政府比较关注国有大型企业的信息化工作，对其他企业信息化重视不够，有关这方面的专门统计数据几乎没有，对企业信息化在人力和资金上的扶持明显不足。从整个企业信息化进程看，存在着规划滞后于产业和应用发展的现象，没有形成资金、技术、市场的良性循环，尤其是电子商务的发展，急需统一的规划及配套的标准和规范，有关法律法规急需出台。

3. 基于企业的社会化服务体系有待完善

会计信息化需要以整个社会环境的基础作为支撑保障，我国整体的企业信息化建设起点低，虽然在建立信息基础设施、开展信息交流等方面做了许多工作，但是总体上还很薄弱。从目前的情况看，我国为企业发展提供社会化服务的网络或体系尚不健全，也不完善，其具体表现在：政府相关职能部门的管理体制有待创新；信息服务体系建设缺乏协调机制；培训服务体系有待创新；

企业融资服务体系有待完善。目前，我国多数企业规模小，盈利情况一般，融资渠道缺乏，资金有限，往往无法在企业内部完成人员培训、技术开发、管理调研、市场营销等方面的活动，需要从企业外部获得这些方面的服务。我国目前 90% 的信息资源尚未电子化，真正地为企业服务的商用数据库少，且缺少专门为企业提供信息服务的数据库信息资料。为公众服务的政府信息，由于体制、法规等方面的原因不能为社会所利用，造成信息不能畅通流动与交换，企业要想得到全面、及时、准确的国内外信息十分不容易，这极大地影响了企业投资信息化的积极性。另外，以企业信息化为特长的咨询机构极少，专业从事企业信息化工程监理的机构太少，导致企业信息化项目的质量无法保证。

4. 会计软件产品的特有缺陷影响着企业会计信息化的发展

很多时候，会计信息是企业的绝对秘密，在很大程度上关系着企业的生存与发展，几乎所有的软件系统都在为完善会计功能和适应财务制度大伤脑筋，却没有几家软件认真地研究过数据保密问题。而有些软件所谓的加密也无非对软件本身加密，防止盗版，不能真正地起到数据的保密作用，在安全性上更是难如人意。另外，随着网络的普及和网上商务如火如荼的展开，网络犯罪变得日益严重，很多企业没有针对网络环境建立和完善相应的会计信息化安全防范措施，一旦发生问题将造成巨大损失。对于企业内部信息的使用者来讲，如果使用权限划分不当，内部控制不严，也容易造成信息滥用和泄密。会计信息面临安全风险，如何保证财务信息的真实性、可靠性、安全性是企业会计信息化发展过程中另一个急需解决的问题。

5. 缺乏为企业量身定做的会计信息化产品，售后服务体系也不完善

受经营条件的限制，企业的管理观念较为落后，加上人力资源比较紧张、购买能力有限、操作环境较差等客观因素限制，企业更偏向于那些简单易用、价格合理、安全可靠、易于扩展、符合国际趋势的会计信息化产品并需要完整的技术服务。企业需要为它们“量身定做”的会计信息化产品。而目前市场上缺少真正适用于企业的方案，对广大企业来说，能找到一个满足自己具体需求的会计信息化“解决方案”并非易事。虽然无数 IT 服务商竭尽全力地在推进企业信息化进程，但是企业面广量多，目前的会计信息化软件与企业的特定需求难以相符。同时，在会计信息化的实施过程中，大多数供应商由于种种原因不能提供及时、周到的服务和系统的维护与升级，这些问题都滞缓了会计信息化在企业的普及应用。

（二）内部环境

1. 企业管理者及其员工的思想认识障碍严重

由于企业整体的计算机应用水平不高，缺乏足够的技术人员，人员素质比较差，相当一部分的企业管理者对会计信息化了解不多，对企业信息化能提高企业管理水平、提高效率效益和提高企业竞争力的认识还相当肤浅。目前，企业的管理者及其员工对于何为会计信息化、如何实施会计信息化，大都缺乏透彻的认识，很多企业管理者以及会计人员认为会计信息化只是为了提高会计的工作效率和提高会计信息输出的正确性及速度，而这些仅仅是会计信息化发展的初级阶段目标。有些企业主安于现状，不愿打破原有的企业利益格局进行会计信息化，坚持传统的手工会计工作方式，对会计信息化建设的投入持保守态度；还有一些企业在实施会计信息化的过程中遇到上自管理者下至员工的阻力，其原因在于会计信息化的结果是使企业管理的环节更透明，营销、采购等过程中一些“暗箱操作”将大白于天下，这必然要触及利益分配和一些既得利益者；现有的企业员工由于自身素质问题，面临对于技术革命带来的新操作方式的不适应，甚至面临残酷和痛苦的被淘汰过程。这些都给企业实施会计信息化带来了困难。

2. 企业融资困难，缺乏资金，资金投入的结构不合理

企业普遍存在缺乏资金的问题，运作资金通常只能支付一般生产中的技术活动，企业更关心的是如何把有限的资金用在生产上。调查表明，近 20% 的企业认为资金不足是信息化建设中的主要障碍。企业的规模较小，生存率低，资信度差，抵押资产少，缺乏可靠的担保机制，信贷风险大，难以从银行取得贷款，更难以从证券市场融资；企业得不到有力的金融扶持，融资渠道少，融资难度大，使其能投入会计信息化建设的资金相当有限。资金的不合理应用主要表现在企业对硬件、软件、网络产品的投资比例不当，存在“重建设轻维护”“重硬件轻软件”“重网络轻资源”“重技术轻管理”等倾向和误区。一套会计信息化系统需要投入大量资金，同时，会计信息化系统的管理和后期维护也是一项长期工程，需要人力、物力和资金的不断投入与支持。因此，解决资金不足问题是实施企业会计信息化的前提条件。

3. 企业的管理基础薄弱，内部控制制度不完善

会计信息化不只是计算机技术、网络通信技术和硬软件本身等问题，更为重要的是与管理的有机结合。企业会计信息化涉及企业的业务流程、管理流程、组织结构、管理制度等一系列问题，要求企业必须根据会计信息化的系统要求，融合现代管理理论，对会计核算与管理的业务流程进行重组，并依此建

立一套与之相适应的管理制度。但企业的实际往往并非如此，现实是大多数企业受各方面因素的影响，其管理水平、管理手段和管理技术仍停留在传统的低级阶段，陈旧的观念，落后的手段，无序的管理，决策过程中的不确定性、随意性和主观性较强，这些都给会计信息化带来了很大障碍，而这些又都不是一朝一夕就能解决的问题，都还需要一个渐进的过程。总之，我国企业管理粗放、管理水平低下、组织架构不合理、责权利不明晰、决策机制不完善等亟待变革。管理上的变革不完成，企业会计信息化就很难深入。

第四节 管理视角下财务会计信息化的创新路径

一、构建智能化会计信息平台

为了更好地利用会计信息化做好会计信息资源整合工作，本书认为企业下一步应该构建一个智能化全方位立体的智能会计信息化平台，整合会计信息系统内部的各个独立的信息系统，形成一个综合化的会计信息系统，再把综合会计信息系统与综合业务信息系统进行集成处理，形成共享管理平台和数据中心，业务数据发送时录入综合业务管理信息系统，通过业务集成从综合会计信息系统中自动生成记账凭证，各种财务表格可通过查询等方式进行查询和生成满足需要的各种数据。

智能化会计信息平台的各子系统间是相互联系、相互作用的。它能使会计信息得到立体动态反映，实现过程监控，整合信息资源及创造管理价值。智能化的会计信息平台既可以是服务企业的会计信息化的平台，也更具备整合资源、管理用户、信息流通等多种功能，在确保企业信息安全的同时，满足经营管理的需要，实现最大的管理效用。当然，智能化会计信息平台会涵盖多种子系统，具体都包括什么系统，需要在建设过程中依据企业管理的现实情况去考虑、设计。这样能够促使会计信息资源得到充分有效的整合，早日实现业务财务一体化与数据共享中心的完全建立。

二、加强信息数据保护

开放性的互联网系统给会计信息系统的内控管理提出了新的要求，会计信息系统关于安全方面的问题凸显。因此，风险控制显得极为重要。当前，一些企业的会计信息化水平偏低，有时候不能很好地识别风险所在的控制点，不能对风险的形式进行预测，因而也更不知道采用什么方法和措施去应对。因此，为了应对内外部环境引起的风险，企业可建立数据内控安全模型，用电脑软件把模型的会计数据加密，再与库中数据比较分析，找出问题所在，提升会计数据安全系数。数据内控安全模型如图 6-1 所示。

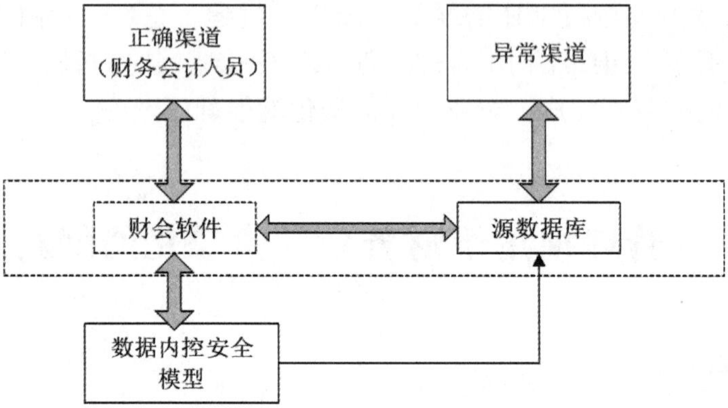

图 6-1 数据内控安全模型

数据内控安全模型需要专用的接口连接到财务软件上，同时要求里面有同样数据来源的数据库即源数据库，数据库的结构和功能是一样的，从外表看，源数据库里面的数据和模型里的是不一样的。其实，经过财务软件对源数据库的所有操作均能在同一时间传输到模型数据库，就像复制一样，其操作完全相同。因为数据做了加密保护和备份程序，非专业技术人员是看不明白此模型中的信息的，从而使数据不易被窃取和修改，进而保证数据安全。

三、加快信息化人才的培养

会计信息化的发展归根结底离不开人的支持。当前，会计信息化发展中存在的一个突出问题就是人才的缺乏，特别是高素质人才的缺乏，这就极大地制约了会计信息化的发展和推进，对国家和企业的正常发展形成了一个瓶颈。尽管我国已经采取了许多措施旨在加强会计信息化人才的培养，也培养了一批合格人才，但是与实际需要还存在一定的差距。因此，一方面，各级政府应加强调查研究，适时地通过政策、资金等方式引导企业会计信息化人才的培养；另一方面，企业应从自身的实际情况出发，通过各种途径积极推进员工的再教育工程，提高员工的思想品德、职业道德、专业知识、工作技能，通过信息化的教育与培训，培养既掌握现代化信息技术，又掌握现代会计知识和管理理论与实务的复合型人才，同时，实施会计信息化建设的继续教育工作，实现人才培养教育工作的连续化、规范化、制度化，不断提高会计人员的综合素质和能力。只有人才得到了保障，企业会计信息化工作才能真正得到发展，企业总体信息化水平才能得到切实的提高。

四、规范软件市场，加大会计软件的开发力度

提高财务软件的质量，生产出满足企业会计信息化特征要求的财务软件是一项艰巨的任务。对于多数企业而言，目前需要的是一种真正成熟的会计软件——具有强大、完整、稳定的功能，简单、规范、易学的操作，可以接受的价格，完善、规范的技术服务。

（一）实现财务软件多功能化

软件公司在设计财务软件时，尽量使软件功能不断扩大，将财务会计与财务会计管理有机地结合起来，以财务报告系统为核心，在此基础上建立和完善对会计经营活动的计划控制功能，做到事前预测、事中控制、事后分析的动态管理，具体可从以下 3 个方面考虑。

（1）量身定做适合本企业发展和实际情况的财务软件，要充分考虑如何处理个性化的需求，掌握需求控制的度，分析这些个性化需求对快速实现会计信息化的影响。

（2）重点了解软件产品如何兼顾企业当前的业务需求和未来的快速发展的需要，使财务应用软件能够使企业以最低的成本、最快的速度实现企业会计信息化。

（3）从决策层、管理层、操作层的不同层面分析产品功能对企业需求的符合程度。例如，从决策层考察产品提供的财务分析功能；从管理层考察产品提供的财务业务一体化功能；从操作层考察总账、资金、应收应付、固定资产等核心功能。

（二）满足软件升级和再开发的需要

企业在不同发展时期适用不同的软件，创业阶段所需要的软件与高速成长发展阶段所需要的软件肯定是不同的。因此，软件开发应考虑到升级和再次开发的可能，以提高其实用性，减少和避免出现企业发展与软件滞后的矛盾。

（三）规范软件市场，做好售后服务

软件销售和代理公司要真正在技术和服务上为企业服务，帮助企业培训会计人员操作、使用财务软件，及时解决用户使用中存在的问题，并针对用户的反馈意见和要求对软件进行修改和完善。

第七章　管理视角下财务会计内部控制及其创新

第一节　财务会计内部控制的基本概念

一、内部控制的相关界定

了解什么是内部控制，可以从内部控制的历史发展过程中寻找答案。在企业刚刚诞生的时候，社会的科技发展水平和企业生产规模还比较低，所有者需要关注的就是防止企业的权力集中在个别管理者手中。因此，早期的内部控制阶段被称为内部牵制阶段，主要是保持企业内部各岗位相互监督、相互约束。随着社会生产力和企业规模的不断扩大，企业之间的竞争不断加剧，所有者关注的重心开始发生变化，不再局限于对企业管理者与员工的牵制，而是更加关注如何通过内部控制的革新在保证内部监督有效的前提下促进企业经营业绩的提升。此时，内部控制进入制度阶段。

内部控制是一套管理体系，是企业为了实现一系列经营管理目标而采取的各种方法、手段与措施的总称。制定和实施这一系列措施的主体是企业法人，包括企业的各级员工，他们有权对内部控制的制定和执行提出相应的要求；内部控制的客体则包括企业内部的全体员工，也包括企业的各种经济业务活动、资产和负债以及各种数据信息等。企业通过内部控制的实施来保证经营过程中的合法性和有效性，通过达到内部控制的目标使企业的经营目标和战略目标得以实现。

二、内部控制的主要目标

一般而言，内部控制的主要目标有以下几个方面：①企业战略；②经营的效率和效果；③财务会计报告及管理信息的真实可靠；④资产的安全完整；⑤遵循国家法律法规和有关监管要求。

三、内部控制的基本要素

（一）内部环境

内部环境是影响、制约企业内部控制制度建立与执行的各种内部因素的总称，是实施内部控制的基础。内部环境主要包括治理结构、组织机构设置与权责分配、企业文化、人力资源政策、内部审计机制、反舞弊机制等内容。

（二）风险评估

风险评估是及时识别、科学分析影响企业战略和经营管理目标实现的各种不确定因素并采取应对策略的过程，是实施内部控制的重要环节和内容。风险评估主要包括目标设定、风险识别、风险分析和风险应对。

（三）控制措施

控制措施是根据风险评估结果、结合风险应对策略所采取的确保企业内部控制目标得以实现的方法和手段，是实施内部控制的具体方式和载体。控制措施结合企业具体业务和事项的特点与要求制定，主要包括职责分工控制、授权控制、审核批准控制、预算控制、财产保护控制、会计系统控制、内部报告控制、经济活动分析控制、绩效考评控制、信息技术控制等。

（四）信息与沟通

信息与沟通是及时、准确、完整地收集与企业经营管理相关的各种信息，并使这些信息以适当的方式在企业有关层级之间进行及时传递、有效沟通和正确应用的过程，是实施内部控制的重要条件。信息与沟通主要包括信息的收集机制及在企业内部和与企业外部有关方面的沟通机制等。

（五）监督检查

监督检查是企业对其内部控制制度的健全性、合理性和有效性进行监督检查与评估，形成书面报告并作出相应处理的过程，是实施内部控制的重要保证。监督检查主要包括对建立并执行内部控制制度的整体情况进行持续性监督检查，对内部控制的某一方面或者某些方面进行专项监督检查，以及提交相应的检查报告、提出有针对性的改进措施等。[①] 企业内部控制自我评估是内部控制监督检查工作中的一项重要内容。

第二节　财务会计内部控制的理论依据

一、社会责任理论

随着社会的发展，企业日益壮大并成了现代经济的主要组织形式。企业在给社会经济带来巨大发展的同时，也给社会带来了一系列问题，如漠视员工的权利、损害消费者的权益、造成严重的环境污染、破坏生态平衡、对社会问题漠不关心等。虽然企业的原始责任就是为所有者获取利润，但要保持企业的可持续发展，就必须关注企业与社会的关系问题。企业社会责任也由此而生并引起了人们的广泛关注。因此，明确企业对社会的责任，将有利于企业的长期利益和长远发展。企业该如何反映社会责任，社会责任应该怎样披露，采用什么样的方式披露，政府及利益相关者如何了解企业对社会责任的贡献以及社会责任信息怎样在不同的企业之间可比，就成了我们必须面对的问题。

随着经济的全球化，国内民众及跨国企业要求中国企业承担社会责任的呼声日益高涨，要求企业在谋求企业利益最大化的同时承担促进和维护社会利益的义务，即企业在为股东利益着想的同时，还应该对社会承担责任。企业履行社会责任既有助于提高企业的社会形象，为企业创造更加广阔的生存空间，又能使企业赢得广大客户和消费者的信赖，促进企业经济利益的提高。可见，企业社会责任对于企业的重要性日趋增强，企业进行良好的社会责任管理，对企业自身利益有积极的影响。企业社会责任是指企业作为一种社会组织所应尽的社会责任，是企业在生产经营过程中的经营决策和企业行为对企业和社会所负有的责任，它包括企业对消费者、员工、股东乃至社区、政府、环境所应承担的经济责任和社会责任。企业的社会责任是一种工商企业追求有利于社会长远目标的义务，而不是法律和经济所要求的义务。它促使人们追求使社会变得更美好的事情，而不做那些有损社会的事情。

---

① 唐颖 .ERP 环境下财务会计信息系统内部控制优化途径探究 [J]. 商讯，2021(21)：62-63.

二、道德资本理论

道德资本从内涵上是指投入经济运行过程，以传统习俗、内心信念、社会舆论为主要手段，能够有助于带来剩余价值或创造新价值，从而实现经济物品保值、增值的一切伦理价值符号。从外延上看，它既包括一切有明文规定的各种道德行为规范体系，又包括一切无明文规定的价值理念、道德精神、民风民俗等。从表现形态看，道德资本在微观个体层面体现为一种人力资本；在中观企业层面体现为一种无形资产；在宏观社会层面体现为一种社会资本。从功能发挥上看，道德资本与其他资本不同，它不仅是促进经济物品保值、增值的人文动力，而且是一种社会理性精神，其最终目标是实现经济效益与社会效益的双赢。

在社会主义市场经济条件下，企业生产要素中劳资关系依然存在，企业道德的实然与应然之间的不一致问题依然存在。因此，有必要进一步探究企业道德实践的本质。企业道德实践在本质上是主体性活动，是贯彻实践精神的活动，尤其是实践义利共生原则的活动。进入 21 世纪，企业面临的风险主要来自世界政治、经济、法律、文化传统等方面，尤其是国家与国家、企业与企业间的经营环境差异。企业及企业员工自觉的道德行为表征了企业道德实践在本质上是主体性的活动。

三、行为科学理论

行为科学是综合应用心理学、社会学、社会心理学、人类学、经济学、政治学、历史学、法律学、教育学、精神病学及管理理论和方法，研究人的行为的边缘学科。它研究人的行为产生、发展和相互转化的规律，以便预测和控制人的行为。行为科学反映了人类社会发展的进步要求。行为科学贯彻以人为本的思想，以人力资源为首要资源，高度重视对人力资源的开发和利用，提倡以人道主义的态度对待工人，通过改善劳动条件，提高劳动者工作生活的质量，培训劳动者的生产技能，调动人的积极性，进而提高劳动效率。这些思想有利于推动生产发展和社会进步。

对于企业而言，管理层关注的核心问题在于如何提高企业员工的忠诚及承诺度，如何激励员工更加积极地投入工作中，如何使员工的实际工作行为及绩效对整个企业产生正面影响，从而提升整个部门和企业的效能。另外，当今高科技产业的迅速崛起，使员工的价值不仅体现在他们所拥有的劳动力上，还在于他们能够产生富有创造性的思想和观点。行为科学理论在管理学中的应用，归根结底是要提高经济效益，提高经济效益的前提是满足人的动机。动机的产生引发于两个因素：一是内部因素，即需要，包括生理需要和心理需要；二是外部因素，即刺激，包括物质刺激和精神刺激。行为科学认为，要使人们产生某种积极行为，就要通过一定的方式激发人们的某种动机，动机激发起来了，行为就自然产生了。

四、可持续发展理论

可持续发展管理会计运用多种方法，加工、整理各种信息，构建基于生态经济系统的、以促进企业的可持续发展为目标的预测、决策、控制、评价等的信息系统。在传统管理会计理论下，企业以利润最大化为目标，忽视了生态效率，不能提供生态环境信息，容易造成经营决策的失误。相比传统的管理会计，可持续发展管理会计更加重视生态环境、社会责任给企业带来的影响，在会计核算中体现了经济增长对生态环境的破坏，在关注经济效益的同时更加重视社会效益。

关于企业对自然资源是否合理利用，是否有节制，企业排放的废气是否污染环境，排放的废水是否达标排放，企业生产是否破坏人与自然的生态平衡等问题，企业可以通过预算和绩效管理系统来促进社会责任的实施，考虑相关的环境活动，如企业环境教育的实施情况、环境政策的落实情况、环境质量的监测情况、排污治理水平等。将多个可行性预测方案进行比较分析，考虑环境污染的清理成本、企业环境罚款的支付、环境污染的理赔成本、环境管理支出、环境投资和损失等各种隐性成本，从中选择一个成本低、效益高的考虑生态因素的生态保护利用方案，权衡企业的经济利益和长远发展，优化企业的战略决策。

第三节　财务会计内部控制的制度建设

一、财务会计内部控制概述

财务会计内部控制，就是采取一定措施提升企业会计信息质量，保证这些信息的真实性和完整性，贯彻国家政策和法律法规，保障企业资产安全。企业会计内部控制要遵循以下基本原则：第一是合法性，即所有控制策略都要将国家法律法规作为依据；第二是谨慎性，要求会计内部控制能够准确预测市场环境以及企业内部环境中存在的风险，并制定出防范措施，谨慎经营；第三是全面性，会计内部控制要贯穿于企业经营管理的全过程，不能遗漏某个环节；第四是重视成本效益，除了一些事业单位，大多数企业经营目标都是创造经济效益，会计内部控制中要将成本效益放在重要位置，提升企业价值；第五是灵活性，会计内部控制机制并不是一成不变的，要能够根据市场形势的变化随机应变；第六是牵制性，开展经济活动过程中，会有很多部门及岗位参与进来，这些部门在会计内部控制的作用下相互牵制，以此提升控制效果。

在企业的发展中，资金的管理和使用，会计资料的真实、合法、完整，不仅会影响企业的发展，而且会影响企业的生存。但是，目前企业资金被滥用、会计资料造假等现象层出不穷，而内部控制的弱化就是导致这一现象的重要原因。因此，为了促使企业财务会计管理的规范化、系统化，保证企业财务会计的正常运行，就需要完善企业财务会计内部控制制度。

二、财务会计内部控制的现状

（一）预算弱化

企业财务预算并没有与企业战略目标紧密联系起来，短期财务预算与长期财务预算之间甚至出现背离，不同期的财务预算也并不能有效地衔接。而且在预算的制定和执行过程中，由于财务部门与其他部门之间的功能和责任不一致，信息不对称，导致其他部门为了使自己能够使用更多的资金，往往会制定更高的标准，编制更高额度的财务预算。此外，在财务预算的执行过程中，有许多部门领导都片面地认为财务预算是财务部门的事，因此对于财务预算并不配合；财务部门对于其他部门的具体情况并不了解，对于各部门的了解仅限于一堆数字，并不能分析其中的原因，因此不能制定出合理的财务预算。而财务预算的不科学，使企业各部门在执行财务预算时并不是很严格，财务预算在执行过程中缺乏有力的监督，对于预算中需要处理的支出，也往往是企业领导说了算，并不是科学的财务预算占主导作用。从根本上说，在执行过程中缺乏监督，在事中控制相当薄弱，而这些都导致许多科学的财务预算都流于形式，没有在企业发展过程中发挥应有的效用。

（二）监督弱化

虽然我国目前已经有社会监督和政府监督等，但是这些都属于外部监督，而且对于企业而言，由于信息披露有限，因此外部监督很少会影响企业的财务行为，这些外部监督机制发挥的效果也并不能让人满意。标准不一、信息沟通不畅等都会导致外部监督不能发挥作用；社会对于注册会计师的监督也并不够，加上注册会计师的执业环境不够规范，都让外部监督对于企业财务行为的监督很少发挥作用。而在企业内部，大多数企业尚未设立专门的审计部门，就算有的企业设立了内部审计部门，但其在实际工作中也没有发挥应有的作用，而是沦为了摆设，这导致了企业内部监督对企业财务行为的监督不力。外部监督和内部监督都没有完全建立起来，企业的财务行为也就无法得以监督，企业的财务信息也就无从知晓。而企业内部财务监督的弱化，往往会使企业会计资料的真实性无法得到保证，从而滋生出会计资料造假的现象。

（三）资金控制弱化

企业管理者对于资金的控制缺乏足够的认识，没有认识到资金管理关系到企业发展的大局，对建立内部资金控制制度不积极，不能很好地控制企业内部资金的使用情况，对于资金的使用，往往不是制度说了算，而是领导说了算。而财务人员在对资金的管理中，并没有树立起严格的风险价值和时间价值等理念，也并不能严格地执行自己的职责，对于领导特批的资金使用，往往“睁一只眼闭一只眼”，从而导致企业资金的流失。

三、财务会计控制制度的建设

（一）健全企业财务会计内部控制制度

企业在进行财务会计管理时，务必以《中华人民共和国会计法》为基础，制定本企业的相关规定，进一步完善财务机制，加大对财务会计管理的控制力度。同时，企业还需要建立财务控制责任制，企业各职能部门及每个岗位都进行明确的分工，将企业经营目标进行分解，让企业各部门和员工能够相互协作，对财务控制不力的部门进行相应的惩处，而对财务控制领先的部门进行奖励。此外，需要在企业内部进行全面控制，对企业生产经营活动中需要使用的人、物、财等资源进行合理分配与严格控制，让企业能够在规范的制度下有序经营。

（二）加强财务预算管理

预算是成本管理的基础，是企业在预测和决策的基础上，以数量和金额的形式反映企业一定时期内经营、投资等活动的具体计划，是为实现企业目标而对各种资源和企业活动进行的详细安排。美国著名管理学家戴维·奥利指出："全面预算管理是为数不多的几个能把组织的所有问题融合于一个体系的管理控制方法之一。"因此，做好财务预算工作是加强企业管理和内部控制的重中之重。首先，应该明确财务部门的相应职责；其次，应该选择适合企业发展的预算管理模式；最后，应该完善预算管理的基础工作，对财务会计管理收支体系进行优化，进一步细化会计科目，使每一笔收支都能够有理有据地归纳到会计科目中，争取通过财务预算全面反映企业的各项经济活动，让企业的财务会计管理更加科学、规范。

（三）加强企业内部审计

企业要实事求是地建立起企业内部的监督机构、审计体系，强化内部会计监督，保证企业会计信息的真实性，同时要对企业内部控制的一系列措施的执行情况进行检查。不管哪类企业，在发展过程中都应该充分重视企业内部的审计工作，因为这项工作能够发现企业财务会计管理中存在的问题。企业要加强对企业财务的全面审计，只要是有费用产生的地方，需要入账的地方，都需要进行审计，找出财务会计管理的漏洞；企业的审计既要着眼于事后控制，也要立足于事前控制和事中控制，纠正所有不合规定的财务行为。企业需要加强对企业内部审计人员的培养，保证企业内部监督人员是集财会、法律、审计等知识于一身的综合人才。

第四节　管理视角下财务会计内部控制的创新路径

一、提升内部控制意识

企业内部控制环境的一项重要组成部分就是内部控制意识，拥有良好的企业内部控制意识是企业内部控制制度得以贯彻和实施的重要基础。从国家层面来讲，政府相关职能部门要认识到企业内部控制的重要性，充分发挥政府部门的主导作用，完善企业内部控制的法律法规，为企业的发展营造良好的环境。从企业层面来讲，在遵守国家相关法律法规的前提下，要积极建立和完善相应的内部控制制度和体系，保证内部控制的顺利执行。企业内部控制的好与坏，依赖于企业员工的自我内部控制意识，因此，企业要加强这方面的培训，增强员工对内部制度的认识，打造有效、全面、健康的企业文化氛围，使其成员能自觉地把诚信尽责和职业道德放在首位，并积极贯彻到日常工作中去。

领导层的内部控制意识至关重要，如果管理层没有做好，就会影响到企业内部控制的实施效率和效果，虽然说企业员工的意识形态也很重要，但是企业的管理层是没办法逃避责任的。只有增强管理层的内部控制意识，提升管理层的素质，才能使企业内部控制得到有效的运行。企业要加强企业文化建设，经常组织员工进行培训学习，通过教育的方式不断增强员工内部控制的意识。

二、完善内部审计机制

企业应根据自身的实际情况和内部控制的相关要求建立内部审计部门，完善内部审计机制，确定相应部门及相关人员的职责权限，确保内部审计部门及人员具备相应的独立性、良好的职业操守和专业胜任能力。企业的内部审计部门要定期或不定期地对企业的内部控制系统进行审计监督与评估，对主要风险的监督评审应当是企业日常活动中不可或缺的一部分。对于内部审计中发现的内控存在的缺陷和漏洞，要及时上报给企业相关领导，并向存在内部控制缺陷和漏洞的单位下发整改通知书，确保内部控制体系的有效运行。

企业内部审计既是企业内部控制的一部分，也是监督内部控制其他环节的主要力量，其作用不仅在于监督企业内部控制的执行，还可以帮助组织创建一些程序以达到组织成功的软控制环境的营造，并成为内部控制过程设计的顾问。控制自我评估，意指每个企业不定期或定期地对自己的内部控制系统进行有效性及实施效率效果的评估，以期能更好地达成内部控制的目标。控制自我评估可由管理部门和职员共同进行，用结构化的方法开展评估活动，密切关注业务的过程和控制的成效，使人们了解缺陷的位置以及可能引发的后果，然后采取行动改进。

三、加强信息流动沟通

企业信息系统不仅处理企业内部所产生的信息，而且处理与外部事项、活动及环境有关的信息，企业信息系统既是企业控制环境建设的一个重要方面，也是企业内部控制的一项因素。良好的信息系统有助于提高内部控制的效率和效果，企业必须按某种形式在某个时间内辨别、取得适当的信息，并加以沟通，使员工顺利履行其职责。良好的信息系统能确保组织中的每个人均清楚地知道其承担的特定职责。每个员工都必须了解内部控制制度的有关方面，包括这些方面如何生效，本人在控制制度中所扮演的角色、所担负的责任以及所负责的活动怎样与他人工作发生关联等。良好的信息沟通系统不仅要有向下沟通管道，还应有向上的、横向的以及对外界的信息沟通管道。企业会计信息系统能提供成本、生产、营运、库存等信息，是企业信息系统中最为重要的组成部分，因此必须加强会计系统及其他方面的信息沟通体系建设。

企业需要积极建立内部信息沟通系统，保证在进行财务会计管理时可以实现信息之间的有效沟通和传递，这就需要建立完善的信息处理系统，这样才能使财务信息在企业之间得到有效的流转，进而实现企业的信息安全。例如，企业可以建立网上信息查询系统，这样就能够及时完成当前各项信息的查询，防止出现信息之间的缺失和不对称。同时，企业管理层也需要进行积极的宣传和引导，树立良好的风险控制意识，这样才能够在企业的发展中建立有效的控制。

四、丰富企业环境建设

企业控制环境是指对建立加强或削弱特定政策、秩序及其效率产生影响的各种因素，包括董事会、企业管理者的素质及管理哲学、企业文化、组织结构与权责分派体系、信息系统、人力资源政策及实务等。企业控制环境是一种氛围，塑造企业文化影响企业员工的控制意识，影响企业内部各成员实施控制的自觉性，决定其他控制要素能否发挥作用。控制环境直接影响到企业内部控制的贯彻和执行以及企业经营目标及整体战略目标的实现。为此，企业不但要从形式上建立健全董事会、监事会、总经理班子，而且要切实发挥以董事会为主体和核心的内部控制机制。

首先，建立我国经理人员人才市场，形成一个比较成熟且具有长远控制、约束、监督与激励经理人员的外部机制。其次，加强管理阶层的管理哲学、管理风格、操守及价值观等软控制的培养与建设，塑造长期、全面、健康的企业文化氛围，使其成员能够自觉把办事准确和职业道德放在首位。最后，强化企业组织结构建设，界定关键区域的权责分派，建立良好的信息沟通管道，为有效的企业内部控制提供良好的环境条件。

第八章 管理视角下财务会计管理模式及其创新

第一节 新时代市场经济对财务会计管理的要求

虽然我国市场环境总体不断改善，但是仍有不少薄弱环节，影响着市场经济平稳运行，制约了经济健康发展。一是企业准入和退出仍面临很多制度性障碍，特别是退出难的矛盾逐渐突出；二是企业生产经营的政策环境仍不理想，企业生命周期较短；三是公平竞争成为影响企业发展的重要因素，市场竞争环境仍需改善；四是消费环境隐患不容忽视，消费环境成为影响国内消费增长的重要因素；五是互联网平台问题频发，亟须规范发展。因此，新时代市场经济对财务会计管理的要求如下。

一、新时代市场经济对财务会计目标的要求

（一）市场经济与财务会计目标的关联性

在进行改革开放之前，我国只有银行一个金融中介机构为企业提供贷款融资。企业的资产基本上归国家或集体所有，企业的管理层都由国家指派，报告国有资产经营情况是管理层提供会计信息的最大目标。而在改革开放之后，会计目标的研究受到越来越多人的重视，到 20 世纪 90 年代初达到了高峰，这是因为当时资本市场已在我国正式运行。在我国资本市场建立以前，大多数企业的控制人是由国家等委托人组成，委托人可以在企业经营管理等方面直接对受托人提出各种要求，若企业的经营情况不乐观，委托人还可以对企业的受托人做出直接更换的决定。因此，那个时期企业的经营者提供会计信息的最终目的就是向委托人反映其经营企业的情况，企业的会计目标自然应选择受托责任

观。在我国资本市场开始运行以后，上市公司的委托方发生了变化，不再是由少数人控制，而是有更多的中小股东加入其中。企业在提供财务会计信息时需要考虑的需求方变多，大股东、小股东和债权人等利益相关人员都变成了会计信息的需求方，在这种情况下，会计目标便会面临从受托责任观向决策有用观转变的挑战。

自2006年以来，随着新企业会计准则1项基本准则和38项具体准则的发布，我国公允价值计量模式在会计体系中的运用进入全面与国际接轨的新阶段。随着我国资本市场的快速发展，股权分置改革有序进行，不断增多的股票、债券、基金等在证券交易所挂牌上市，这些金融资产的交易已经逐步形成了比较活跃的市场。在此种形势下，公允价值的引入，更能反映出一个企业的现实生活状况，有助于为各个投资者等财务分析报告使用者提供更加有用的决策，而且也只有这样，我国社会才能真正实现与国际公司财务工作报告准则之间的趋同。

（二）市场经济对财务会计目标的全新要求

中共十四大确立了社会主义市场经济体制的基本方针。社会主义市场经济要求重塑我国的经济体制，也对财务会计目标提出了新的要求。随着社会过渡到市场经济时代，尤其是随着我国的社会主义市场经济体制的发展和完善，财务会计目标增添了新的内容，财务会计目标出现多元化趋势。在当前，我国财务会计工作者提供的各类财务会计信息不仅要满足国家的宏观经济管理的要求，还要求同时满足企业的经营所需和有关各方及投资者对企业财务状况和经营成果的需求。究其原因，主要是在市场经济条件下，企业经营者往往处于相对繁杂的经济关系当中，企业的各项经济活动与社会各方面存在着密切的联系。其中包括各级政府、投资人（股东）、债权人和企业职工，政府通过对企业的了解继而对行业的整体了解和判断为后续各类政策出台提供依据，企业的投资者和债权人通过对企业的了解为保护自身利益和增加收益提供决策数据，企业的职工通过了解企业的经营情况和发展前景，更好地与企业同呼吸共命运。

（三）财务会计目标的未来发展方向

受托责任，旨在强调会计信息的真实性、可靠性，决策有用规则偏向于会计信息之间的关联性。受托责任观下会计计量方式为历史成本计量，而决策有用观下会计计量方式以公允价值为主。随着我国改革开放程度的逐渐加深，市场经济的发展会产生对会计信息相关性的需要，为提高会计信息服务的质量，就迫切需要对会计计量属性进行改善和发展，适当地引入公允价值计量属性可以提高会计信息质量，有利于决策。中国之所以会出现公允价值先用后弃、弃后再用的现象，明显与我国市场的发展有关，最开始的引入是借鉴国外会计经验，忽略了我国市场发展这一重要影响因素，导致在使用中出现操纵利润等种种现象，而后随着我国市场的快速发展，又产生了对会计信息相关性的需要，因此再次引入了公允价值计量。再次引入时，以市场需要为出发点，而最开始的引入则是单纯地模仿西方会计经验。资本市场越强大，会计信息服务“经济决策”的目标就越明确。公允价值是市场经济发展的必然产物，它作为一种计量属性，既缓解了会计提供信息的关联性不足问题，也增加了会计信息决策有用性的需求。这说明我国财务会计目标正处在由受托责任观向决策有用观的转变过程中，最终的发展趋势可能是决策有用观完全取代受托责任观，从而建立一个新的财务会计概念框架。

二、新时代市场经济对财务会计人员素质的要求

进入 21 世纪，中国正以更加广阔的视野、更加博大的胸襟和更加开放的姿态融入世界经济发展的大潮。在这个时期，人类社会已由工业经济时代向知识经济时代过渡，这种变化将给人们的生活方式、思维方式、工作方式及经济发展方式带来剧烈而深刻的变革。在这场变革中，财务人员只有及时提高自身素质，才能适应知识经济时代的要求。一名合格的财务会计人员应该具备以下素质。

（一）通晓专业理论

要想成为知识经济时代的一名合格的财务会计人员，必须有相关的专业知识做基础。

1. 熟悉会计基本理论

一名出色的财务会计人员必须具有一定的会计理论基础和娴熟的会计实务技能。会计基本理论主要由两部分构成：一是会计学和会计工作中的一些基本概念，如资产、负债、所有者权益、收入、收益、费用、资金、营运资金、会计报表、合并报表等；二是会计工作质的规定性，如会计本质、会计属性、会计职能、会计对象、会计地位、会计任务等。这些是基本性的理论问题，构成整个会计理论体系的基石。财务会计工作者在实际工作中必须努力学习这些理论，只有熟悉这些理论，才能从较高的视角上把握工作的运行规律，提高财

务分析能力，为领导决策提供有价值的建议。

2. 掌握会计应用理论

在熟悉会计基本理论的同时，一名出色的财务会计人员还应掌握会计应用理论。会计应用理论是研究会计工作量的规定性理论，它主要研究会计工作的运行规则及完善问题，对会计实务有着直接的影响和指导作用，包括财务通则、财务制度、会计准则、会计制度。会计应用理论是会计基本理论的具体化，是联系会计基本理论与会计实践的桥梁和纽带。会计应用理论是与会计实务联系最密切、关系最直接的理论，包含许多政策性规定。

（二）擅长计算机操作

计算机是知识经济的核心和支撑点，互联网是知识经济的高速公路，它们是知识经济的重要工具和载体，目前已大面积地渗透于各个经济领域和管理部门。因此，要求每个财务会计人员不仅要具备会计专业知识，还要熟练地掌握计算机在会计核算、资金预测等工作中的运用。计算机的使用和网络的发展使数据的取得更加全面快捷、计算更为精确。会计工作既是一种生成信息、供应信息的工作，也是一种利用信息参与管理的工作。在知识经济时代，企业管理的信息化也对财务会计人员提出了更高的要求，要求财务会计人员要先在思想上树立创新精神，并利用一切先进的技术，掌握全方位的信息，不断完善自己的知识结构。使用财务软件是我国企业信息化的起步，企业要想规范内部流程和完善内部控制，只能从理顺企业财务入手。因此，高素质的财务人员必须具有丰富的科学交叉知识，既要精通财务又要懂得管理，还要熟悉高新技术在财会工作中的运用。

（三）擅用外语交流

据有关权威机构统计，互联网信息中93%的信息以英文形式发布，常见的网页设计及程序也都以英文为基础。英语作为语言体系中的支撑语言，在日新月异的网络时代起着举足轻重的作用。因此，在会计信息实行电算化管理的今天，一名合格的财务人员应能熟练应用英语解决工作事宜。

（四）拥有良好的职业道德

财务会计人员职业道德就是财务会计人员在会计事务中需要正确处理的人与人之间经济关系的行为规范总和，即财务会计人员从事会计工作应遵循的道德标准。它体现了会计工作的特点和会计职业责任的要求，既是会计工作要遵守的行为规范和行为准则，也是衡量一个财务会计人员工作好坏的标准。财务会计人员职业道德修养主要体现在以下 4 个方面。

1. 熟悉法规、依法办事

财经法规是财务会计人员职业道德规范的重要基础。财务工作涉及面广，为了处理各方的关系，要求财务会计人员做到“不唯上、不唯权、不唯情、不唯钱、只唯法”。

2. 实事求是、客观公正

这是一种工作态度，也是财务人员追求的一种境界。

3. 恪守信用、保守秘密

财务人员应当始终如一地保持良好的信誉，不得有任何有损于职业信誉的行为，不参与或支持任何可能有负职业信誉的泄密活动。

4. 敬业爱岗、搞好服务

热爱自己的职业，是做好一切工作的出发点。财务人员明确了这个出发点，才会勤奋、努力地钻研业务技术，使自己的知识和技能适应具体从事的财务工作的要求。

随着社会经济的发展以及财务会计从业人数的增加，企业财务会计人员的质量成为管理层关注的重点问题。财务会计管理工作作为企业生产经营过程中相对基础的工作，需要财务会计人员在与企业其他经济部门的合作下，对企业生产经营过程中发生的经济业务进行全面处理与分析，从而在确保企业财务会计管理不存在管理漏洞的基础之上有效地管理与发展企业财务会计工作。企业财务会计人员在工作中必须具备处理财务问题的基本能力以及专业能力，并且能够根据企业经济业务发展的需要，随时学习专业的知识理论，在专业知识以及相关财务会计法律与法规的指导下，顺利地进行企业财务会计管理的工作。

第二节　财务会计管理体制的现状及其改革重点

近年来，随着企业改革的深化发展，各个企业也采取了一系列措施对现有企业模式进行了改革、重组，拓宽了业务范围，扩大了企业规模。但是，我国企业发展的时间较短，在短时间内企业还处于粗放经营的模式，这就使企业在经营和管理的过程中存在诸多问题。企业当前的财务会计管理还存在财务会计体制不完善、财务会计信息建设不充分等问题，这些问题的存在严重制约了企业的进一步发展。企业作为我国国民经济的重要组成部分，是我国经济发展的中坚力量，面对当前财务会计管理体制中存在的问题，企业必须予以重视并采取有效的措施，完善财务会计管理体制，提高财务会计管理水平。

一、当前财务会计管理体制的现状

（一）财务会计管理理念过于狭隘

随着我国国际化程度的不断提升，市场竞争更加激烈，企业所处的财务会计管理环境也发生了巨大变化。但受限于过去的财务制度，我国不少企业秉承的财务会计管理理念还非常狭隘，并未将财务会计管理作为企业全面管理过程中的重要组成部分，也没有意识到财务会计管理工作应渗透至所有业务环节，这无疑会导致企业的财务会计管理效率在低水平徘徊。

（二）财务制度执行不到位

这方面问题主要表现在对预算与费用的管理上。首先，对预算管理制度而言，企业的财务人员在编制预算时没有严格按照内部管理规范的指引设置预算科目，而是以自己的主观认识为考虑因素；预算指标的选取各不相同，导致预算不具有良好的可比性；对预算执行也没有实施严格的监督与管控，导致企业存在大量的预算外资金支出，从而降低了预算对经营的指导性。其次，对费用管理制度而言，企业在实际的运营过程中并没有将这项制度落实执行，导致企业费用支出存在严重的超支现象。

（三）财务会计管理权限分配混乱

企业的组织结构非常复杂，各下设子公司都是独立法人，拥有很大的财务会计管理自主性。而集团母公司通常会以子公司的运营实际为基础，指导与监督其财务会计管理工作，对下设子公司进行不同层面的财务会计管理，这也造成了整个集团财务会计管理的分散化。随着我国企业规模的不断扩大，子公司的经济事项越来越复杂，母公司的监管难度随之增加，企业出于无奈只能向子公司分配更大的财务会计管理权限，而由于权限分配不具系统性与合理性，导致母公司实际上基本丧失了对子公司的财务监管权，从而导致集团的资金利用效率低下。

（四）财务会计管理监管形同虚设

虽然企业为了提升自身财务会计管理工作的质量也进行了一些改革，并且取得了一定的成效，但是由于监管机制失灵，现在仍然存在不少财务会计管理问题。例如，有些财务人员利用职务之便谋取私利；为子公司提供了过大的财务会计管理自主性，却缺乏有效的监督机制，使子公司为了实现自身利益最大化而做出有损集团总体利益的决策等。财务会计管理监管形同虚设，使企业集团的资产严重流失，从而导致集团利益受到巨大损害。

（五）财务会计管理体制不完善

企业财务会计管理体制不完善会使资金的进出存在很大的随意性，导致集团无法了解自身实际的财务状况，也无法对未来的资金状况进行准确预测。此外，财务会计管理体制不健全还会导致集团内部的财务信息互换低效，从而出现因为信息不对称而造成的协调问题，进而降低集团内的资本管理效率。

二、财务会计管理体制的改革重点

（一）建立全面的财务会计管理理念

企业必须意识到财务会计管理工作是一个完整的体系，企业的所有业务流程以及环节都是财务会计管理的对象。基于此，首先，企业要对全体员工进行财务会计管理培训，使其意识到财务会计管理与其切身利益密切相关；其次，企业要认识到财务会计管理工作的复杂性，以全局管理的思想来统筹，以细节管理的方式来落实，并协调好各利益管理方之间的关系；最后，企业要对财务会计管理收效进行考评，并将考评结果纳入绩效总考评体系中。

（二）提升财务人员综合素质

企业必须重视提升财务人员的综合素质，以提升财务会计管理工作的质量。除培养内部的财务骨干之外，还应该积极吸纳企业外部的财务会计管理人才，从而提升财务会计管理团队的总体素质。

（1）对于高级财务会计管理人员的选拔，应优先考虑内部晋升，因为内部人员更了解企业的组织以及运作情况，能协调好各方的关系。

（2）加强对财务会计管理人员的再教育，提升其专业技能与职业道德，为企业后续发展提供人才储备。

（3）构建良好的学习环境，鼓励财务会计管理人员考取职业资格证书，并定期进行岗位能力考评。

（4）完善财务人员绩效考评体系，科学选择考评指标对不同岗位的财务人员进行绩效考评，并将考评结果作为确定薪资以及福利待遇的重要参考标准。

（三）实施全面预算管理体系

结合企业的产权属性，本书认为其可以设置如图 8-1 所示的全面预算管理组织结构：决策机构是整个预算管理的指挥中心，是整个体系的核心；工作机构则包括具体的预算执行部门，这些部门主要负责执行决策机构下达的预算要求，实现各项预算目标。企业的结构非常复杂，因此，预算管理必须实行分层管理。本书构建的企业全面预算管理流程的制度架构如图 8-2 所示。图 8-2 中的所有制度都是基于预算管理建立的，贯穿预算管理的始终，以实现对预算的全面管理。

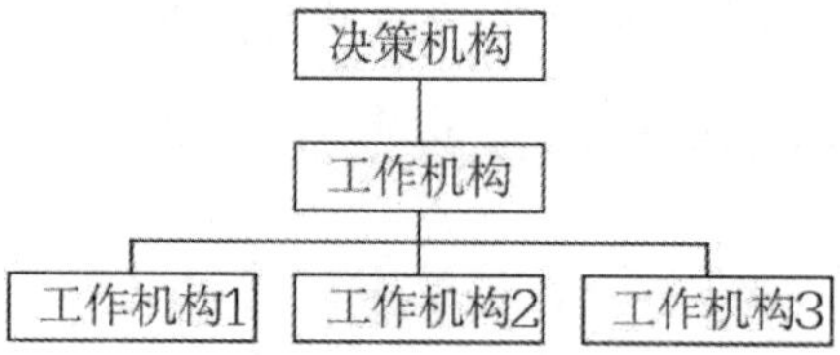

图 8-1 企业全面预算管理流程制度架构

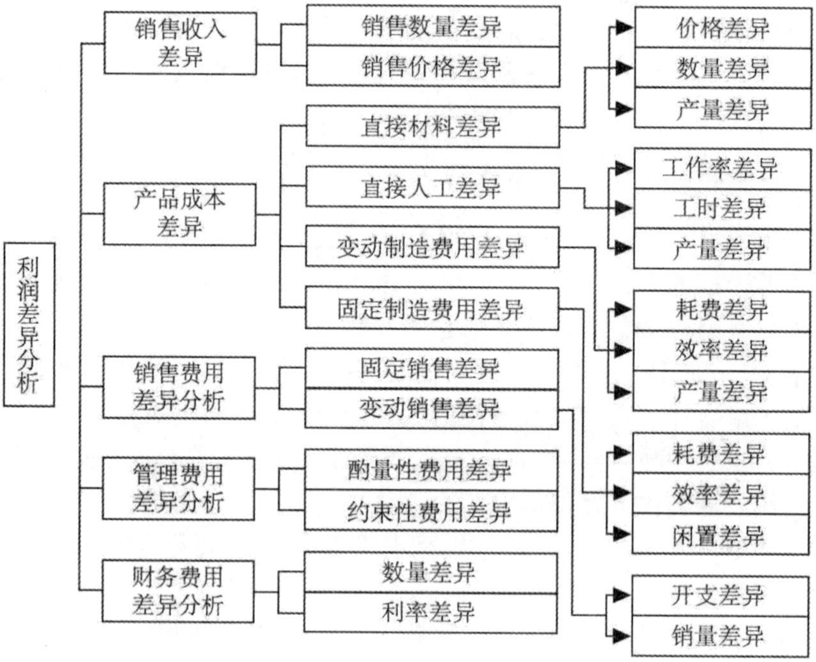

图 8-2 全面预算管理的组织结构设置

需要注意的是，企业进行全面预算管理必须严格按照事先制定的规范进行，还要做好预算管理的反馈工作，使企业领导层能够真实了解预算的管理情况。进行全面预算收效分析时，要综合分析每项预算的执行收效，并将所有结果汇总，分析预算存在的总差异。这样就能找出导致预算出现偏差的原因，以此作为下个预算期调整预算项目的基础。全面预算差异分析流程如图 8-3 所示。

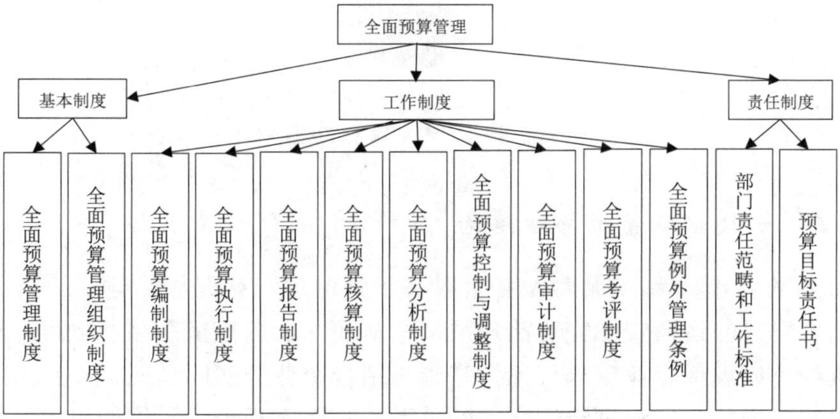

图 8-3 全面预算差异分析流程

（四）完善相关制度建设

一方面，强化对内部财会制度的建设，从而提升企业财务会计管理工作的规范性与一致性，进而提升财务会计管理工作的有效性。企业集团要以相关法律法规为基础，结合自身的实际情况建立管理制度，将此制度作为集团内所有企业的财务会计管理指引，并根据制度执行的收效对其进行调整与完善。另一方面，企业集团必须给予内审工作足够的重视，建设完善的内审制度，从以内审制度为指引发现当前财务会计管理工作中的问题，并进行及时改进。内审工作一定要保持独立性与权威性，企业集团应将内审部门划归由董事会直接领导，对集团各项管理工作，尤其是财务会计管理工作进行审计。内部审计过程如图 8-4 所示。

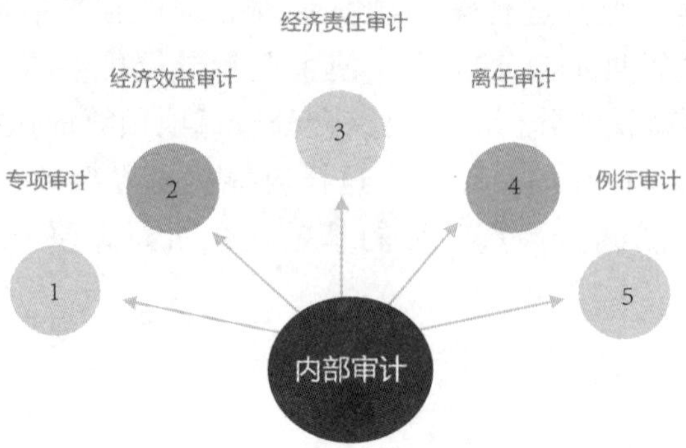

图 8-4　内部审计过程

（五）加快完善整体治理结构

企业的管理效率在很大程度上取决于其治理结构是否合理。因此，企业需要结合自身的运营实际完善治理结构，从而保证内控机制顺利运行。完善的治理机构是以现代企业管理理论为基础，结合企业的实际情况，以权力制衡为指导思想，设置不同治理组织之间的关系，从而实现最大限度的权力制衡。母公司无法对子公司进行直接管理，但应掌握好对子公司放权的度，避免出现子公司脱离母公司的管控的情况。

（六）完善财务风险管理机制

企业运营过程中涉及的经济事项复杂，自然可能发生各类财务风险。基于此，企业必须完善财务风险管理机制，将可能面对的财务风险控制在可以接受的水平，保障企业资产的安全性。企业必须明确财务风险的管理目标，并以目标为指引开展具体的风险管理工作。目标的制定除要综合考虑企业的财务状况外，还要分析企业的内外部环境及风险偏好；制定好目标后，将目标层层分解落实到各部门和岗位；此外，应建立风险的识别、评估以及应对机制，对财务风险进行全面管理；最后，要对管理收效进行评价，找出当前财务风险管理工作中的不足并进行改进，从而提升集团内的财务风险管理效率。

第三节 管理视角下财务会计管理模式的创新路径

一、构建科学的财务组织与决策体制

财务组织体制的构建目的在于通过合理配置组织要素，协调企业内各成员的利益关系，统一各成员的财务行为，使财务活动更有效率，从而实现企业集团的整合优势。①

（一）合理设置财务部门机构

一个理想的企业财务组织应该是集权分权适度、权责利均衡的多级分层分权系统。在设置财务管理组织机构时，应按照“统一领导、分级管理”的原则进行，既要实现财务和会计的机构分离，以明确分工，又要讲求效率，尽量实现部门结构的精简化。

企业是整体运营发展的战略决策中心和投融资中心，其主要职能是协调整个集团的经济活动，主要设置以下财务部门机构。

1. 投融资部门

负责研究、策划企业集团的筹资方式、筹资渠道、投资方向、投资方式等战略问题和重大财务决策问题。

2. 预算控制部门

负责集团公司财务预算的编制，预算执行过程的控制与分析，预算执行结果的考核以及利润分配方案的制订等。

3. 营运资金管理部门

主要负责企业集团内外的往来结算、资金融通及运营资金收支平衡的管理等。

4. 审计部门

负责监督集团总部和集团其他成员对集团财会制度的遵循情况和会计资料的真实有效性。

在企业的财务管理体制中，子公司应该服从整个企业的财务战略安排。但是，企业的子公司在法律上是独立经营、自负盈亏的法人实体。子公司的财

① 倪向红．财务管理与会计实践创新艺术[M]．北京：中国商务出版社，2018：219-228.

务机构设置既要有独立性，又要符合与上一级财务部门有效沟通的要求。由于前述集权与分权形式的不同，子公司的财务机构设置可能有很大差别。一般来说，这一层面的财务部门主要设置计划财务部、成本控制部、资金管理部等。

分厂、车间或其他费用单位一般属于成本控制中心，通常在此层级不设置专门的财务机构，但可设置财务专员如成本核算员负责目标责任成本的分解、控制、核算、分析等。企业各层级的财务部门设置如图 8-5 所示。

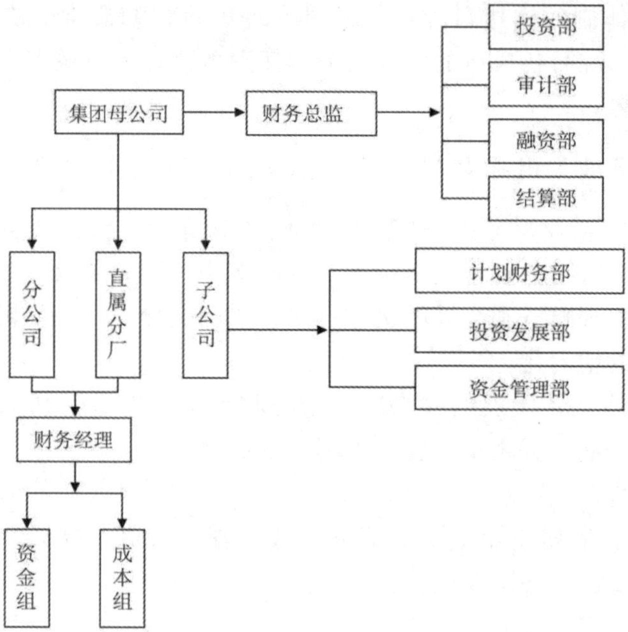

图 8-5　企业各层级财务部门设置示意图

（二）明确限定财务权责范围

企业财务组织通常涉及 4 个不同层面的内容：母公司董事会；集团财务总部；财务结算中心或财务公司；子公司财务部。在设有事业部的企业里，集团财务总部往往还设有财务派出机构（即事业部财务部）。不同层面的财务组织具有不同的职能定位，应该明确其各自不同的财务权责范围。

1. 母公司董事会的财务权责范围

母公司董事会不属于财务管理的专职机构，而是整个集团经济活动的最高决策领导核心，其决策职责不单局限于财务范畴，还包括业务、总务、人事以及对内、对外的各个方面。从财务角度而言，董事会的职能与权责主要定位在如下几个方面。

（1）财务战略、财务政策（投资政策、融资政策、收益分配政策等）制定权、调整变更权、解释权、督导实施权。

（2）财务管理体制和财务组织机构的选择、设置与调整变更权，以及总部与子公司企业高层财务管理人员的聘任、委派、解职权。

（3）对母公司战略目标与控股权结构产生直接或潜在重大影响的财务活动的决策权与处置权，如巨额融投资项目决策权、核心产业或主导产品战略性重组调整权、影响母公司或核心企业股权控制结构变更的融投资项目决策权等。

2. 企业财务总部的权责范围

企业财务总部通常就是母公司财务部，它是企业日常财务管理的直接发动者、组织领导者与最高负责者。但是，母公司财务部本身并不具有法人地位，而是母公司的职能部门。作为企业日常财务管理的总部，母公司财务部的职能与权限如下。

（1）在母公司董事会的授权下，在企业整体范围内负责财务战略、财务政策的组织与实施工作，以及基本财务制度（包括财务组织与决策制度、责任预算制度、财务高层人员委派制度、经营者激励制度等）与重大投融资及分配方案的制定，并对组织与实施的效果负责。

（2）实施责任预算控制，在预算管理控制体系中处于主导地位；负责战略预算的编制、实施与监控；强化财务风险的监测与危机预警功能，建立财务风险监测与危机预警体系。

（3）规划企业的最佳资本结构，做到既能确保母公司对子公司的控制权，又能满足实施战略预算对资本的需要，并规划其资本来源渠道。

（4）协调企业内、外部各利益相关者间的财务关系。检查、监督各级财务机构对财务战略、财务政策、基本财务制度、财务预算等的贯彻实施情况，并组织对财务、会计人员进行日常管理、专业培训和考核等。

3. 财务结算中心或财务公司的权责范围

财务结算中心是企业母公司设置的，专门负责日常资金的调配、融通和管理，为内部单位之间提供结算、信贷及相关金融业务服务的财务职能机构。财务结算中心隶属于母公司及其财务部，本身不具备法人地位。在有的企业中，母公司财务部直接就是财务结算中心。

财务结算中心通过引入银行的结算、信贷、调控职能，在内部发挥着资金信贷中心、资金监控中心、资金结算中心和资金信息中心的多项职能，集商业银行金融管理与企业财务管理于一身。它主要通过“结算管理”和“信贷管理”来进行集团内部资金的收付及融通调剂工作，并通过财务结算中心这一“政策窗口”来影响各子公司及其他成员企业，从而规范与调控内部各单位的资金行为，推动整体目标的实现。

财务公司是在财务结算中心的基础上发展起来的更高级形式。它具有独立的法人实体地位，在母公司控股的情况下，财务公司相当于一个子公司；财务公司除了具有财务结算中心的基本职能外，还具有对外融投资的职能；财务公司在行政与业务上接受母公司财务部的领导，但二者并不是一种行政隶属关系，母公司财务部对财务公司发挥业务指导的作用。

4. 子公司财务部的权责范围

子公司财务部主要负责本公司经营范围内的财务活动。一方面，必须遵循或维护子公司作为独立法人的权利与地位，特别是财务方面的合法权益；另一方面，子公司必须遵循总部的财务战略、财务政策，将子公司自身的财务活动纳入财务一体化范畴，在企业的财务框架内从事财务管理工作。

5. 事业部财务机构的权责范围

事业部财务是强化事业部管理与控制的核心部门，在财务职责权限方面，主要包括如下方面：贯彻执行总部的财务战略与财务政策；负责事业部战略预算的编制、上报与组织实施；实施对事业部下属子公司或工厂等的财务运作过程的控制等。

（三）建立科学的财务决策制度

建立科学的财务决策制度的核心是实现财务决策权的合理分配和决策程序的构建问题。要在充分发挥民主并认真进行调查研究的基础上，以系统分析方法为手段，采用科学的方式、方法和手段，使决策者的主观意志与客观实际达到完美统一。

1. 合理分配财务决策权

企业内部存在多个决策主体，不同的决策主体具有不同的决策权限。必须合理界定这些主体之间的决策权限范围，避免决策过程中产生“自作主张”或“越俎代庖”的现象。

企业财务决策结构是建立在分层基础上的，可以划分为 3 个基本层次，即最高决策层、中间决策层和基层企业层，如图 8–6 所示。

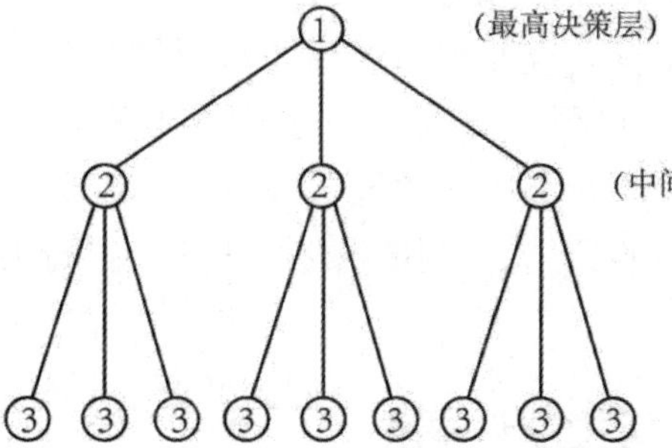

图 8-6　企业决策层示意图

不同决策层有着不同的决策内容。其中，最高决策层对整个企业实施协调和控制，它做出的决策是战略性的，针对的是企业整体长远的、根本性的问题；中间决策层通常是企业的子公司或事业部，作为企业的利润中心，它不直接参与其所管辖的成员企业的经营，只是在企业的投资战略规划下进行事业或地区性决策；基层企业是从事生产经营的单位，作为企业集团的成本中心，它做出的决策都是常规性的。在同一层面，就不同部门而言，每个部门都担负着不同的职能，因而其决策权也就限定在其各自相关的范围内，在决策权限方面也就有所不同；就不同成员企业而言，每个企业都拥有相当大的自主性和灵活性，各自也拥有相对独立的决策自主权。

合理的授权是提高财务决策效率的关键，企业应通过强化授权审批制度的方式，实现决策权的合理配置。授权时应遵循“统一指挥、逐级授权、职权明确、权责对等”的原则。应建立和完善重大事项集体决策制度、专家咨询和评估制度、决策听证和公示制度、决策责任追究制度。与此同时，财务决策仅有授权是不够的，必须严格加强审批管理，实现对被授权者财务决策的管理和监控，减少决策的随意性。

2. 科学设计财务决策程序

首先，要建立健全决策信息系统。决策的科学性来自对客观情况的了解和分析以及对相关因素的周密调查论证。因此，有必要建立一整套完备的信息收集、整理、储存系统，提高信息的准确性和及时性，减少信息传递的损耗和延误，降低决策成本。同时，职能部门应在调查研究的基础上提出多种方案，便于决策者在各方案中做出选择。

其次，要建立健全规范的决策流程。决策者所做的每一项决策，都必须严格按照规定的流程进行。流程设计包括事前、事中、事后 3 个阶段的内容，事前要有缜密的调研分析、专家评估和民主评价，在此基础上进行充分的项目可行性论证，事中实施过程要有检查监督，事后要有反馈报告。决策目标要明确，拟订的方案要尽量多而且可行，方案评审选优的方法要科学，决策方案的实施要坚决。财务决策流程既要考虑能够充分发挥民主，集思广益，又要适当集权，以迅速实现决策方案的甄选，尽快形成科学的、执行力强的可行性方案，提高决策效率。

二、建立健全财务会计相关控制体系

企业在实施财务控制时，需要从制度、组织、人员等方面进行设计，选择合适的控制方式，协调各方目标，保证企业整体目标的实现。财务控制制度的建立健全工作是其中最重要的一环。

（一）明确财务控制的目标和内容

对企业实施财务控制是集团多级法人组织内部控制的重要手段之一，是实现整体目标的需要，也是企业资源优化配置的需要。企业财务控制的目的在于更好地发挥约束激励机制，增强员工的积极性、创造性与责任感，并由此在整体上带来更高的财务资源配置效率。基于企业的多层次结构，财务控制活动相应地涉及3个层面的控制目标和内容。

第一层是出资者层面的财务控制，其重点在于资本的保值、增值以及对经营者的约束激励等，如母公司董事会的控制，而总部虽然相对于董事会是经营管理者，但它更多地扮演了下属企业出资者的角色，因而企业总部对下属企业的财务控制也是出资者财务控制的范畴。第二层是经营管理者层面的财务控制，其财务控制目标是经营利润或资产收益的最大化，在实际操作中涉及资金管理、内部审计、财务经理的委派等方面。第三层是财务经理的控制，其目标是现金净流量的最大化，主要通过优化配置财务资源、落实责任预算制度、有效地执行和控制财务活动等方式来实现。

（二）建立健全财务控制制度

企业的财务制度涉及董事会、经理层和基层财务管理部门3个层次的财务权限和责任，包括它们各自在筹资决策、投资决策、收益分配决策等各项财务活动中的权限和责任。健全的财务控制制度包括预算控制制度、资产管理制度、成本费用控制制度、财务信息披露制度、资金结算制度等。

1. 完善预算控制制度，推动全面预算管理

预算控制是财务控制的最主要方式之一，它通过事先确定目标，然后收集、归纳、总结能够反映实际运行情况的信息，并将二者进行比较，再根据差异分析来决定控制的方向和强度。预算的编制采用从下到上的方法，考虑了下级的意见，照顾了下级的利益，使下级单位及管理人员易于接受，有利于调动成员企业的积极性，也有利于各成员企业从企业的角度来审视其经营活动。同时，预算需要各成员企业相互配合和协调，减少磨擦，提高效率，易于形成合力，从而增强整个企业的竞争优势。

企业在进行预算控制时应该考虑其自身的特点，使预算具有战略性与全局性，并且保持一定的弹性。在具体实施预算时，企业的高层管理者应给予全力支持，落实预算考核，使企业目标成为各个成员乃至个人的目标，确保全部成员在一个共同目标上形成合力。

建立责任预算制度是预算控制的重要方式。所谓责任预算制度，就是在企业内部以责任单位或项目为核算对象，以其可控成本、收入、利润和投资等为对象进行预算编制的制度。实施责任预算应先设置责任中心，责任中心也就是承担一定经济责任，并享有一定权利和利益的企业内部单位或责任单位。根据企业内部责任中心的权责范围及业务流动的特点不同，它可以分为成本中心、利润中心、投资中心三大类。明确责任中心后就应确定责任考核的范围和各种责任指标，确定责任范围时必须考虑可控性、可预见性、可计量性和全面性。最后形成责任报告，对责任预算的执行情况进行系统反映，对比实际完成情况与预算目标，来评价和考核各个责任中心的工作成果。

责任预算的编制程序有两种：第一种是以责任中心为主体，自上而下地将企业总预算在各责任中心之间层层分解而形成各责任中心的预算。其优点是使整个企业浑然一体，便于统一指挥和调度，不足之处是可能会遏制责任中心的积极性和创造性。第二种是各责任中心自行列示各自的预算指标，自上而下、层层汇总，最后由企业专门机构或人员进行汇总和调整，确定企业总预算。其优点是有利于发挥各责任中心的积极性，但往往各责任中心只局限于本中心的情况，容易造成彼此协调难度大、互相支持少，以致冲击企业的总体目标，影响预算质量和编制时效。建议我国企业采用第一种方法。

在实施责任预算的基础上，大力推行全面预算管理，是加强我国企业财务控制、提高我国企业管理水平的有效途径。所谓全面预算管理，是以编制预算为起点，围绕预算的实施、控制、评价和考核展开的管理活动。它要求企业预算工作以企业的战略发展规划为基础，明确长期发展目标，落实企业内部经

济责任制，明确各部门的工作目标。预算管理不只是财务部门的工作，应要求企业销售生产等业务部门共同参与。

2. 建立统一结算管理制度，加强资金集中管理

企业应该加强对成员企业尤其是全资、控股子公司资金的监控，建立统一结算管理制度，对资金集中调度和管理，实现内部的资金整合管理。要完善企业内部结算中心的功能，并在此基础上考虑成立内部银行或财务公司等组织形式，对资金进行统一调配，充分发挥其合理筹资、调剂余缺、控制流向、降低资金成本的作用。管理层应充分考虑各种因素，合理安排融资规模，严格控制资金的流向，为主营业务和有潜力的行业提供充足的资金流保障；对与发展方向不相适应的行业或没有前途的、亏损严重的行业，要果断地进行“关、停、并、转”处理，坚决避免出现“亏损企业拖垮盈利企业”的局面，高效率地运用资金。

要通过财务信息化等手段，借助 IT 技术和网上银行管理，强化对内部企业资金结算的动态管理。应规定成员企业严格按照银行账户管理办法开立和使用银行账户，杜绝资金账外循环现象。搞好银企合作，通过银行统一授信的办法，由集团统一向商业银行贷款，分配给成员企业使用，贷款到期后再统一还款，以便于降低分散筹资的成本和信贷风险。

3. 完善信息披露和监控制度，提高财务信息质量

财务信息披露和监控制度包括财务报告制度、重大财务情况通报制度、内部授权制度等。只有建立财务信息披露和监控制度，才能够使企业总部得到全面、及时的财务成本信息，提高决策的科学性，也才能够对各成员企业受托责任的履行情况进行监控。

要充分发挥财务信息的决策价值与控制功能，总部必须以制度的形式从信息质量标准、报告标准、内容结构以及组织程序等方面确立一整套明晰的、可操作性的信息报告规范，也就是要建立规范的财务报告制度。具体包括财务信息质量标准、财务信息报告标准、财务信息报告内容结构和财务信息报告程序等。

三、完善财务会计的约束与激励制度

（一）构建合理的财务约束制度

1. 完善企业集团的法人治理结构

要以《中华人民共和国公司法》为依据，通过引入市场机制，改善股权

结构，实现股权分散化，完善企业集团的“三会”制度，明确股东大会、董事会、监事会和经理层之间的关系和权责范围。在完善企业集团股东大会、董事会和监事会制度时，应强化董事义务和责任意识，严格执法，依法追究违法董事的法律责任。增加外部董事、独立董事，并建立董事长、总经理的分离机制，避免董事会与经理层管理人员的交叉任职，董事长和总经理原则上不得由一人兼任，使董事长、总经理各负其责，提高董事会的独立性。充分发挥董事会对重大问题统一决策和选聘经营者的作用，建立集体决策及可追溯个人责任的董事会议事制度。加强监事会的权威性，要通过立法等手段，不断强化监事会的功能，明确监事会的职责和权限，制定具体工作规则和议事程序，避免使监事会流于形式。

2. 建立健全各种财务制度

（1）建立健全资产管理制度。建立健全严格的资产入账、管理和清转制度，落实责任人，防止资产的流失。对于各成员子公司日常合理的、规定限额以内的资产损失，经过严格的审批程序，可由其自行处理；对超出限额的资产损失，必须由各成员子公司提出处理意见，报企业总部统一处理。各成员子公司对外投资的各类资产，必须在进行充分可行性研究的前提下，报集团总部批准。各成员子公司一般不得对外提供经济担保，确属特殊情况者，必须报请企业总部审批。对于固定资产技术改造投资，需注意投资报酬率，由企业总部统一规划，各成员子公司具体组织实施。

（2）完善成本费用和利润管理制度。企业总部应对各成员子公司成本费用管理进行指导、检查，以防止效益低下，浪费资源。企业总部要根据相关财务制度，结合实际情况，制定本集团的管理办法，各成员子公司再据以制定实施细则，报集团总部备案，实行定期检查与日常指导相结合的管理办法。

企业总部还应加强对各成员子公司财务核算与利润分配的管理，维护出资者权益，保证企业的发展后劲。各成员子公司不得擅自扩大营业外支出，各种公益、救济性捐赠支出等应该事先报集团总部批准。各成员子公司的税后利润分配方案和“实收资本”的结构或数额变化，特别是涉及产权变动的事项，都应该事先报企业总部批准。

（3）建立财务报告与合并报表制度。各成员子公司要按期向企业总部报送财务会计报表，并保证其真实性、合法性和完整性，有条件的地方要先经注册会计师对其财务报告进行验证。各成员子公司要随报表编写财务报告说明，尤其是对一些期后事项、或有负债、或有损失等，都要向企业总部说明清楚，必要时可由企业总部对其财务报告进行某些调整。按照财务评价指标的要求，选择有关反映经济运行状况和运行质量的敏感指标，根据日常收集整理的财务、统计等信息，及时向其发出是否接近临界值的警示，发现异常及时提出建议或措施，以防患于未然。同时，为了保证集团公司的整体利益以及股东和债权人的利益，企业集团应该编制合并会计报表，以便反映各成员子公司的经营成果和企业集团整体的经营成果及财务状况，并定期向外部公布。

3. 加强财务会计人员管理

财务会计人员管理是企业财务约束的重点环节。在加强财务会计人员管理时，应做好以下几方面工作。

（1）规范财务会计人员的授权任免。加强财务会计人员管理的第一步就是要做好财务会计人员的任免工作，明确他们的权责范围，主要应考虑两个方面的问题：一是不相容职务相互分离制度，合理设置会计及相关工作岗位，明确其职责权限，不得由一人同时担任，形成相互牵制的机制；实现财务管理与会计核算职能的分离，彻底走出企业财务人员“双重身份”的尴尬境地。二是强化授权批准制度。严格地讲，企业所有事项都必须经审批后才能执行，大到公司项目、投资运转，小到日常开支、费用支出、物资采购等。授权审批是事前控制，因此可以将一切不合理、不合法、不可行及不正确的事项制止在发生之前。有效的授权审批应明确规定授权审批的范围、权限、程序、责任等内容，还必须建立财务审批的权威，加强授权审批的约束力度。在具体操作上，一是建立企业重大决策集体审批制度，杜绝个别负责人独断专行，胡作非为；二是加强对职能部门的控制监督，建立部门之间相互牵制的制度，以杜绝部门权力过大或集体循私舞弊；三是加强对关键岗位管理人员的控制监督，建立关键岗位轮岗和定期稽查制度，以杜绝重要岗位人员以权谋私或串通作案。

（2）提高财务会计人员的素质水平。财务会计人员素质包括职业素质和专业水平两个方面。通过加强企业文化建设，提高员工的综合素质和对企业的忠诚度，增强员工对企业目标的认同感，以顺利实现财务管理目标。同时，建立行之有效的培训机制，定期对集团及所属成员企业的财务会计人员进行培训，不断提高员工的专业水平。引导财务相关人员认真学习各项财会规章制度，并定期对所属企业各项财务制度的执行情况进行检查，发现问题及时纠正，使集团及所属成员企业的财务管理更加规范化、制度化，从而有效杜绝因个别人不按财务制度规定的程序办事而给公司造成的损失。随着市场经济体制改革的深入，法规体系的逐渐完善，财务会计人员需要不断更新观念，加强职业道德培训和业务学习，从而具备扎实的理论功底和丰富的实践经验。

4. 推行财务总监委派制

所谓财务总监委派制，就是母公司为维护集团整体利益，强化对子公司经营管理活动的财务控制与监督，由母公司直接对子公司委派财务总监，并纳入母公司财务部门的人员编制实行统一管理的制度。

由于财务总监接受出资者的委派而不受被委派单位的领导，直接对上级单位负责，具有较强的独立性，因此非常有利于母公司对子公司财务状况的把握和控制。在具体实施过程中，首先应严格按照规定的任职条件，对委派人员进行综合考核。合格的财务总监必须符合一定的任职资格，必须熟悉国家财经法律法规和规章制度，具有扎实的财会专业基础和较强的业务处理能力，同时必须具备坚持原则、奉公守法、严以律己等基本素质。委派和被委派单位都要加强对财务总监的监督，当发现委派的财务总监不能胜任本职工作时，经委派部门审查核实后，按任免程序进行调整。其次，应明确委派财务总监的职责。其主要职责是组织领导被委派单位及所属单位的会计核算及财务管理工作，参与重要经济活动的决策与审批，以及审核企业财务报告，主管被委派单位的财务收支审批工作等。最后，完善各种配套制度，应建立与财务总监委派制相配套的各项制度，如对委派财务总监的资格确认制度、业绩考核制度、奖惩制度、报告制度、述职制度、重大经济事项联签制度等，以保证财务总监委派制的顺利实施。

（二）完善经营者激励制度

建立科学的业绩考核制度，对企业的获利能力、偿债能力等进行系统评价，从而对经营者实施相应的奖罚。首先，要形成一套科学的业绩考核指标，这套指标要能够真实反映被考核对象的财务状况和经营成果，要满足以下标准：①易于统计，具有横向可比性；②具有针对性，不同层级的经营管理者对应不同的考核指标；③既要真实反映短期的经营绩效，又要反映企业的长期发展状况。其次，要落实考核的主体，即由谁来进行考核。在企业中，也就是作为出资者的上级公司或董事会对下属企业成员的考核；对于国有企业的整体考核，应由国有资产管理部门或国有资产授权经营单位进行。考核必须做到有奖有罚，在将经营者的报酬和企业的效益进行有效挂钩的同时，还应把经营者的损失与企业的损失联系起来，形成奖罚分明的业绩考评制度等。

尽快完善有关经营者激励的政策法规，对企业建立经营者激励机制进行规范和指导。其中，最重要的一环是要改革企业经营者任命制，尽量减少国有企业经营者的行政任命，引入竞争机制，逐步实行市场化选择。这就要求加速完善公平竞争的市场经济体制环境，特别是完善充分竞争的职业经理人市场和资本市场。

合理选择对经营者的激励方式。经营者激励的方式有很多种，如年薪制、经营者持股、股票期权制等，不同激励方式的适用条件和激励效果也各有不同。企业应在坚持“业绩挂钩，固定收入与风险收入相结合、以风险收入为主，长短期激励相结合，效率优先、兼顾公平”的原则下，深入研究本集团的实际情况，选择最有效的激励方式。在当前环境条件下，应采取多种激励方式有机结合的实施方式。例如，年薪制与期权制的结合：从调整年薪制中基本年薪与绩效年薪的比例入手，适当加大绩效年薪的比重，并通过期权的方式来兑现。类似的还有年薪制与股权制的有机结合，股权制与期权制的有机结合，年薪制、股权制与期权制的有机结合等。

四、加快推进财务会计的信息化建设

推进信息化是财务会计管理模式优化的必要手段。在现代财务会计管理发展过程中，财务会计管理信息化是集团必须面对和处理的问题。在经济全球化和信息化的发展趋势下，信息技术作为现代化发展的主要手段，为集团公司的财务会计管理提供了重要支持。企业需要充分利用信息技术来提高管理水平，增强对财务信息的统一集权化管理，进而防范并控制企业经营可能产生的风险。同时，充分利用现代化信息技术，用以把子公司和总部联系起来，有效保障“集权为主，分权为辅”的相容型财务会计管理模式的实现，保持沟通的有效性及时效性。企业已经趋向于构建一个信息化平台用于总部与子公司的财务信息沟通，最重要的是能够及时反馈企业下属分（子）公司的财务状况，从而最大限度对子公司的财务信息及数据进行提取和分析。以集团整体的信息化战略作为基本战略目标，并以国家政策为基本标准，分析集团内部的实际需要，同时以新中大财务软件作为平台，实现其他业务平台与财务会计管理系统的数据连接。以对企业财务会计管理模式的优化及重组为基本手段，把企业所涉及的所有财务信息构建到信息化财务系统中去，且该系统必须与当前国内信息系统的标准相匹配，最终构建出适合企业发展的财务会计管理信息系统。对财务信息化进行总体规划，并分阶段建立统一的财务会计管理信息平台，实现财务会计管理信息平台的及时、有效升级。

（一）确定财务管理信息化目标

按照企业一直遵循的财务管理思路，对财务管理信息平台进行有效且完善的构建，从而最大限度实现集团内部关键财务和业务信息的集中实现资源、数据、决策和运营的信息化，实时、动态地反映企业的财务状况，合理分配和控制企业拥有的资源，为集团的可持续发展提供有效的财务支持和财务决策，从而满足企业发展的利益需求。

（二）财务共享信息系统整体规划

1. 系统平台

在系统平台的选取上，根据集团的实际需要，综合评估各个平台的使用效果，选择适合集团的软件平台作为财务管理系统的结构平台。通过系统的实现，打破以往总部与子公司财务信息沟通的局限性，将企业各分（子）公司的数据统一到一个完善的信息平台中去。

2. 应用管理

这一部分针对的是财务管理、资源管理和战略管理这三个方面功能的实现。企业财务管理信息系统设计如表 8–1 所示。

表8–1　企业财务管理信息系统设计

模　块	主要功能
财务管理	总账； 应收账款； 应付账款； 固定资产报表
资源管理	资金； 供应链（采购、销售）； 生产
战略管理	预算； 决算

（三）建立专业专职的团队，定期进行业务培训

财务信息管理与人才队伍的建设密不可分。因此，财务人员需要精通财务管理相关技能，并执行相关工作所需的计算机应用程序级别。它主要包括全面的技术技能，例如，如何使用财务软件和定期维护设备。对综合专业人才的培训要求企业定期加强对财务管理、计算机技术和其他相关领域的培训。建立一个电子学习管理平台，注重科学性和实用性，结合实际定期对财务人员进行

专业培训，储备可利用人才。

（四）构建统一的财务管理体系

对财务管理系统进行标准化的构建，使该系统能够比较全面地集合所有的财务基本数据、财务组织关系、财务业务流程等，这对于形成集团内部的标准化管理机制有着相当大的作用。应考虑不同子公司业务范围的独特需求，加强财务信息的整合，然后实现业务与业务、成员单位与成员单位、集团与成员单位之间的信息交互机制，最大限度保障企业内部数据和信息的准确、及时且透明，从而保障集团对财务管理体系的集权化管理。

五、集中精力构建相应财务共享中心

（一）财务共享服务概念

财务共享服务指的是在当前信息化快速发展的背景下，以信息技术为支撑，实现财务业务的流程化管理。将部分具有共性且已基本标准化的业务统一起来，建立财务共享中心，对这些业务进行规范统一、快速高效的处理，从而最大限度帮助企业财务管理的流程更加便捷、更加优化，这对于提高集团的整体经营水平和运作效率都是具有促进作用的。

（二）财务共享服务的发展趋势

当前，中国人保财险、国美、TCL 集团等国内大型企业集团都建立了金融共享中心。根据文献查阅及整理统计，全球 50 强企业中有近 9 成企业在内部组建了财务信息共享平台。截止目前，我国共有 400 多个财务共享中心，并且仍然保持增长的态势。

（三）财务共享中心的实施

财务共享中心的实施必须以企业实际情况为依据，企业在实施构建财务共享中心时应采用“先易后难”的基本原则，选取试点单位进行实施，分析并明确相互之间的财务共享服务范围，最终对其财务共享中心进行设计。

通过建立财务共享服务中心，积极探索财务共享服务的管理模式和运行模式，明确集团财务总部、分（子）公司财务部门和财务共享服务中心之间的权责界限，提高了财务管理效率，降低了企业运行成本。总结适用于企业发展的财务共享服务经验，可为整体规划的制定和全面普及推广提供支持。

参考文献

[1] 安存红，周少燕 . 管理视角下的财务会计新论 [M]. 延吉：延边大学出版社，2019.
[2] 王利晓 . 管理学基础 [M]. 西安：西北大学出版社，2019.
[3] 董俊岭 . 新经济环境背景下企业财务会计理论与管理研究 [M]. 北京：中国原子能出版社，2019.
[4] 聂顺江 . 上市公司财务会计目标及其保证机制 [M]. 北京：中国社会科学出版社，2007.
[5] 倪向丽 . 财务管理与会计实践创新艺术 [M]. 北京：中国商务出版社，2018.
[6] 李爱华 . 新会计制度下加强企业财务管理的策略 [J]. 中国集体经济，2021(25): 149–150.
[7] 支音 . 管理学方法与经济学方法的借鉴融合 [J]. 营销界，2021(31): 161–162.
[8] 蒋德海 . 领导和老板概念的管理学解读 [J]. 领导科学，2021(11): 12–14.
[9] 贺颖奇 . 管理会计概念框架研究 [J]. 会计研究，2020(8): 115–127.
[10] 陈文强 . 财务会计概念框架逻辑起点研究综述 [J]. 财会学习，2019(3): 97–98.
[11] 郑伟 . 财务会计概念框架基本逻辑缺陷与理论重构：复合架构思路 [J]. 会计研究，2018(10): 35–43.
[12] 何俊寅，彭红丽 . 基于企业财务管理目标分析财务会计职能的转型 [J]. 商业经济，2017(12): 123–124.
[13] 梅文馨，韩艳红，赵荣荣 . 企业财务管理目标与财务会计职能的若干研究 [J]. 现代经济信息，2015(17): 214.
[14] 王玉华 . 财务会计的目标职能和财务会计信息质量的分析 [J]. 时代经贸（中旬刊），2008(6): 138–139.
[15] 丁文俊 . 论大数据背景下企业财务会计向管理会计的转型 [J]. 中小企业管理与

科技（中旬刊），2021(9)：80-82.
[16] 毛明福．网络经济时代企业财务会计管理刍议[J].当代会计，2021(6)：68-69.
[17] 陈舒．大数据时代财务会计向管理会计转型的创新人才培养研究[J].绿色财会，2021(1)：6-9.
[18] 李冬．浅析管理会计与财务会计的融合[J].中国集体经济，2021(25)：141-142.
[19] 王大勇．企业管理会计与财务会计的融合[J].中国市场，2021(23)：82-83.
[20] 成斌．大数据背景下企业财务会计向管理会计转型研究[J].中国集体经济，2021(24)：147-148.
[21] 陈芳．新时期下企业财务会计与管理会计融合发展研究[J].现代营销（经营版），2021(8)：44-45.
[22] 赵冠男，赵丹萍．浅谈财务会计目标与市场经济环境之间的关系[J].中国商论，2021(6)：150-152.
[23] 伍光明．浅析财务会计目标定位的变化及改进策略[J].中国乡镇企业会计，2021(3)：137-138.
[24] 蒋华．国有企业实现财务会计目标的普遍问题及解决对策[J].当代会计，2021(3)：147-148.
[25] 周曙光，蔡凯凯．目标导向的政府会计体系构建研究[J].财政监督，2020(24)：77-81.
[26] 许峰．浅析财务会计目标定位的变化及改进策略[J].山西农经，2020(15)：134-135.
[27] 史贞刚．论如何有效加强制造业企业资产管理工作[J].纳税，2021，15(21)：183-184.
[28] 郭屏南．新形势下国有资产管理面临的问题及应对策略[J].中国集体经济，2021(22)：53-54.
[29] 刘辰．浅谈我国企业对于无形资产管理的缺陷[J].全国流通经济，2021(10)：79-81.
[30] 李洋，赵爽，宋红慧．论现代企业无形资产管理存在的问题及解决对策[J].中国市场，2021(1)：102-103.
[31] 徐迪青．国有企业固定资产清查探析[J].行政事业资产与财务，2021(13)：22-23.

[32] 李强．企业固定资产管理的内部控制问题研究 [J]. 科技经济导刊，2021，29(20): 171-172.

[33] 陈巧燕．加强国有企业资金管理的思考 [J]. 中国集体经济，2021(22): 43-44.

[34] 刘慧．企业固定资产管理存在的问题及对策分析 [J]. 经济师，2021(7): 293+295.

[35] 包芸山．从企业负债看防范化解重大风险面临的挑战——以广西为例 [J]. 中国集体经济，2021(24): 51-52.

[36] 任嘉嵩，李欣．企业集团的债务融资管理方式选择——以比亚迪集团和茅台集团为例 [J]. 北方经贸，2021(3): 102-104.

[37] 马永义．如何分析所有者权益变动表 [J]. 商业会计，2020(19): 9-11.

[38] 刘红霞，周晓敏，李任斯．历史亏损企业债权人利益保护研究——基于所有者权益结构视角的检验 [J]. 经济理论与经济管理，2019(1): 86-101.

[39] 高敏雪，张思敏．话说负债与所有者权益之间的界限——从企业资产负债表到国民资产负债表 [J]. 中国统计，2018(8): 35-37.

[40] 邓晖．企业业财一体化下的成本管理 [J]. 中国商论，2021(13): 168-170.

[41] 崔寿芹．企业加强成本管理的路径探析 [J]. 中国乡镇企业会计，2021(7): 94-95.

[42] 邹建军．新收入准则下企业收入的盈余管理研究 [J]. 商场现代化，2020(5): 160-161.

[43] 郭英男，刘文雪，高文雅．强化企业收入管理工作的有益探索 [J]. 商场现代化，2018(13): 160-161.

[44] 范宁华．浅谈企业利润管理的合理性 [J]. 审计与理财，2017(10): 42-43.

[45] 薛霞．加强企业成本管理 提高企业利润 [J]. 现代商贸工业，2017(17): 54-55.

[46] 严钰童．企业战略对利润管理影响研究简述 [J]. 全国商情，2016(25): 34-35.

[47] 王宏．会计信息化下的云建设和利用方法探讨 [J]. 营销界，2021(34): 136-137.

[48] 刘小玲．浅议云会计在企业会计信息化建设中的实践应用 [J]. 营销界，2021(34): 122-123.

[49] 蒲镜宇．云计算背景下的企业会计信息化策略研究 [J]. 中国乡镇企业会计，2021(8): 174-175.

[50] 姜艳．会计信息化管理对企业管理的重要性思考 [J]. 中国市场，2021(22):

171-172.
[51] 李唯，景芝烨．浅谈人工智能时代下传统会计的发展前景[J].营销界，2021(34): 124-125.
[52] 梁彦勋．人工智能时代会计行业发展与挑战[J].合作经济与科技，2021(16): 132-133.
[53] 唐颖.ERP环境下财务会计信息系统内部控制优化途径探究[J].商讯，2021(21): 62-63.
[54] 潘玉军．企业会计内部控制问题及对策[J].投资与创业，2021，32(12): 85-87.
[55] 王卉．企业财务会计内部控制问题及对策研究[J].商场现代化，2021(10): 117-119.
[56] 江梅．新形势下如何强化企业会计管理工作[J].中国集体经济，2021(21): 55-56.
[57] 晋宝珠．浅谈加强现代企业财务会计管理的具体措施[J].中小企业管理与科技(中旬刊)，2021(7): 102-103.
[58] 赵玉婷．现代企业财务会计信息化管理体系创新[J].中国商论，2021(13): 165-167.
[59] 江梅．新形势下如何强化企业会计管理工作[J].中国集体经济，2021(21): 55-56.
[60] 晋宝珠．浅谈加强现代企业财务会计管理的具体措施[J].中小企业管理与科技(中旬刊)，2021(7): 102-103.
[61] 陆兴凤．智能财务下“人机物”多元协同新型财务管理模式探究[J].财会月刊，2021(12): 57-65.
[62] 韩鑫．企业管理会计和财务会计一体化模式构建目标分析[J].商场现代化，2021(7): 105-107.
[63] 王红伟.X钢铁公司管理会计信息化存在问题及对策[D].哈尔滨：哈尔滨商业大学，2018.
[64] 李楠.ZJ公司会计信息化问题及对策研究[D].天津：天津大学，2017.
[65] 黄曼远．浅析管理会计与财务会计的融合[D].北京：财政部财政科学研究所，2014.
[66] 汪洋．我国政府会计目标研究[D].开封：河南大学，2012.
[67] 刘敏．小企业会计电算化系统实施研究[D].沈阳：辽宁大学，2011.